一看就懂的外国战争大事典

一看就懂丛书编写组　编著

农村读物出版社

图书在版编目(CIP)数据

一看就懂的外国战争大事典 / 《一看就懂丛书》编写组编著 . －北京：农村读物出版社，2009.5 （2024.12 重印）
ISBN 978-7-5048-5217-5

Ⅰ.一… Ⅱ.一… Ⅲ.战争史－世界－通俗读物 Ⅳ.E19-49

中国版本图书馆 CIP 数据核字（2009）第 063310 号

责任编辑 李昕昱 宋会兵
文字编辑 李琳
出　　版 农村读物出版社（北京市朝阳区农展馆北路 2 号 100125）
发　　行 新华书店北京发行所
印　　刷 永清县晔盛亚胶印有限公司
开　　本 700mm×1000mm 1/16
印　　张 13
字　　数 250 千
版　　次 2009 年 5 月第 1 版 2024 年 12 月第 2 次印刷
定　　价 68.00 元

一看就懂的外国战争大事典

农村读物出版社

《孙子兵法》说："夫兵者，国之大事也。"意思是说战争对一个国家来说非常重要。战争虽然如此重要，若迷信于武力，穷兵黩武者向来没有好下场。历史上的许多帝国都曾经不可一世，但土崩瓦解的时候比它当年一统天下时还令人目眩。或亡国灭种，或一蹶不振，给后人留下无穷叹息。上帝让他灭亡，必先让他疯狂。一个国家，一味迷信武力，动辄兵戈相向，到处找茬插手，离彻底完蛋也就指日可待了。

战争是国家政治的重要组成部分和重要内容，是政治的继续和延伸。当国家矛盾、民族矛盾、阶级矛盾或社会利益团体之间的矛盾用尽了一切外交调和手腕都不再奏效的时候，战争就成了几乎唯一的选择。自阶级和国家出现以来，人类的文明史就是一部战争史，战争贯穿了整个人类历史的始终。据说从人类有历史记载到今天，没有战争的日子加起来还不过一年。从古到今，世界上究竟发生过多少次战争，大致有以下几种统计数据：据不完全统计，在有记载的5 000多年的人类历史上，共发生过大小战争14 531次，平均每年2.6次。1740—1974年的234年中，共发生过366次，平均每年1.6次。在第二次世界大战后的37年中，包括现在仍在进行着的，就有87次之多，平均每年2.3次。其中，29次在亚洲，26次在中近东和北非，17次在中、南部非洲，10次在中南美洲，5次在欧洲。不管准确与否，可见战争在人类发展史上是多么频繁。

对于如此频繁的战争，一般读者是很难一一了解的。为了解决这个问题，本书提供了一个独特的视角——大事典，用大事典的形式勾勒了人类历史长河中的战争发展轨迹。

大事典是用简明的文字按时间顺序扼要地记载一定历史时期内发生的重大事件，揭示重要事件和活动的发生、发展过程以及它们之间关系的资料；是以时为经、以事为纬，简明地记载和反映一定范围内各种重要史实的资料和工具书。大事典的内容：由大事的时间和大事记述两部分组成，展示历史发展的概貌和规律，应选择影响大、具有历史意义和查找利用价值的事件。大事典的选事原则：紧紧围绕大事典所要记述和反映的对象，勾勒全貌，突出重点，大事要事必载，小事琐事不取。大事典内容要真实，观点要正确。所记述的内容要符合客观实际，不得随意加进编者的主观见解，更不允许歪曲事实。大事典一个最大的特点就是从纵的方面为读者了解历史提供史实梗概。

本书根据普通读者的阅读习惯编写而成，内容精炼，但自成体系，删去无关紧要的琐碎内容。事典所收条目基本上是按时间顺序编排。全书分为九个历史阶段介绍战争大事，虽然这种分期并不是战争史自身发展的几个阶段，而是历史发展的基本分期，但这样分期有助于读者通过战争史了解人类文明发展史。

本书虽然带有一般大事典的性质，但不是限于简略地概括性写法，而是在有限的篇幅内，较为充分地反映故事的丰富与完整的面目，提供的信息量比一般大事典要大，这也反映了我们重新改变大事典形式的一种新的意图。在这个意图指导下的大事典，不仅可供检索，也可兼备阅读。另外，在各章之前，另设一篇概览性的“导引”，揭示性地将该章内的所有故事贯穿起来，连成一片，又在其中揭示出该段历史上战争的特点及其在整个战争史上的地位，更进一步给读者的认识提供了一些方便。

“大事不漏，小事不录”是大事典设置条目、材料取舍的基本要求。本书也根据此要求，精心选材，遴选出外国战争史上的重要事件，上起公元前1290年的埃及与赫梯争夺西亚霸权的战争，下至伊拉克战争，时间跨度达4 000年。因此，尽管本书的篇幅不长，但已经粗线条地展现了外国战争史发展的全貌。

全书还配有400多幅精美的彩色插图，包括人物画像、战争名画、兵器图片、战争示意图和古战场遗址照片等，立体、直观、全面地展现战争史画卷，让读者更真切地感受战争，也增强了本书的可读性和趣味性。

编者

敬告

在编写本书的过程中，大量的图片得到全景网的支持，但有部分图片无法与著作权人一一联系，敬请没有联系上的图片著作权人与我们联系，您应得的稿费我们已经预留。

目录
CONTENT

第三章 文艺复兴时期的战争

第四章 贸易和帝国时期的战争

第七章 第一次世界大战

第八章 第二次世界大战

第九章 现代战争

第一章

古代社会的战争

战争是人类的灾难。战争是人类文明不和谐的音符。从国内到国外，从古代到现代，每一场战争都是一个时代的缩影，每一次刀光剑影都是人类矛盾的集中体现。战争自人类之始便主宰着社会生活。

人类初期的战争，主要是部落之间的冲突，规模很小，战争持续时间很短，武器装备也非常落后。随着社会的发展，生产力的提高，国家拥有足够的财力供养大量的常备军，于是，战争的规模随之升级。在世界古代战争史上，曾经出现了像罗马帝国和马其顿帝国这样强大的军事强国，这些帝国生存在永不停歇的征服战争中，不断总结战争经验，使得古代战争水平大大提高。

在这个时期的战争中，金属武器普遍地在战争中使用，杀伤力大大提高，战争变得非常血腥残酷。尽管这时军队的移动和补给仍非常困难，战争的持续时间却变长了，远距离作战也比较常见。尤其是罗马帝国控制了地中海后，具有便利的供给条件，有能力支持大批军队的远距离作战，这是罗马帝国无法做到的。这时的战争中已经开始注重军事工程了，军队能够建造临时的城堡、道路和桥梁。军队中也出现了兵种的划分，不仅有步兵，还有骑兵，也出现了马拉的战车。到罗马帝国灭亡时，骑兵已经基本上取代了步兵，成了战场上的主要作战力量。此时的战术也越来越灵活，出现了一些著名的军事人物，如亚历山大和汉尼拔等。

埃及与赫梯争夺西亚霸权

▲卡迭石战役中，拉美西斯二世率领埃及战车向赫梯人冲锋。狮子是艺术家加上去起烘托效果的。

公元前14世纪末叶至前13世纪中叶，古代埃及与赫梯为争夺叙利亚地区的控制权，展开了长期的战争。这场战争中的关键性战役卡迭石战役是古代军事史上有文字记载的最早的会战之一，战后缔结的和约是历史上有文字记载的保留最早的国际军事条约文书。

卡迭石战役

埃及是一个历史久远的文明古国。早在公元前3100年前后，古埃及王国就统一了。图特摩斯三世一生征战，击溃了中东诸国，从而巩固了埃及在叙利亚的统治。约公元前14世纪，当埃及忙于宗教改革无暇他顾时，安纳托利亚的赫梯帝国迅速崛起，积极向叙利亚推进，逐步控制了整个叙利亚地区，沉重打击了埃及在这一地区的既得利益。

约在公元前1290年，埃及法老拉美西斯二世即位，决心重整旗鼓，与赫梯帝国一争高低，恢复埃及在叙利亚地区的统治地位。为此，拉美西斯厉兵秣马，扩军备战。公元前1286年，埃及首先出兵占领了南叙利亚的几个地区。次年，拉美西斯二世御驾亲征，挥师北上，经过近一个月的行军，进至卡迭石（今泰勒奈比曼德，位于叙利亚霍姆斯城附近）地区。卡迭石河水湍急，峭壁耸立，地势险要，是联结南北叙利亚的咽喉要道，也是赫梯军队的军事重镇和战略要地。埃及军队试图首先攻克卡迭石，控制北进的咽喉，然后再向北推进，恢复对整个叙利亚地区的统治。

在埃及举兵北上之际，一场紧锣密鼓的备战活动在赫梯帝国也全面展开。拉美西斯二世还未启程，赫梯就从派往埃及的间谍那里获悉了埃及即将出兵远征的秘密情报。赫梯王召开王室会议，制定了以卡迭石为中心，扼守要点，以逸待劳，诱敌深入，粉碎敌军企图北进的作战计划。为此，赫梯王集结兵力，隐蔽于卡迭石城堡内外，打算诱敌进入伏击圈后，将其一举歼灭。

拉美西斯二世率一个军团冲锋在前，两个军团居后跟进，其中一个军团由于行动迟缓，尚滞留在半途，一时难以到达战场。在行军途中，埃及军队截获两名赫梯军队的“逃亡者”（实为间谍），他们谎报赫梯主力尚远在卡迭石以北百里之外的地方，并佯称卡迭石守军士气低落，力量薄弱，畏惧埃及军队。拉美西斯二世信以为真，立即指挥军团孤军深入，直抵卡迭石城下。

赫梯王闻讯迅速将主力秘密转移，对埃及军队形成包围圈，将敌军团团围住。拉美西斯二世发现中计后，立即派急使催促随后的两个军团紧急来援。当其中一个军团到达卡迭石以南的丛林时，早已设伏于此的赫梯战车出其不意地攻其侧翼，埃及军队损失惨重。接着，赫梯军队向拉美西斯二世率领的军团发起猛烈攻击，埃军士兵一触即溃，四散逃命。陷入重围之中的拉美西斯二世在侍卫的掩护下，左突右挡，奋力抵抗。在此危急时刻，埃及军队北上远征时曾留下的一支部队赶到，突然从赫梯军队侧后猛攻，把拉美西斯二世从危局中解救了出来。双方的战斗十分激烈，黄昏时分，埃及援军赶到，加入战斗。入夜，赫梯军退守要塞，战斗结束，双方势均力敌，胜负未分。

▲阿布辛贝勒神庙壁画，前有士兵开路，旁边有训练有素的豹子，拉美西斯站在战车上指挥作战。

在此后漫长的岁月中，双方展开了拉锯战。你攻我守，我打你防，互有胜负，又都不肯罢休。连年战火，使赫梯大伤元气，埃及也被战争拖累得疲惫不堪。

人类文明史上第一个和平条约

公元前 1273 年，赫梯首都发生政变。赫梯王之弟哈图施利三世篡夺了侄子的王位，并将他的侄子放逐。然而，这位篡权的国王却在历史上青史留名，这不是因为他的劣迹，而是因为他的权术和作为政治家远大的谋略。在卡迭石之战后的 16 年，哈图施利三世派使者带着一块银制的字板去了埃及。

此时，满头白发的埃及法老拉美西斯正准备向赫梯发动第 28 次进攻。士兵们向他报告“赫梯人来了”。当法老远远看见赫梯使者手里捧着闪闪发光像磨盘一样的东西时，心存疑虑：“难道赫梯人又造出了什么新的武器？”

等赫梯人向法老恭敬地敬礼，递上那块字板时，法老惊讶了。原来这是赫梯人刻在银板上的战争和约。法老深受感动，接过了这块银制字板，表示接受赫梯人提出的和平条约。

争霸战争的影响

埃及与赫梯的争霸战争，是古代中近东历史上的重要事件。长期的军事较量，使双方的实力都受到严重削弱。拉美西斯二世的后继者们日益面临内外交困的局面，从爱琴海的小亚细亚一带席卷而来的“海上民族”的迁徙浪潮，与利比亚部落的入侵相呼应，日益动摇法老的统治，曾经一度强盛的帝国逐步陷入瓦解之中。赫梯虽然占有叙利亚大部，一度雄视西亚。但与埃及战争后，本来就不甚稳固的经济基础进一步动摇，不久即开始衰落。公元前 13 世纪末，“海上民族”从博斯普鲁斯海峡入侵，小亚细亚和叙利亚各臣属国家纷纷起来反抗，导致帝国于公元前 12 世纪崩溃。残存的赫梯小城邦于公元前 8 世纪始被亚述帝国所灭。

亚述帝国的征服战争

在公元前8—前7世纪，亚述是阿拉伯的强大帝国，曾发动了一系列扩张性战争。亚述人把这种战争看作是“神”的旨意，“神圣”的事业。亚述帝国的征服战争就是这“神圣”事业的突出表现。虽然亚述帝国在人类漫长的历史长河中只不过是一个昙花一现的军事强国，但其军事在中东的影响是相当长远的。

▲亚述帝国步兵像

帝国的兴起

古老的亚述，主要在今伊拉克境内的美索不达米亚地区，位于底格里斯河和幼发拉底河流域北部，东北靠扎格罗斯山，东南以小扎布河为界，西临叙利亚草原。由于亚述处于特殊的被异族包围的地理环境，经常受到敌对民族进攻的威胁，加之国土、资源又非常有限，使亚述人养成了好战的习性。他们对土地贪得无厌，并且，征服越多就越感到征服之必须，相信只有对外不断地征服，才能保住其已经获得的一切。每一次征服的成功都刺激着其野心，使黩武主义的链条拴得更牢。

公元前9—前8世纪，亚述兴起时，正是亚述人扩张的大好时机。当时，它四周已经没有强敌：强大的埃及帝国已成明日黄花；小亚细亚的赫梯已为“海上民族”所摧垮；南部的巴比伦已经四分五裂；东方的米底和波斯尚未兴起。而在亚述国内，铁器从赫梯引进后，不仅给亚述的经济生产带来了革命性的变化，更重要的是给尚武的亚述人提供了更锐利的武器，增强了战争的威力。

于是，从亚述那西尔帕二世统治时期起，亚述开始了它的对外征服事业。经过多年的征服战争，两河流域北部和叙利亚地区的许多小国大都被征服。公元前8世纪下半期，亚述终于形成庞大的军事帝国。

▼亚述军队攻城情景

亚述的四位征服者

在亚述帝国的扩张史上，声名最显赫也是功劳最卓著的君主主要有 4 位：提格拉·帕拉萨、萨尔贡二世、辛那克里布、伊撒哈顿。

公元前 746 年，军事将领提格拉·帕拉萨夺得王位，实行一系列改革，以巩固中央集权、提高部队战斗力来加强对被征服地区的统治和剥削。从中央到地方，建立起庞大的官僚制度。改革后重新开始大规模扩张。他统治时期，打败了亚述的劲敌乌拉尔图，征服了整个叙利亚地区，兼并了巴比伦。他实际上是亚述帝国的真正创立者。一块石碑上以他的口吻这样记载道：我率勇士，远征居姆赫；陷城池，获珍宝，无可数计；敢反抗者，我必焚其城，使成灰烬。

萨尔贡二世原是一名因战功显赫而得到提升的下级军官，他利用迅速攀升的权势篡夺了王位，被后世称为亚述的拿破仑。他统治时期打败了以色列、埃及，镇压了埃及支持的叙利亚和腓尼基等地的起义。萨尔贡二世使亚述帝国进入了鼎盛时期，他还以善于治国闻名于世。在位期间，对内改变片面支持军事官僚贵族集团的政策，以大量授予城市自治权的办法笼络神庙祭司，建立起以军事官僚贵族和神庙祭司为支柱的专制王权。公元前 705 年死于攻掠伊朗的战争中。

辛那克里布是萨尔贡二世的长子，他在位时力图扩大先父的战果。他痛恨也可能是嫉妒巴比伦城的繁华奢侈，在攻破巴比伦后，一怒之下将巴比伦城全部夷为平地，烧成灰烬。这一浩劫，也使辛那克里布永远被钉在历史的耻辱柱上。

伊撒哈顿在公元前 671 年远征埃及，攻占孟菲斯城，接受了埃及之王和埃塞俄比亚之王的称号。在他统治时期，建立了一个地跨西亚、北非，版图几乎囊括整个文明世界的亚述帝国。在他之后，亚述帝国极盛而衰。

亚述灭亡

亚述军事帝国的残暴征服和对社会生产力的破坏，以及它所采取的高压统治政策，给各地人民带来深重的灾难，也激起被征服者的不断反抗。公元前 7 世纪后期，亚述帝国的经济力量已被多年的战争消耗殆尽，其军事威力也已成强弩之末。公元前 605 年，新崛起的新巴比伦王国与伊朗高原的米底人联合攻陷了亚述首都，亚述王自焚于宫中。亚述国土全被并吞，民众悉被奴役或消灭，以致后来关于亚述的历史竟然难寻踪迹。曾在美索不达米亚历史上称雄一时的亚述帝国灭亡，其遗产被新巴比伦王国和米底王国瓜分。此时，离亚述的极盛时期不过 50 来年。

征服者的暴行

亚述帝国的侵略战争是以极度凶残著称，军事所至，庐舍为墟，居民几乎全被屠戮。亚述帝国对不肯投降而在战争中失败的国家，报复极其残酷，实行杀光、烧光、抢光的“三光政策”。破城之后，亚述士兵残酷地处置城里的人们，敲碎他们的头颅，割断他们的喉管，火烧他们的房屋，抢走他们的财产，还掳走他们的妻子和儿女。

公元前 743 年，亚述军队攻陷了叙利亚首都大马士革。由于城中军民拼死抵抗。城破之后被亚述士兵砍下的头颅，竟然堆成一座小山。亚述人还把成千上万的战俘，绑在上端削尖的木桩上，让他们慢慢在痛苦中死去。对于孩子，亚述人也不肯饶过，统统杀掉。城中所有的贵重物品，都被运回亚述。亚述的野蛮征服造成了赤地千里、惨绝人寰的景象。

世界历史上第一次欧亚两洲大规模国际战争

公元前492年，爆发了世界历史上第一次欧亚两洲大规模国际战争——希腊、波斯战争。希波战争是希腊城邦反抗波斯帝国侵略的战争，导火索是公元前500年小亚细亚的希腊城邦米利都发生的反波斯统治起义。这场战争前后持续了将近半个世纪，结果是希腊城邦国家和制度得以幸存下来，而波斯帝国却一蹶不振。

▲这幅陶瓷画描绘了一个希腊士兵被击倒后反戈一击，举剑砍向波斯人

马拉松会战

公元前500年，遭受波斯压迫的小亚细亚西部的希腊城邦联合起来，以米利都为中心爆发了反波斯起义。波斯军队实行残酷镇压，希腊人起义失败。波斯帝国早有向西扩张的野心，于是利用这次机会发动了对希腊的侵略战争，希波战争爆发。

公元前492年，大流士一世沿色雷斯海岸西进，开始了侵略希腊的战争，但初次出兵就不顺，几乎全军覆没。出师不利，于是大流士一世命令部队退回小亚细亚。次年，波斯向许多希腊城邦派出使者，索要“土和水”，要求各城邦降服，斯巴达和雅典处死了波斯使者。

公元前490年春，大流士一世开始了第二次远征希腊。波斯军横渡爱琴海，占领并破坏埃雷特里亚城，继而南进，在距雅典城东北约40公里的马拉松平原登陆。

面对强敌，雅典一面紧急动员全体公民赴马拉松应战，一面派遣长跑健将腓力庇得星夜奔往斯巴达求援。腓力庇得在两天内跑了150公里，于9月9日到达斯巴达。斯巴达人虽然同意出兵，但声称只有等待月圆了才能出兵援助。这样反波斯入侵的任务就完全落在了雅典的身上。

▼马拉松战役的一个场景

9月12日晨，马拉松会战开始。雅典军队利用有利地形将主力分置于两翼，趁波斯军队部分骑兵尚未赶到会战地点时，佯作正面进攻。波斯军队依仗兵力优势，取中央突破战术。希腊中军且战且退，波斯军队步步进逼。希腊军队突然发起两翼攻击，其长枪密集方阵攻势凌厉，波斯军队无法抵抗，仓皇后撤。希腊军队乘胜追击，波斯军队退至海上回国。马拉松会战成为古代战争史上以少胜多的范例之一。

血战温泉关

马拉松会战后10年间，波斯和希腊双方都紧张备战。波斯征集大量兵员物资，建造大批舰船，架设浮桥，开凿运河，准备再次攻入希腊。希腊也扩建各项防御工事，并加强海军训练。公元前481年，以斯巴达和雅典为首的30多个城邦在科林斯集会，组建希腊联军，并推举拥有强大陆军的斯巴达为盟主，准备抗击波斯的再次入侵。

公元前480年春，薛西斯一世率军大举远征希腊。斯巴达国王列奥尼达率希腊联军率先扼守地势险要的温泉关。他把大部分的兵士配置于狭窄通道一线，只派少部分兵士把守关后小道，以防波斯军队的偷袭。薛西斯连续发动进攻，但因地势狭窄，大军无法展开，而收效甚微。两天后，靠当地向导的指引，他以精锐部队偷袭关后，守军疏于戒备，很快就被击溃。列奥尼达在腹背受敌的情况下，为保存实力，命令联军主力撤退，自己率领300名斯巴达人断后，最终全部战死，但波斯军也以付出两万人的沉重代价才攻破温泉关。

萨拉米斯海战

在攻克温泉关之后，波斯陆军很快进占雅典城，大肆破坏劫掠。海军绕过阿提卡半岛南端，进入狭窄的萨拉米斯海峡。

公元前480年9月下旬，萨拉米斯海战开始。波斯舰队在数量上占绝对优势，对萨拉米斯海峡呈围攻态势。希腊舰队隐蔽在艾加莱奥斯山后，编成两线战斗队形。波斯战船由于船体太大，调度失灵，陷于被动挨打的境地，甚至自相碰撞而沉没。而希腊的战船船体小，运动自如，能够灵活地袭击敌舰。在此次战斗中，波斯海军遭受重大损失。薛西斯一世深恐后路被切断，仓皇败逃回国。

▲萨拉米斯海战的场景

公元前479年8月中旬，南下的波斯陆军与希腊联军在布拉底决战。希腊联军重创占有明显优势的波斯陆军，粉碎了波斯第三次远征。

希波战争影响

希波战争是亚洲与欧洲之间的一场规模巨大、时间跨度长的战争，前后持续了将近半个世纪。战争的结果是波斯帝国一蹶不振，希腊则获得了自由、独立与和平，雅典一跃上升为爱琴海地区的霸主，夺取了爱琴海沿岸包括拜占庭在内的大量战略要地，控制了通往黑海的要道。从此之后，希腊开始对沿岸国家进行掠夺，并从中获得了巨大的利益。

停战缔约

波斯第三次远征希腊失败后，由于帝国内部矛盾重重，被迫退居守势。以雅典为首的希腊联军逐渐转入反攻，并乘机扩张海上势力，企图建立雅典在爱琴海的霸权。

公元前449年，雅典代表到波斯首都谈判，与薛西斯一世签订了《卡利亚斯和约》。和约规定：波斯放弃对爱琴海、达达尼尔海峡和博斯普鲁斯海峡的控制，承认小亚细亚希腊诸城邦独立。希波战争到此结束，雅典成为爱琴海地区新的霸主。

伯罗奔尼撒战争

公元前431—前404年，数百个城邦卷入了规模空前的“希腊世界大战”，战火几乎波及当时整个地中海文明世界。以斯巴达为首的伯罗奔尼撒同盟和雅典帝国这两大城邦集团，一个在陆上称雄，一个在海上称霸，双方巧施权谋，展开长期的拉锯战。正当双方两败俱伤、财尽兵竭之时，虎视眈眈的波斯人借机干涉，最终协助斯巴达人击败雅典，摧毁了盛极一时的雅典海上帝国。这场战争对希腊城邦政治造成巨大的冲击和震荡，对于社会经济和民生无异于一场浩劫，对于其后希腊人的思想文化、对于地中海世界的国际局势都产生重大而深远的影响。

▲一名希腊内战时期的重装备士兵

十年战争

伯罗奔尼撒战争是以斯巴达和雅典为争夺希腊的霸权而爆发的长年战争，因以斯巴达为首的伯罗奔尼撒同盟而得名。公元前432年，雅典借口伯罗奔尼撒同盟成员科林斯的殖民地波提狄亚隶属于提洛同盟，要求波提狄亚与科林斯断绝关系。于是，在科林斯鼓动下，伯罗奔尼撒同盟要求雅典放弃对提洛同盟的领导权，遭到拒绝，战争爆发。整个战争可分为三个阶段，最终斯巴达获胜，取代雅典而成为希腊诸城邦的霸主。

伯罗奔尼撒战争的第一阶段，史称十年战争。公元前431年，伯罗奔尼撒同盟成员底比斯袭击雅典盟邦布拉底引发战火。公元前422年，双方进行最后决战，雅典主战派首领克里昂和斯巴达将军伯拉西达均战死。次年签订《尼基阿斯和约》，双方休战。

西西里战争

公元前415年，雅典人在亚西比的鼓动下，介入西西里岛希腊城邦之间的争端，标志伯罗奔尼撒战争进入了新阶段，史称西西里战争。

雅典的一位将军亚西比得提出新的作战计划。他极力鼓吹远征西西里岛，攻占支持斯巴达的叙拉古城。雅典人接受了这个主张，建立了拥有100艘三层舰的庞大舰队。公民大会决定由亚西比得、尼西阿斯和拉马科斯共同负责指挥远征军。

在出征的前一天，雅典城内的赫尔墨斯神像全被打坏了。一些反对远征的人散布

▶一个斯巴达重装备长矛方阵阻止敌军骑兵的冲锋

战争的影响

伯罗奔尼撒战争在古代军事史上占有相当地位：对抗双方对海上通路的争夺，从海上对敌的封锁和侵入都达到了很大规模；夺取要塞上创造了许多新方法，如使用水淹、火焚和挖掘地道等；方阵虽还是战斗队形的基础，但步兵能以密集队形和散开队形在起伏地机动行动；职业军人开始出现。这些都对希腊以及西欧军事产生了深远影响。

谣言说，这是一贯不敬重神的亚西比得指使人干的。面对反对者的挑战，亚西比得毫不畏缩。他是一个追求名利、野心勃勃的人，早就想通过西西里远征的胜利，使自己名扬希腊。他决心和那些阻碍他远征的人斗个高低，就要求公开审判这件事。如果证明是他亵渎了神灵，他服罪；否则，他就要控告诬陷他的人。这样一来，亚西比得得到了多数雅典人的信任。他们不同意为这件事而延误出征，于是，在用金杯装的水酒敬献战神以后，舰队在一片颂歌中起锚了。

但是，军队到达西西里岛不久，亚西比得就因与捣毁赫尔墨斯神像案有牵连被控犯有渎神罪，被召回雅典候审。正在指挥战斗的亚西比得听到这个消息，大为愤怒。起初，他决定回雅典为自己辩护。可是，后来他察觉自己的处境已经十分危险，就在回雅典的路上潜逃了。雅典的公民大会对亚西比得进行了缺席审判，判处他死刑。亚西比得听到这个判决以后，一怒之下，他竟然逃到斯巴达，投降了敌人。斯巴达人十分高兴地欢迎他，认为这是神意要雅典失败。

为了报私仇，亚西比得背叛了自己的祖国，并向斯巴达人献上两条计策：一是赶快派海军到西西里岛，去解救被雅典人包围的叙拉古城；二是从陆上出兵，占领距离雅典城北 20 公里的狄克利亚高地，封锁雅典的对外通道。这两条计策很厉害。雅典被斯巴达人封锁以后，疫病流行、饥荒严重。2 万多名奴隶乘机逃到斯巴达人那边去了。

公元前 413 年秋，雅典远征军全军覆没，损失战舰 200 余艘、海军 3.5 万人。经此严重打击，雅典渐失其海上优势。

战争结束

雅典在西西里惨败，元气大伤。公元前 413 年，斯巴达军入侵阿提卡，并长期占领德凯利亚，伯罗奔尼撒战争进入最终阶段。公元前 411 年发生政变，民主政体被推翻，建立了以 400 人会议为首的寡头政治。次年，民主政体重建。公元前 405 年斯巴达将雅典舰船诱入赫勒斯滂海峡，突然袭击，雅典舰队全军覆没，雅典海上霸权丧失殆尽。

公元前 404 年 4 月，在斯巴达军队海陆两面围困下，雅典宣告投降。战争使参战双方的多数城邦蒙受人力和财力的巨大损失，国力下降。波斯帝国又得以插手希腊各邦的事务。胜利者斯巴达成为希腊的霸主。

亚历山大东征

亚历山大东征是一次掠夺性远征，历时10年，行程逾万里，灭亡了波斯帝国。在西起巴尔干半岛、尼罗河，东至印度河这一广袤地域，建成幅员空前的亚历山大帝国。亚历山大东征与其他战争相比，时间并不算长，但其独特的进攻和远距离机动作战方式，却在世界战争史上留下了重要的一页。

▲亲自围攻推罗城的亚历山大，经过7个月的艰苦战斗，才攻下了推罗城。

马其顿的兴起

正当希腊各城邦日趋衰落的时候，希腊北面的马其顿国家日渐强盛起来。公元前4世纪中期，国王腓力二世当政。腓力要做一个强有力的国王，要统一整个希腊，成为全希腊之王，并为此目的进行了很多改革。经过改革，马其顿迅速发展成为一个军事强国。

公元前336年，腓力二世遇刺身亡，他的儿子亚历山大受军队的拥戴登上王位，时年20岁。他决心继承父业，实现其称霸世界的目的。即位之初，人们以为他年轻，不足以实行他父亲的东征计划，事实却证明他是一位军事天才。

亚历山大曾拜希腊著名哲学家亚里士多德为师，自幼接受希腊文化教育。他酷爱希腊文化，梦想不仅要征服世界，而且要使世界希腊化。亚历山大最喜欢的书是《伊利亚特》，他一心想向阿喀琉斯学习，创下辉煌的伟绩。他16岁起，就跟随父亲参加军事征战，学到不少作战技术和军事知识。在著名的喀罗尼亚战役中，18岁的亚历山大曾指挥马其顿军队的左翼取得辉煌的战果。

亚历山大继承王位之后，即着手仿效希腊人的制度，实行改革。最重要的是军事改革，他创立了包括步兵、骑兵和海军在内的马其顿常备军，将步兵组成密集、纵深的作战队形，号称马其顿方阵，中间是重装步兵，两侧为轻装步兵，每个方阵还配有由贵族子弟组成的重装骑兵，作为方阵的前锋和护翼。

亚历山大通过这些改革，使马其顿迅速成为军事强国。腓力二世被害后，希腊被征服的城邦认为这是摆脱马其顿帝国控制与奴役的天赐良机，纷纷起义暴动，但年轻的亚历山大在短短的两年里就平息了骚乱。为了维持庞大的军队以镇压希腊各城邦的反马其顿运动，为了实现自己征服世界的野心，亚历山大把目光投向了领土辽阔、资源丰富、财富滚滚的波斯。

▼公元前334年，亚历山大（中间手持长剑者）率领马其顿骑兵拼命向波斯军队冲锋的情景。

▲公元前 326 年亚历山大的部队同印度军队作战的场面

入侵波斯

亚历山大在公元前 334 年发动了对波斯帝国的侵略战争。亚历山大首先率领部队攻克了小亚细亚，消灭了驻守在那里为数不多的波斯部队。然后他又挥师北上，向叙利亚进军。在伊苏斯城，他打败了波斯王大流士三世,并俘获他的母亲、妻子和两个女儿。看着大流士豪华的宫殿，亚历山大赞不绝口：“这样才像个国王！”

接着，亚历山大向南进攻叙利亚和腓尼基，又派手下大将攻占了大马士革，从大流士的军械库里获得大量战利品。他亲自率领部队南下，经过 7 个月的艰苦战斗，攻下了推罗城，把推罗城的 3 万居民卖为奴隶。

公元前 332 年，亚历山大切断波斯陆军与海上舰队的联系后，长驱直入埃及，并且自称是太阳神“阿蒙之子”，成为埃及的统治者。在埃及，他亲自勘察设计，在尼罗河三角洲西部，建立亚历山大城，他要它永存人世，作为他伟大战绩的纪念碑。埃及的祭司们为亚历山大加上了“法老”的称号。在庆功的宴会上，亚历山大分外兴奋，他说：“英雄的伟大就在于不断开拓疆土，不断增加权力，尽情享受美味佳肴和少女美色。”

公元前 330 年春，亚历山大引兵北上追击大流士，大流士被其部将谋杀，古波斯帝国灭亡了。马其顿军队征服了波斯的全部领土，一个横跨欧、亚、非三洲的亚历山大帝国建立起来了。

东侵之路

尽管吞并了波斯，但是，亚历山大并没有就此止步，他的目的是整个世界。公元前 327 年，亚历山大率军由里海以南地区继续东进，经安息（帕提亚）、阿里亚、德兰古亚那，北上翻越兴都库什山脉，到达巴克特里亚(大夏）和粟特。

公元前 325 年侵入印度，占领印度河流域。他还企图征服恒河流域，但是经过多年远途苦战，兵士疲惫不堪。由于印度人民的顽强抵抗，加之疟疾的传染、毒蛇的伤害，兵士拒绝继续前进，要求回家。亚历山大不得不放弃东进计划，返回波斯。公元前 325 年 7 月从印度撤兵。将近 10 年的亚历山大远征，终于结束了。

帝国瓦解

亚历山大返回波斯的第二年，用了近一年的时间对他的帝国和军队进行改编，这是一次重大的改编。显然亚历山大企图利用这支改编的军队再开展征服活动。他计划入侵阿拉伯与波斯帝国北面的土地，还想再次入侵印度，征服罗马、迦太基和地中海西岸地区。但不幸的是，公元前 323 年 6 月，亚历山大突然患恶性疟疾，从发病到生命结束仅 10 天，死时还不满 33 岁。亚历山大生前没有指定接班人，死后不久就出现了一场夺权斗争。在这场斗争中，亚历山大的母亲、妻子和孩子都横遭杀身之祸。将领们纷纷拥兵自立为王，横跨欧亚非三洲的马其顿王国从此分裂为若干个希腊化的国家。亚历山大庞大的帝国只存在了短短的 13 年。

罗马与迦太基争霸

公元前264—前146年，罗马与迦太基为争夺西地中海霸权进行了长期的战争，因罗马人称腓尼基人为“布匿人”，所以这场战争又称“布匿战争”。在这场延续100多年的战争中，罗马与迦太基之间进行了3次战争。第一、二次布匿战争是作战双方为争夺西部地中海霸权而进行的扩张战争，第三次布匿战争则是罗马以强凌弱的侵略战争。其中以第二次布匿战争或称汉尼拔战争，最为激烈和具有决定性的影响。

▲公元前218年4月，汉尼拔率领9万步兵、1.2万骑兵和37头战象，从西班牙的新迦太基城出发，冲破重重艰难险阻，于9月末越过了阿尔卑斯山，到达北意大利平原。

第一次布匿战争

罗马于公元前3世纪上半叶统一意大利后，就开始向地中海周边区域扩张，它首先遇到的劲敌是西部地中海霸国——北非的迦太基。双方为了争夺盛产谷物的西西里，爆发了第一次布匿战争，导火线是墨西拿事件。

公元前264年，罗马出兵渡过墨西拿海峡，击败迦太基军，占领墨西拿城，继而占领西西里岛大部地区，并攻占迦太基人在西西里岛西南岸的主要据点。经过一系列交战，罗马军队取得陆上作战的一些胜利，但迦太基具有海上优势，仍控制着西西里岛西部地区和沿海一些要塞。

为夺取海上优势，善于模仿的罗马人以一艘搁浅的迦太基战舰为样板，在希腊人的帮助下建立了一支庞大的舰队。船只结构同迦太基人的一样，也是桨式战船，但罗马人发明了一种搭有尖钩的活动吊桥——接舷吊桥，将它钩到对方战舰的甲板上，这样不习水战的罗马人就可沿长板冲向敌船，在甲板上打一场陆地战，发挥罗马军团人数多的优势，大败迦太基舰队，随后乘胜登陆北非。迦太基无力再战，被迫讲和。

▶公元前217年，在特雷比亚战役中，罗马军团首次与战象这种巨兽交战。

汉尼拔战争

第一次布匿战争后，罗马人并没有满足于这有限的胜利，而迦太基也不甘心自己的失败，双方终因在西班牙的利益冲突，导致了第二次布匿战争，也称汉尼拔战争。

战争一开始，汉尼拔即以惊人的胆略定下了越过阿尔卑斯山脉，从陆地进军意大利的战略。公元前 218 年，汉尼拔率军从西班牙的新迦太基城出发，冲破重重艰难险阻，越过了阿尔卑斯山，到达北意大利平原。罗马人措手不及，被汉尼拔连续击溃。在敲开意大利的北大门后，汉尼拔继续挥军南下。

公元前 216 年春，汉尼拔攻占了意大利南部的坎尼城。坎尼是罗马的重要粮仓，如果失去坎尼城，罗马将陷入更大的困境。因此，罗马决心全力夺回。在坎尼城附近的平原上，汉尼拔与罗马进行了一场著名的战役，史称“坎尼会战”。

在这场会战中，汉尼拔事先了解到当地每天午后刮东南风，于是指挥部队紧急转移，处于上风方向，并把部队布成一个新月形阵势，从侧面把罗马军卷入口袋之中，重重包围起来，最后全歼罗马军队。这就是著名的坎尼之战，它是西方军事史上第一个合围之战，显示了汉尼拔的卓越军事才能。

坎尼会战后，南部意大利许多城市归顺汉尼拔。但是，战事拖延愈久，形势对罗马愈有利。汉尼拔的雇佣军孤陷敌境，补给困难，得不到迦太基的有效支援；而罗马在本土作战，加上意大利中部各城市仍然忠于罗马，向其提供大量兵源，因而逐渐从守势转入攻势。

汉尼拔孤立无援，退守意大利南端。公元前 202 年，在迦太基西南的扎马之战中被罗马军打败。迦太基丧失了军事和外交的自主权，罗马成为西地中海的霸主。

墨西拿事件

在皮洛斯战争期间，叙拉古雇佣军中的一批意大利人强占了西西里岛东北端的墨西拿。公元前 265 年，这些意大利人因与叙拉古僭主发生冲突而处于不利形势，分别求助于迦太基和罗马。迦太基抢先控制了墨西拿。公元前 264 年罗马军队开进西西里，揭开战幕。罗马先后占领墨西拿和阿格里琴托，迫使叙拉古与之结盟。但在海上迦太基却占优势。在公元前 260 年的米列海战中，罗马舰队获胜。公元前 256 年罗马海军又在埃克诺穆斯海角大胜。同年罗马远征军在非洲登陆，但以失败告终。此后主要战场移到西西里，罗马在陆战中略占上风。公元前 241 年，罗马海军以新建的 200 艘战船组成的舰队大败迦太基舰队于埃加迪群岛附近。迦太基被迫求和，割地赔款，将西西里及其附近利帕里群岛让给罗马。公元前 238 年罗马又出兵强占了撒丁和科西嘉。

第三次布匿战争

第二次布匿战争后，迦太基在军事上虽无力再与罗马竞争，但其商业发展迅速，物质财富迅速增加，引起了罗马人的妒忌，决心消灭迦太基。罗马唯恐迦太基复兴，公元前 149 年，罗马进犯迦太基，第三次布匿战争爆发。

对这突如其来的侵略，迦太基措手不及，只得向罗马求和。罗马提出，要迦太基交出全部武器和 300 名儿童作人质。当迦太基满足罗马这一条件后，罗马无理要求迦太基毁掉城市，移居离海 15 公里以外的内地。迦太基人愤然拒绝，起而抵抗。他们铸造武器，加固城墙，充实粮库，妇女们剪掉自己的头发，搓成绳子，供绑扎枪炮之用。

罗马军队围攻迦太基城两年未下。公元前 146 年春，迦太基发生饥荒，疾病流行，罗马军终以强大兵力破城而入。残酷的巷战进行了 6 天 6 夜，最后许多迦太基人同庙宇同归于尽。罗马元老院下令焚烧迦太基城，大火延烧 16 天之久，残存的 5 万迦太基人被卖为奴隶，迦太基城被彻底毁灭。罗马在迦太基设置了行省。至此，独立的迦太基国家便不复存在了。

罗马与马其顿争霸

▲罗马军团。罗马军团相当于现代军队的一个师，由 10 个大队组成，4 500～5 000 士兵，其中包括 300 名骑兵。每个罗马军团配有一个联合军团，这相当于现代的一个军，9 000～10 000 人，其中约有骑兵 900 人。两个罗马军团加上两个联合军团组成一个野战军，称为执政官统率的集团军，由两个罗马执政官当中的一名指挥。每个执政官统率的集团军通常有 1.8 万～2 万人，其正面战线宽约 2 500 米；整个集团军战斗编队占地约 60 万平方米，约为同等规模的希腊方阵队形的 3 倍。

公元前 3 世纪上半叶，罗马征服意大利半岛后，开始向海外扩张，先后与地中海西部强国迦太基和地中海东部的马其顿王国发生冲突。马其顿与罗马为争夺对希腊及其属地的霸权而进行了三次战争，马其顿三战皆败。

第一次马其顿战争

亚历山大病死后，他的部将为争夺地盘，将其帝国一分为三，即马其顿王国、赛琉古王国和托勒密王朝统治下的埃及王国。

公元前 217 年，罗马人与汉尼拔交战惨败的消息传到马其顿王宫。腓力五世大喜过望，他梦想着征服世界的伟业。他迅速组建了一支轻型快艇舰队，于公元前 216 年春开进亚得里亚海。虽然罗马舰队迫使马其顿军队迅即撤退，但马其顿的目标已经明确。腓力五世迈出了决定性的一步，与汉尼拔结盟。

公元前 215 年夏，罗马人截获了腓力的使者和秘密文件，得知了马其顿欲与迦太基结盟的情报。元老院立即命令正在塔兰托的行政长官拉维努斯加强对腓力的监视。并配给他 50 艘战船，以便在必要时越海去伊利里亚。

拉维努斯于公元前 211 年与埃陀利亚人结盟，相约埃陀利亚人立即与腓力展开陆战，所获领土归己，罗马人提供海军支持，并分得部分浮财和人、畜等战利品。不久，许多希腊城邦纷纷加入这个联盟。腓力非但不能在意大利帮一把汉尼拔，反而把战火引到了希腊，使自己陷入重围。

公元前 207 年，汉尼拔的弟弟哈斯德鲁巴率军南下入意大利，罗马人忙于本土战争，在希腊无所作为。埃陀利亚人已无力单独与马其顿对抗。公元前 206 年，埃陀利亚人与马其顿签约议和。公元前 205 年，罗马人决定放弃战争，罗马与腓力议和。第一次马其顿战争结束。

第二次马其顿战争

公元前 205 年，埃及托勒密四世死去，宫中奸党惑乱。埃及的衰弱，勾起其他两方的贪欲。马其顿的腓力五世和叙利亚的安条克三世缔结密约，瓜分埃及在欧洲和亚洲的势力范围。安条克在这场交易中获利更大些。

公元前 202 年春，安条克扑向叙利亚南部。腓力攻下了与埃陀利亚有盟约的奇乌斯，此举激怒了埃陀利亚人，也使安条克大为不满，进而导致罗德斯人决定与腓力对着干。几经胜负，罗德斯人决定向罗马求援。罗马元老院决定参战。

▲叙利亚的安条克三世正在指挥作战

战争的头两年，双方都无大的建树。不久，埃陀利亚放弃观望态度，站到罗马人一边。阿卡亚联盟却不肯在此时伸手拉腓力一把。罗马人没费多大力气便占了马其顿西部地区。并劫掠了爱琴海沿岸和马其顿沿海的财物。

公元前 197 年，腓力在基诺斯山与罗马人决战。这场战争使腓力的军队损失过半，腓力除了无条件接受罗马的要求，别无选择。马其顿被迫与罗马签订和约，根据和约失去了小亚细亚、色雷斯及希腊等地的领地以及舰队，将陆军缩减到 5 000 人。马其顿军队在基诺斯山战败意味着马其顿统治希腊的结束，希腊大部分领土成为罗马属地。

第三次马其顿战争

腓力五世死后，公元前 179 年腓力五世之子即位后，他镇压了马其顿贵族的反抗，巩固了国家经济，组成了一支 4 万人的军队，并同与罗马敌对的国家建立了关系，其中包括迦太基。罗马元老院指责马其顿破坏以往条约。公元前 171 年，罗马向马其顿宣战，进军希腊。

最初，交战双方互有胜负。然而皮德纳一战，罗马军团几乎全歼马其顿军队。公元前 168 年 6 月 22 日，双方在皮德纳决战。马其顿军队发起进攻，击溃罗马军前锋。罗马军退向山地，马其顿以方阵实施追击，但在崎岖不平的地形上难以保持严整的队形。鲍路斯利用马其顿方阵出现的缺口率军插入，两翼部队同时发起进攻。马其顿军大败，狼狈逃回首都的马其顿国王，连烧毁文件的功夫都没有，又继续出逃，最后被迫投降。

罗马占领并洗劫了马其顿。罗马元老院废除马其顿帝制，把全国划分为 4 个直属罗马的独立区。公元前 149 年，马其顿爆发反罗马起义。起义被镇压后，罗马将马其顿与伊利里亚和伊庇鲁斯合并为一个行省。马其顿战争结束。

反抗罗马的起义

第三次马其顿战争后，罗马人在巴尔干地区开始了其残暴统治。公元前 149 年，不堪忍受罗马人暴政的马其顿人与希腊人揭竿而起，就举行了声势浩大的起义，安德里斯克自称是珀尔修斯的儿子，号召人民重建马其顿，打击罗马人。很快，希腊人也接受了他的号召。罗马人迅速作出反应，调集大量军队镇压起义。公元前 148 年，马其顿小王国被合并为罗马的行省——马其顿行省，保加利亚南部成为罗马人的土地，北部仍旧由色雷斯人占领。公元前 146 年，罗马人打击了希腊人的起义，夷平了起义中心科林斯。雅典、斯巴达的民主政治被取消，取而代之的是寡头独裁制。后来整个希腊被并入罗马的亚该亚行省。

斯巴达克起义

▲斯巴达克雕像

在人类战争史中，反阶级压迫的战争占有相当大的比重。在这种战争中涌现出的军事历史人物的事迹无不英勇悲壮，可歌可泣。公元前 73 年，斯巴达克起义爆发。曾经震动了整个西方世界，其不畏强暴、前仆后继求解放的斗争精神曾影响了一代又一代奴隶，谱写了奴隶解放的光辉诗篇。

从卡普亚城到维苏威火山

在古罗马，到处都有大规模使用奴隶劳动的大庄园，奴隶被称为“会说话的工具”。奴隶主为了取乐，建造巨大的角斗场，强迫奴隶成对角斗，并让角斗士手握利剑、匕首，相互拼杀。一场角斗戏下来，场上留下的是一具具奴隶尸体。奴隶主的残暴统治，迫使奴隶一再发动大规模武装起义。公元前 73 年，世界古代史上最大的一次奴隶起义——斯巴达克起义爆发了。

斯巴达克是巴尔干半岛东北部的色雷斯人。罗马进兵北希腊时，在一次战争中斯巴达克被罗马人俘虏，被卖为角斗士奴隶，送到卡普亚城一所角斗士学校，受非人待遇。在忍无可忍的情况下，斯巴达克向他的伙伴们说：“宁为自由战死在沙场，也不为贵族老爷们取乐而死于角斗场。”角斗士们在斯巴达克的鼓动下，拿了厨房里的刀和铁叉，冲出了牢笼。在路上，他们正好遇上几辆装运武器的车子，就夺取了这些武器武装了自己，并跑到几十里以外的维苏威火山上聚义。斯巴达克率领起义者在这里安营扎寨，建立起一个巩固的阵地。

周围的奴隶听说维苏威火山有自己的队伍后，纷纷前来投奔，奴隶起义军很快就扩充到近万人。他们多次战胜罗马军队的一些小部队，杀富济贫，令当地的奴隶主闻风丧胆。

角斗士

对角斗士的最早记载要追溯到公元前 264 年。角斗士是经过训练的职业杀手，他们为了取悦皇帝和当地的领主而搏杀到死。一般来说，角斗士的社会地位比奴隶略高。而且，也有些角斗士，因其所向披靡的高超搏杀技巧而成为超级明星。训练角斗士的方式和现代训练运动员的方式非常相似，他们要进行非常严酷的锻炼并接受严格的饮食控制，只能进食高热量的食物。他们要学习使用各种武器，包括匕首、剑、网以及锁链等。 角斗士们两人一组互相格斗。失败的角斗士通常是被胜者杀死。败者义无反顾地抓住胜者的大腿，而胜者将长剑直接刺入他的咽喉来宣告胜利。这时，全场的观众呼喊沸腾，气氛达到最高潮。这是一种血腥而残忍的娱乐！

纵横意大利

公元前 72 年，被起义的巨大规模震惊的罗马元老院，派遣两支军队讨伐斯巴达克。这时，起义军内部产生了分歧。大部分奴隶，其中包括斯巴达克，根据敌我双方力量对比，认为在意大利本土建立政权比较困难，主张离开意大利，冲过阿尔卑斯山，进入罗马势力尚未到达的高卢地区，摆脱罗马统治，获得自由，或者返回家乡。而参加奴隶起义运动的当地牧人和贫农则不愿离开意大利，希望继续与罗马军作战，以夺取失去的土地。

由于这种意见分歧，3万人的队伍脱离了主力部队，在阿普利亚北部被罗马军队击溃。斯巴达克闻讯赶来救援，已经来不及了。斯巴达克杀死了300名罗马俘虏，祭奠了阵亡战友的“亡灵”，继续率军北上。

公元前72年，斯巴达克的军队沿亚得利亚海岸穿过整个意大利。在北意大利的摩提那会战中，斯巴达克的军队击溃了罗马的军队。起义者受到胜利的鼓舞，又因越过阿尔卑斯山有不少困难，斯巴达克改变了原来的计划，挥师南下，返回意大利，从一边绕过罗马，向南方进军。

▲古罗马的角斗游戏，初始只不过是一种具有宗教纪念性质的仪式，后来竟逐渐演变为一种极端残忍的娱乐活动。被迫参加角斗的大多为奴隶和战俘，也有囚犯、遭受迫害的基督徒以及破产的自由民。他们平时接受严格的角斗训练，一经上场就要在全场几万名观众疯狂的呐喊和鼓动下，用刀、剑或匕首与对手展开殊死的拼杀，直到将对方置于死地，或重伤得无法再战，这时，台上观众会伸出大拇指，以朝上或朝下来决定获得胜利的角斗士的生死。许多角斗士会被野兽咬伤、撕裂，甚至咬死，角斗士之间你死我活的厮杀，更是令人不寒而栗。角斗场上凄惨的叫声惊天动地，而观众却如着魔般对血淋淋的场面狂呼、呐喊，他们践踏着角斗场上的血肉生命而获得巨大的“享受”与“满足”。这是一种极端野蛮和疯狂的娱乐。

布林底西港血战

面对这支驰骋于意大利的起义队伍，罗马统治集团惊慌失措，没有人敢竞选执政官。元老院宣布国家进入紧急状态，最后选任大奴隶主克拉苏斯统率大军，镇压起义军。

公元前72年秋，斯巴达克的军队在意大利卡拉布里亚集结，准备乘盗船渡过墨西拿海峡。但海盗不守信用，没有提供船只，斯巴达克自造木筏渡过海峡的计划也未能实现。这时，克拉苏斯在起义军兵营后方构筑了一道工事，切断了起义军撤回意大利的后路。起义军用土和树木填平了壕沟，突破了工事。在突击中，斯巴达克的军队损失了大半。

罗马元老院竭力想尽快地将起义镇压下去，分别从西班牙和色雷斯部队调来增援克拉苏斯。为了不让罗马军队会合，斯巴达克决定对克拉苏斯的军队发起总决战。他用急行军快速将部队开向北方，迎击克拉苏斯。在布林底西港附近激战中，斯巴达克军队虽在数量上比罗马军队少得多，但他们仍然英勇战斗。斯巴达克身先士卒，骑在马上左冲右突，杀伤两名罗马军官。他决心杀死克拉苏斯，但由于大腿受了重伤，斯巴达克壮烈牺牲。此后，一些分散而没有统一领导的起义队伍在意大利许多地区仍然坚持战斗10年之久。

▼据说当年罗马角斗场开幕时，共用5 000头狮子、老虎等猛兽和由3 000名奴隶、俘虏、罪犯及受宗教迫害的基督教徒组成的角斗士，在此持续进行了100天的表演。演出时，猛兽从圈中放出，人被驱入赛台，兽要吃人，人要搏斗，人生还者极少，残酷异常，惨绝人寰。有时也搞人与人进行角斗，更加残忍。角斗中必须有一方死亡方可收场，如无结局，则双双必须处死，或放入野兽将人吃掉。

恺撒征服高卢

公元前58年，恺撒出任高卢总督，标志着高卢战争的开始。高卢战争是罗马共和国为征服高卢、扩大疆土而进行的侵略性远征，更是高卢总督恺撒为壮大自己的实力，战胜自己的对手进而确立独裁统治而进行的一场建功扬威、扩军备战、掠夺财富的残酷战争。战争的结果是恺撒征服了整个高卢，为建立个人的独裁政权铺平了道路。

▲一名高卢骑兵

前三头同盟

高卢是罗马共和国北部的一大片土地，包括今天的意大利北部、法国、卢森堡、比利时、德国以及荷兰和瑞士的一部分。高卢土地辽阔、物产丰饶，早就为古罗马人所觊觎。

公元前1世纪，罗马政坛有三位新人崭露头角，这就是克拉苏斯、恺撒和庞培。恺撒打出马略派领袖的旗号，在社会上声名鹊起。他虽出身名门，但家财不丰，加之为笼络人心而慷慨施舍，欠了大笔债款。据说公元前62年恺撒得到出任西班牙总督的肥缺，却因债务缠身不能启行，大富豪克拉苏斯为他作保并偿清部分债务才使他得以赴任。

恺撒在西班牙总督任内搜刮甚多。他于公元前60年回到罗马时野心更大，遂与克拉苏斯、庞培正式订立秘密政治协定，组成所谓“前三头同盟”。据此协议，三方促成恺撒当选公元前59年的执政官，恺撒在任内须尽量设法批准庞培在东方所实行的各项政策，并通过一些有利于骑士的法案。这些事情，恺撒都不顾元老院的反对而一一兑现，使其政治声望大为提高。更有甚者，恺撒还有意培植他的平民领袖的声誉。这些充分表明恺撒借重民众和改革派声誉称雄争霸的野心。

但是，恺撒深知，他要超过另外两头，就必须掌握强大的军队和拥有雄厚的资财，这是斗争中的最大资本。于是他看中高卢总督这一肥缺，决定执政官任满后前去高卢。他要以高卢行省为基地，开疆拓土，招兵买马，增加实力与威信，为夺取更大权力准备条件。

公元前58年，通过三头协议，恺撒出任高卢总督，任期5年。恺撒出任高卢总督，标志着高卢战争的开始。

◀在征服高卢的战争中，恺撒意图用军事工事包围敌人，他命人在战场上布满了大量的障碍物。如图所示，他让人在丛林下埋下铁制棒，在圆形陷阱里插上尖木桩，然后在整个工事的外围布满有锋利枝杈的灌木丛。

▲征战中的恺撒

恺撒远征高卢

公元前58年，恺撒带着4个军团进驻山南高卢后，处心积虑地训练、培植、扩展一支忠于自己的强大部队，同时，伺机侵占尚未被罗马人征服的“蓬发”高卢广大地区。当时高卢原始社会各邦各部落内部的阶级对立、冲突已很尖锐。高卢各邦内外矛盾激化、战事不断的动乱局面为恺撒插手他们的内部纷争，进而出兵入侵提供了良好的机会。

恺撒借出征的机会，在每次战役结束后将自己的军团和冬令营留在高卢，以镇压高卢人的反抗并欲夺取更多的领土。这引起高卢人的不满，北部的各邦首先起来行动，他们相互串联，试图结成联盟把罗马人赶过阿尔卑斯山去。恺撒获悉后，先发制人，利用高卢人的矛盾各个击破。

恺撒以军事手段征服了一些邦，又用许愿、结盟等方法笼络、分化瓦解了另一些邦，至公元前53年已占领高卢大部分地区。恺撒在各重镇和交通要冲驻军、建立冬令营，要求各邦提供人质、纳贡、听从军事调度和服从罗马的统治。

高卢人民并不甘心臣服罗马，公元前52年爆发了几乎席卷全高卢的反对罗马占领者的起义。恺撒倚仗自己军队的高度机动性和丰富作战经验，企图一举扑灭起义。

恺撒指挥军队步步为营，构筑大批工事、防堤和壁垒，把高卢联军团团围住。高卢人向罗马军队数次发起猛烈突击，战局几度呈拉锯态势，但最后无法攻破恺撒的包围圈。最后，联军主力被恺撒的骑兵所歼灭。一场声势浩大，几乎高卢各邦人民都参加的反罗马军事斗争，在不到1年的时间里，被恺撒的10多个军团镇压。至公元前50年，高卢境内反罗马武装斗争基本平息。

高卢战争使整个高卢地区臣服于恺撒，恺撒也利用战争之机掠夺了巨额财富，并造就出一支有10个军团的强大军队。这一切都大大加强和壮大了恺撒的实力和权威，为他在罗马内战中战胜对手、建立个人独裁政权奠定了基础。因此可以说，高卢战争是恺撒一生的转折点，其结果是加速了罗马共和国的解体和走向帝制的步伐。

罗马人侵前的高卢

高卢是罗马共和国北部的一大片土地，包括今天的意大利北部、法国、卢森堡、比利时、德国以及荷兰和瑞士的一部分。凯尔特人从公元前7世纪在今法国出现前，经过几个世纪与当地原有居民的融合、交流，至公元前1世纪中叶，在高卢共分为三支，即中部的高卢人、北部的比尔及人和西南部的阿基坦人。高卢人是体质上较为纯粹的凯尔特人，居住在加龙河以北至塞纳河的广大地区。这三支凯尔特人具有共同的语言、文化、宗教特征，相似的风俗习惯，但讲不同的方言，体质形态上也有差异，他们分别组成60多个邦。这种邦从组织形式上讲，是原始社会的部落联盟。它们拥有的人口和所占土地的多寡很不相同，人口多的可达数十万。

罗马内战

罗马内战是公元前1世纪40—30年代罗马奴隶制国家内部为争夺政权和建立军事独裁而进行的一场战争。战争的发动者是罗马晚期共和国时期著名的“前三头”和“后三头”。罗马内战揭开了罗马历史新的一页，使罗马奴隶制从共和发展到帝制的新阶段。

“前三头同盟”决裂

经过7年苦战，恺撒征服了整个高卢，但他和罗马世界的另一个巨头庞培之间的关系却愈来愈紧张。克拉苏斯原来作为第三股力量，在他们之间起着平衡作用，这时已经死在安息(公元前53年)。恺撒的独生女儿尤莉娜嫁给庞培，本来是他们之间的联系桥梁、又因难产身亡（前52年）。从此他们之间的关系急转直下。

恺撒和庞培这两个人，一个有从高卢战事中获得的财富、声望和一支久经沙场的军队作为资本；另一个有元老院、整个罗马的国家机器以及除高卢以外的所有行省做后盾，可以用合法政府的名义发号施令。双方都有恃无恐，终于使内战的爆发变成不可避免。

高卢战争结束后，恺撒写成《高卢战记》一书在罗马广为散发，向公民宣传他的赫赫战功。更重要的是他已掌握了空前强大的实力，有久经征战的10个军团在他麾下，更有在高卢战争中掠夺的巨额财富供他在罗马网罗党羽、收买群众。这样的形势使庞培同元老院的联合更为紧密，他们把打击目标集中在恺撒及其党羽身上。

公元前50年，元老院和庞培作出决定，恺撒应在第二任高卢总督期满时交出兵权，解职回国。这等于公开宣布了“三头同盟”的决裂。

恺撒回信要求庞培也放弃兵权，否则决不服从，并不惜兵戎相见。元老院视此信为战书，立即在公元前49年元旦决定恺撒应立即卸任。恺撒派的保民官安东尼等对此行使否决权不成反遭迫害，被迫逃往恺撒在山南高卢（北意大利）的军营，罗马内战一触即发。元老院马上宣布恺撒为公敌，全国处于紧急状态，授命庞培召集军队保卫罗马，不久内战正式开始。

▼安息骑兵，克拉苏斯在同安息战争中死去。

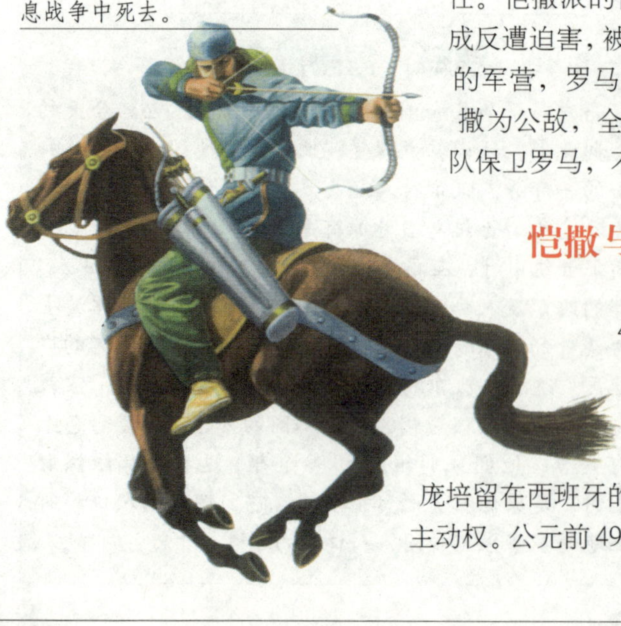

恺撒与庞培内战

恺撒先发制人，突然于公元前49年1月10日率军进攻罗马，内战开始。庞培准备不足，偕同大批元老院成员仓皇逃往希腊。

攻占罗马后，恺撒决定歼灭庞培留在西班牙的主力，以保障后方安全和掌握战略主动权。公元前49年，恺撒打败庞培在西班牙的部队，

▲恺撒之死，18 世纪晚期的油画。公元前 44 年 3 月 15 日，恺撒的一位亲信布鲁图斯与同伙卡西乌斯在元老院会议厅向恺撒连刺 23 剑，一代天骄就这样死于亲信的剑下。

消除了后顾之忧，继而于公元前 48 年年初率军渡海去希腊与庞培决战。

恺撒登陆后不久，其运输船只被庞培海军歼灭，通往意大利的交通线被切断。恺撒率军北上，围攻都拉基乌姆（今阿尔巴尼亚的都拉斯）受挫。为了将庞培军诱离其补给基地与之会战，恺撒率军向东南方转移，进抵帖撒利亚（色萨利）地区法萨罗附近的平原，庞培跟踪而至。恺撒兵力约 2.2 万人，其中骑兵 1 000 人；庞培兵力约 4.5 万人，其中骑兵 7 000 人。双方沿埃尼派夫斯河北岸占领阵地；恺撒军在东南方，庞培军在西北方。庞培拥有兵力优势，且占据有利地形。鉴于恺撒军远离后方，粮秣不济，不能长期坚持，庞培采取坚守待变战略。恺撒军虽多次挑战，庞培军坚守营垒，拒不出战。最后，恺撒军实施佯动。庞培担心后方交通线受到威胁，遂出营应战。

恺撒以伏兵 3 000 突然猛击庞培的精锐骑兵，导致敌左翼溃散，而庞培督师不力，未能及时巩固中军组织反击，终于一败涂地。庞培兵败逃往埃及，不久被人杀死。

庞培死后 3 天，恺撒追击庞培军团在埃及登陆。他卷入了埃及内讧，打败了托勒密国王的部队，立克列奥帕特拉王后为国王。随后，他进军攻打并击溃了占据着部分罗马领土的帕提亚人。

公元前 46 年，恺撒再次在非洲登陆，并在塔普苏斯城附近击溃贵族派军队。接着他又挥师西班牙，在公元前 45 年的孟达一战中击败庞培 2 个儿子的部队，从而结束了内战。

罗马内战的第一阶段以恺撒击败庞培和元老贵族军队而告结束。战争的结果是恺撒建立了个人的军事独裁政权。他不仅被选为终身独裁官，而且还拥有统帅、大教长和祖国之父等尊号，集一切大权尊荣于一身，是名副其实的军事独裁者，或者说是罗马历史上第一个皇帝。然而他的独裁未能完全消除共和传统的习惯势力。公元前 44 年 3 月 15 日，

罗马内战的意义

罗马内战揭开了罗马历史新的一页，使罗马奴隶制从共和发展到帝制的新阶段。这次内战对于推动军事学术的发展起了很大的作用。特别是恺撒将罗马军事艺术推向巅峰。恺撒是罗马最杰出的军事家和统帅，他善于根据政治、经济和军事的不同形势来指导战争，在解决重大的战略问题时具有远见卓识。他和他的继承者屋大维在战略上有一个共同特点，那就是具有敏锐的政治头脑，能从政治的全局高度把握军事问题，实现了政治目标同军事手段的完美结合。在战略战术方面，恺撒善于选择主要突击方向，巧妙地分割敌军，将其各个击破。他在迅猛、大胆、机动地迎击敌军时，通常集中兵力狠狠打击敌人某一侧翼；在战斗队形中通常留有强大的预备队。预备队作为战斗队形的重要组成部分，用来加强部队在主要方向上的突击力量、实施决战和扩张战果，这是军事学术史上的创举。

恺撒的一位亲信布鲁图斯与同伙卡西乌斯在元老院会议厅向恺撒连刺23剑，一代天骄就这样死于亲信的剑下。

“后三头同盟”分治

恺撒死后，安东尼成为恺撒派主要头目，他出兵镇压了因恺撒葬礼而引发的平民和奴隶暴动。由于安东尼领导下的恺撒派缺乏对夺权斗争的统一筹划，以西塞罗为首的元老院的地位有所增强，加之这时恺撒的养子屋大维、一位年仅18岁的青年突然步入罗马政坛，也给元老院以可乘之机。屋大维是恺撒的姐姐之孙，在恺撒遗嘱中被定为继承人，得其遗产3/4。安东尼和恺撒派的将领对这个从外地闻讯赶来奔丧的青年人相当轻视，然而屋大维却非同凡响，胆略兼备。他知道恺撒的声望和财产已成为自己的有力武器，遂大加利用，收揽人才，扩充实力，拉拢民众，居然顶住安东尼的排挤打击而自立门户，西塞罗和元老院也从此对他另眼相看，并利用他对抗安东尼。

公元前43年春，安东尼在出任高卢总督的要求遭元老院拒绝后，马上诉诸武力。他派兵抢印夺权，将原高卢总督围于穆提那城。元老院立即和屋大维一起出兵解围，安东尼退出北高卢，和恺撒派另一重要将领雷必达联合。

屋大维得胜后受到元老院排挤，多次要求担任执政官皆遭拒绝，只好兵临罗马强行当上执政官。在这种情况下，屋大维、安东尼和雷必达终于在公元前43年秋结成“后三头同盟”。三方协议分治天下5年：安东尼统治高卢，屋大维控制非洲、西西里和撒丁尼亚，雷必达得西班牙，意大利和罗马由3人共治，东方处于杀害恺撒后逃亡的共和派布鲁图斯手中，归安东尼和屋大维处置。这一分治协议由罗马公民大会予以批准，在5年内有处理国务的全权，可见共和制已名存实亡。

▶屋大维时期的罗马军团

从三头鼎立到两雄对峙

▲阿克兴海角战斗的场面，此役双方旗鼓相当，交战初期胜负难分，但督战的克列奥帕特拉却在战斗最激烈时率埃及舰队撤退回国，安东尼跟踪而去，全军遂告瓦解。

后三头当权后立即对共和派展开大屠杀和清洗，以西塞罗为首的元老贵族几乎被斩尽杀绝。公元前42年，安东尼和屋大维进军希腊，与布鲁图斯展开决战，布鲁图斯不敌自杀身亡，共和派从此永远退出了罗马政坛。

公元前40年，后三头再次划分势力范围：安东尼统治东部，屋大维统治意大利和高卢，雷必达统治北非。屋大维坐镇罗马，有近水楼台之利，逐渐和元老、骑士等上层统治分子取得妥协，又以公民领袖自居，渐渐积累了雄厚的实力。

公元前36年，屋大维肃清了庞培之子小庞培在西西里和撒丁尼亚的势力，又解除了雷必达的军权，只为他保留大教长的虚衔，三头鼎立遂变成两雄对峙。

安东尼在东方步恺撒后尘，正式与克列奥帕特拉结婚，迷恋姿色，宣称要把他治下的领土赐予克列奥帕特拉之子，这些丑闻为屋大维反对安东尼提供了最好的炮弹。

公元前32年，三头分治协议5年期满之时，遂变成屋大维和安东尼公开决裂的起点。屋大维以武力迫使亲近安东尼的两位执政官和300名元老东逃，并让元老院和公民大会宣布安东尼为“祖国之敌”，向埃及女王宣战。罗马内战的第二阶段正式开始。

罗马帝国的诞生

公元前31年9月，屋大维与安东尼大战于希腊的阿克兴海角。此役双方旗鼓相当，交战初期胜负难分，但督战的克列奥帕特拉却在战斗最激烈时率埃及舰队撤退回国，安东尼跟踪而去，全军遂告瓦解。阿克兴的胜利奠定了屋大维主宰帝国全境的权势，成为恺撒事业的真正继承人。

公元前30年夏，屋大维进军埃及，包围亚历山大里亚，安东尼伏剑自刎，克列奥帕特拉被俘后仍想施展故技迷惑屋大维，但屋大维作为恺撒的继承人并未继承恺撒迷恋美色的弱点，克列奥帕特拉悲叹自己“无用武之地”，只好自杀。托勒密王朝灭亡，埃及被并入罗马。

公元前27年，屋大维获得元老院赠予的“奥古斯都”尊号，从此以罗马帝国的诞生结束了晚期罗马共和国的内战。

犹太人反抗罗马帝国的斗争

犹太民族是一个聪明能干、英勇顽强、精诚团结的民族，同时也是一个充满悲剧色彩、命运多舛的民族，她的历史堪称一部可歌可泣的悲剧。1世纪，发生了犹太人民反抗罗马帝国统治的两次伟大起义。战争的结果是犹太民族遭到血腥屠杀，国破家亡，被掠为奴，四处飘零，开始了一个伟大民族悲壮的全球流浪史。

▲犹太人的恶魔——第度，图为第度（骑白马者）惊恐地望着圣殿，他的士兵正在屠杀犹太人。

第一次犹太战争

66年5月，凯撒利亚的犹太人和外邦人发生纠纷，全境动荡不安。这时罗马巡抚弗罗腊斯乘机抢掠圣殿财物，西卡尼派率领犹太人奋起抵抗，击败弗罗腊斯的雇佣军。弗罗腊斯求援于叙利亚巡抚，但援军仍被击溃，起义的犹太人完全控制了耶路撒冷城。犹太巡抚向罗马尼禄皇帝告急，尼禄派遣维斯帕先将军率领大军进入巴勒斯坦，67年平定北方加利利省。

罗马征讨大军继续南下，占领撒玛利亚、犹太全地，进逼耶路撒冷和少数残存据点。正当此时，传来罗马尼禄皇帝猝死消息(68年6月9日)，引起罗马局势动荡不安，多人觊觎王位，维斯帕先也有野心，于是暂停进攻，退到埃及亚历山大城注视罗马局势的发展。

69年7月，维斯帕先在埃及称帝。70年回师罗马，正式登帝位。尼禄之死使犹太地在得以安然度过69年。维斯帕先当上罗马皇帝后，派遣儿子第度继续进行平息犹太人的暴动，很快占领耶路撒冷的周围据点，围困耶路撒冷城。负责守卫的起义军首领不能很好合作，又缺少武器，并与外界断绝了联系，粮食告罄，军民挨饿坚守。

耶路撒冷第一道城墙很快陷落，起义战士又坚守数十日，城门终于被攻破了。双方在圣殿内决战，圣殿化为一片灰烬。罗马兵疯狂屠杀起义犹太战士，全境遍立钉人的十字架，被处死的勇士不可胜数，以至“没有地方再立十字架，没有十字架再钉人”，还有7万犹太战士被俘卖去为奴。有几百起义战士退至死海西岸的马塞达要塞，在那里坚持战斗到73年，在粮尽援绝之时，壮士英勇自杀。当罗马人最后攻占这座山头要塞时，只剩下2个妇女和5个孩子。

◀尼禄的火炬，尼禄将起义的犹太人绑在柱子上，在身上裹着易燃物，然后用火将其点燃，号称“尼禄的火炬”。

第度在取得镇压犹太起义的第一次犹太战争的胜利之后，在罗马举行了盛大的凯旋仪式。在凯旋队伍的行列中，有犹太起义者的重要俘虏和从耶路撒冷圣殿中掠来的金银器皿等战利品。从此，耶路撒冷圣殿，如公元前 586 年巴比伦一样，也遭到一次彻底毁灭的命运。

第二次犹太战争

118 年，罗马皇帝哈德良为加强他的独裁统治，计划在耶路撒冷废墟上重建一座罗马式的城市和一座罗马神殿。他忽视犹太人对此片废墟的感情，他们仍视之为圣地，期待日后将重新建立圣殿。此外，哈德良颁布在罗马统治区域内严禁阉割的法令，竟然禁止犹太人自古以来施行的割礼。罗马帝国的行为再次激起犹太人的无比愤恨的火种，顷刻之间它将爆发起反抗的熊熊烈焰。

犹太人精神领袖阿奇巴拉比与哈德良皇帝进行温和的谈判，但建城工作从未停顿。因而起义行动随之发生，一名大卫家族后裔的西门揭竿而起。阿奇巴拉比谈判失败后亦转而大力支持群众反抗的起义行动。他从旧约《民数记》引出："有星要出于雅各，有杖要兴于以色列"的预言，称起义领袖为"巴·柯克巴"。"巴·柯克巴"希伯来语意为"星辰之子"。西门领导的起义将应验"有星要出于雅各"的预言，于是这第二次犹大战争亦称为"巴·柯克巴起义"。

132 年起义爆发初期，犹太人一度夺回耶路撒冷，虽然圣殿已不存在，但仍有成千犹太人前来朝圣、献祭。犹太教会又恢复工作一段时期。犹太人再一次掀起谋求独立的严酷斗争，但这次斗争同样遭到了镇压。135 年，犹太人的最后一次起义宣告失败。

哈德良皇帝在耶路撒冷建了新城，让外族人前来居住，禁止任何犹太人进入新城。犹太人的圣城耶路撒冷变成一座外邦人的城市。犹太人的历史进入了向全世界流散的时期。

起义的酝酿

公元前63年，罗马侵占巴勒斯坦，将其划为罗马直属行省管辖，对犹太人进行残酷剥削和宗教压迫，激起犹太人的强烈不满和反抗。66 年，罗马总督弗罗腊斯有意进行挑拨，以总督府所在地凯撒利亚犹太教堂附近的通路系希腊人地产为由，唆使希腊人阻挠犹太人进入教堂。他又唆使希腊人在教堂附近侮辱犹太人。于是双方发生冲突。耶路撒冷及巴勒斯坦各地的犹太人奋起抗争。抗争者遭到残酷镇压，仅凯撒利亚的犹太人就有 2 万人被杀害。于是，全巴勒斯坦的犹太人举行武装起义。

▲犹太人的哭墙

第二章

中世纪的战争

一位研究中世纪的历史学家说："欧洲的版图是在战争的铁砧上锤出来的。"的确，用"战争"这个字眼来形容欧洲大陆的历史，仍显得太宽厚了。在这块大陆上，罗马帝国统治下不牢靠的和平瓦解之后，入侵者的浪潮席卷各地：哥特人从东来，穆斯林从南来，最可怕的是维京人从北来。从4世纪最初的野蛮人入侵到10世纪末，将近600年中，入侵者的后裔不是被同化了就是被排斥了。以后轮到了欧洲人开始扩张，首先向东，然后随着航海技术的进步，向南、向西扩张。为此，从13世纪到近代这一时期内，欧洲的"和平"，基督教徒在教堂中如此诚心诚意地祈求的那个和平，只是在此时彼时、此处彼处出现一些例外的、不稳定的绿洲上存在过。毫不奇怪，整个社会需要一个模式——使欧洲人在某种环境下能以生存的模式；后来历代历史学家称呼这种社会模式为"封建制度"。

"封建制度"的产生，不仅为政治所必需，也是经济所必需。历史悠久的地中海贸易因穆斯林崩裂造成商贸行为萎缩。欧洲香料奇缺，土地成为唯一的财富来源。再者，为了迎战驾大船的维京人与骑小马的马扎尔人的种种威胁，加洛林王朝必须把自己的主要力量置于机动状态。这只有骑马方能做到。一旦马镫成为8世纪的法兰克人通用之物，马匹就不仅能用于迅速集中力量，并且也能用来作战了。速度可以转化为突击。长矛不必抛掷，可以夹在腋下作战并携回营地。有坐骑的人较步行的人大为优越；一千年后，装备后膛枪的人比手持长矛的人处于有利得多的地位，也是同样无可怀疑的。在这两种情况下，军事优势都导致了政治上的控制力。

在中世纪，有地位的作战者，就是骑在马上的战士，也就是骑士（武士）。在中世纪的欧洲，骑士作为职业军人，他们主要的社会职责就是从事战斗以及与战斗有关的习武，比武是骑士生活中最重要内容。因此，武器和装备不仅对于每个骑士是不可缺少的，也与其日常生活息息相关。

西欧中世纪全副武装骑士的大体形象是：骑战马，戴头盔，着铠甲，挎长剑，左手操盾御马，右手持长矛。一名全副武装的骑士，在中世纪欧洲战场上曾声威赫赫，势不可挡，被后来研究者们谓为"人体枪弹"。"一个骑在马上的法兰克人能把巴比伦城墙冲个窟窿"。

因此，随着采邑制的出现，欧洲封建国家实行骑士兵制。在几百年中，军队组织制度无重大发展，骑兵在战场上占据统治地位。中世纪末期，随着封建割据状态的消除，中央集权的相继建立，骑士组成的军队被国家统一的常备雇佣军所取代，步兵又逐渐成为主要兵种。

拜占庭帝国与波斯的争霸

▲君士坦丁堡是拜占庭帝国的中心，在这里，一代代权势显赫的帝王统治着这个伟大的王国。

拜占庭帝国与波斯的争霸，是两个帝国为争夺东西方商路和小亚细亚霸权而进行的断断续续经历了一个多世纪的征战。这场旷日持久的战争几乎同萨珊波斯共始终，它是古代西方势力同东方势力千余年冲突的一个缩影。战争的结果是拜占庭帝国日趋衰落，萨珊波斯遭到惨败，不久便在阿拉伯帝国的铁蹄下灭亡。

两个军事超级大国

拜占庭帝国初期，手工业和商业发达，城市繁荣，农业上隶农制占优势。5世纪时拜占庭在经受“蛮族”入侵之后度过了奴隶制的危机，未曾打破国家机器，自上而下进行改革，逐渐演变为封建制国家。帝国实行君主专制，行政机构重叠。除设置训练有素的常备军外，还使用庞大的雇佣军。由于防守坚固，战术较先进，外交策略灵活，能够在一个时期内抵御外族的入侵。拜占庭帝国不断与邻邦争夺领土进行征战。

拜占庭帝国的东边是波斯帝国，它拥有美索不达米亚、巴勒斯坦、西亚和中亚，与印度和中国接壤。印度和中国也是两个强大的军事国家，不过当时正处在分裂状态，无力对外。拜占庭与波斯是两个完整的大帝国，互相毗邻，又都很强盛，旗鼓相当，互不相让。两个强国各有自己的一套政治体制和意识形态，拜占庭人信仰基督教，而波斯帝国的国教是“拜火教”。这两个大国，边界上从不安宁，为争夺战略据点或领土，武装冲突频繁，战争不断。

487年，萨珊波斯的科巴德一世上台执政，他好大喜功，梦想再现其远祖的辉煌。他指挥由波斯人、匈奴人和阿拉伯人组成的联军从拜占庭帝国手中夺走了上美索不达米亚和亚美尼亚。之后，双方媾和，拜占庭以1 000磅黄金为代价复得阿米达城，双方维持原有边界，处于和平状态20年。

▼查士丁尼一世（右起第五人）堪称是一位雄心勃勃的皇帝，他的军队恢复了帝国原有的领土。

527年，拜占庭皇帝查士丁一世去世，其外甥查士丁尼继位，即有名的查士丁尼一世。为恢复昔日罗马帝国的版图，他对内厉行改革，

加强中央集权，对外积极向东、西两个方向举兵扩张。他向东方的征讨重开了罗马与波斯的战争。在以后的100多年内，拜占庭与萨珊波斯之间先后进行了五次大规模的争霸战争。

五次争霸战争

第一次战争，527年，刚刚继位的查士丁尼一世就任命22岁的贝利撒留为东征大元帅。波斯先发制人，向拜占庭军发动猛烈进攻，在尼亚比斯首次战役中击败贝利撒留。531年，双方在卡尔基斯会战，波斯打退了贝利撒留的进攻。532年双方媾和。

第二次战争，540年，波斯皇帝库斯鲁一世率大军对拜占庭的幼发拉底防线发动突然袭击，开始了第二次争霸战争。545年，双方缔结5年停战协定。

第三次战争，547年，库斯鲁一世率大军攻陷拜占庭的要塞。在第三次战争中，拜占庭先赢后输，波斯军队连续获胜。562年双方再次媾和，拜占庭每年向波斯支付黄金1.8万磅，有效期50年。

▲在波斯战争中，波斯军队的战斗队形由配置成数条战线的弓箭手、矛兵、战车和骑兵组成，其中骑兵是主要兵种，装备有弓箭、短矛和剑，并配有藤制盾牌和鱼鳞铠甲护身。

第四次战争，571年，查士丁尼二世停止向波斯支付年金，库斯鲁一世以敌人毁约为名率军进犯，经5个月的厮杀，索得黄金4万磅后，波斯撤军。589年，波斯发生内乱，拜占庭皇帝派大军援助库斯鲁二世夺取王位。波斯则将亚美尼亚的大部分和伊比利亚的一半割让给拜占庭，并订立“永久和平协定”。

第五次战争，库斯鲁二世乘拜占庭内乱之机，于606年率大军西征，战火又起。波斯分两路大军西进，一路势如破竹。这时，拜占庭内战方酣。波斯一路大军长驱直入，619年征服整个埃及。同时，另一支大军出征小亚细亚，直抵博斯普鲁斯海峡，威胁君士坦丁堡。至此，波斯版图达到极点，波斯的势力达到了空前绝后的顶峰。617年，波斯军联合蛮族共同进攻君士坦丁堡。拜占庭皇帝利用双方休战之机，做好了各种准备，大败波军，乘胜收复失地。628年，波斯发生政变。631年，波斯与拜占庭议和：波斯归还历代侵占的拜占庭领土、释放战俘、归还抢自耶路撒冷的“圣十字架”，归还抢自拜占庭的一切财物，偿还数年军费。波斯两手空空，一无所获。两国旷日持久的战争乃宣告结束。但是，战争严重消耗了交战双方的力量。

拜占庭的起源

拜占庭之名原起于一座靠海的古希腊移民城市，330年，罗马皇帝君士坦丁一世在此建城，作为罗马帝国的陪都，并改名为君士坦丁堡。君士坦丁堡位于连接黑海到爱琴海之间的战略水道博斯普鲁斯海峡，扼制海陆商业要道，地理位置十分优越。395年，庞大的罗马帝国饱受各路蛮族侵扰，为便于管辖而将帝国一分为二，东部帝国即以君士坦丁堡为首府，因此东罗马帝国又称为拜占庭帝国。476年，西罗马帝国在经历了包括匈奴和诸多日耳曼部落的反复侵袭之后终于咽下了最后一口气，拜占庭遂成为唯一的罗马人帝国——实际上他们一直以纯正罗马血统自居。

阿拉伯帝国的对外扩张

阿拉伯人在穆罕默德的领导下实现了半岛的统一后，便在伊斯兰教的旗帜下大举向外扩张，先后征服叙利亚、巴勒斯坦、埃及、非洲北岸及西班牙等地，并深入到中亚西亚，占领了阿富汗、印度西北部，至8世纪中叶，成为一个横跨亚、欧、非的封建军事大帝国。其版图东起印度河流域，西临大西洋，北起黑海和里海南岸，南到尼罗河下游。同时，伊斯兰教也在帝国范围内迅速传播，由阿拉伯人的宗教发展成为世界性宗教。

阿拉伯半岛的统一

中世纪初期，即5—6世纪，阿拉伯半岛的绝大部分地区仍处在原始社会末期，牧场、水源和土地属于部落的公共财产，但已经产生贫富和阶级分化，部落之间经常为争夺水草和牲畜发生冲突。半岛西海岸的地区，在古代是沟通亚欧的一条重要商路。东方的商品从海路运抵也门后，通过西海岸地区运到地中海东岸，再转销到欧洲。沿着这条商路，兴起了许多工商业城市，最重要的是麦加和麦地那。麦加位于南北交通的咽喉，城中有一座称作“克尔白”（意为“立方体”）的古庙，里面供奉着各个部落崇拜的偶像和一块被视为“圣物”的黑色陨石。麦加是半岛宗教、经济和文化中心。

6世纪时，波斯与埃塞俄比亚为争夺也门爆发战争。长期的侵略战争，给半岛人民带来深重的灾难，经济遭到严重破坏。后来，波斯人又控制了从波斯湾到地中海的商路，半岛西部商道陷入萧条。外族入侵和商路转移，加剧了半岛的经济危机和阶级矛盾。部落贵族为转嫁危机，将商业资本变成重利盘剥的商业资本，流向农村和牧区，利率高达本金的一倍以上。过去靠商路为生的保镖、脚夫和向导等，纷纷失去谋生手段，靠借债度日，他们当中的许多人走上了反抗的道路。面对各种社会危机，部落贵族希望建立一个能维护自身利益的强大国家，夺取新的土地和商路，而普通的阿拉伯人迫于贫困，也渴望打破氏族部落壁垒，获得牧场和沃土，摆脱贫困，抵御外敌。因此，实现阿拉伯各部落

▼前往麦加朝圣途中的穆斯林队伍。

的联合，建立统一的国家，成为人们的共同愿望，也是历史发展的必然趋势。这种要求在意识形态上，表现为一种新的一神教的产生。伊斯兰教正是在这一背景下产生的。

伊斯兰教的产生，反映了阿拉伯半岛各部落要求实现政治统一和社会稳定、结束混乱局面、维护民族生存的愿望。穆罕默德就是通过创立伊斯兰教的一神崇拜，废除阿拉伯半岛部落的多神崇拜，为建立统一国家奠定思想基础。伊斯兰教建立后，经过了许多艰难曲折。622 年，穆罕默德被迫出走麦地那，在那里继续传教，并组织起武装，建立起政教合一的政权，初步确立伊斯兰教。至穆罕默德去世时，阿拉伯半岛基本完成统一。

阿拉伯帝国的西扩战争

穆罕默德去世后，最初的四大哈里发由穆斯林公社选举产生，历史上将这四位哈里发统治时期称之为神权共和时期，又称四大哈里发时期。这一时期，帝国版图迅速扩张，为阿拉伯帝国奠定了基础。在此期间，历任哈里发利用北方拜占庭、波斯两大帝国长期争战的有利时机，以及新的伊斯兰教信仰带来的团结和力量，和他们自身充分的沙漠作战经验（特别是利用“沙漠之舟”骆驼，而不是像北部的邻居那样骑马作战），以“圣战”为名进行大规模的武力扩张。阿拉伯帝国向西扩张战争中最有名的战役是大马士革战役和君士坦丁堡战役。

大马士革战役是阿拉伯帝国向西扩张，夺取叙利亚地区的重要战役。633 年，阿拉伯军队进攻叙利亚，与拜占庭展开激战，哈里发派遣人称“安拉之剑”的大将哈立德率军增援。哈立德决定亲率 800 精锐横跨大沙漠，直插叙利亚首都大马士革，从背后袭击拜占庭军。经过 13 天的急行军，他突然出现在大马士革东北方，并与北上的部队会师，受命统一指挥在叙利亚境内作战的阿拉伯军队。634—635 年，哈立德两次打败拜占庭军，直抵大马士革城下。在围困半年以后，大马士革被迫开城投降。夺得大马士革后，控制了整个叙利亚。

▲身着罗马“战裙”、护心、头戴铁盔的拜占庭士兵，长矛在握，随时准备战斗。

君士坦丁堡战役发生在阿拉伯倭马亚王朝时期。717 年，阿拉伯军队出动陆海军 20 余万人、战船约 2 600 艘，围攻君士坦丁堡长达 13 个月之久。拜占庭皇帝采取诱敌深入的战术，先利用火箭、火船、火矛、希腊火等武器击败阿拉伯海军，继而在保加利亚人协助下击败阿拉伯陆军，并击溃阿拉伯增援部队。先后歼灭阿拉伯军 17 万、战船 2 000 余艘。阿拉伯军队被迫撤离君士坦丁堡，西扩势头被迫暂时停止。

阿拉伯帝国的东扩战争

阿拉伯向东扩张，主要进攻目标是波斯萨珊王朝。637年，阿军攻占了波斯首都泰西封，642年，阿拉伯军队再度击溃波斯军队，波斯灭亡。阿拉伯遂将整个伊朗并入其版图。

阿拉伯东扩战争的另一个目标是唐朝，其扩张战争中最有名的是怛逻斯战役，这是一场当时历史上最强大的东西方帝国间的碰撞。

早在7世纪初，阿拉伯帝国的疆域已向东方极大扩张。当阿拉伯入侵波斯及中亚大部分地区时，中亚各都督府都抵挡不住这种侵略，纷纷向唐朝求援，请求唐朝派兵与他们一起抗击大食。这种要求合情合理，唐朝也完全有能力这样做。中亚诸国都以唐天子为宗主，对阿拉伯贵族抱有强烈的敌视之心，阿拉伯帝国在中亚的扩张侵略，不可避免地早晚总要与唐朝军队决一胜负。

但是李隆基沉醉声色，深居禁中，怠问政事，致使奸臣李林甫专权达19年之久，混乱朝政。尤其严重的还是对待石国的做法上。741年，石国上书唐朝："今突厥已属天可汗，惟大食为诸国患，请讨之。"李隆基拒不接受。石国多次派人到唐朝纳贡。但是到750年，安西四镇节度使高仙芝却硬说他们"无蕃臣礼"，请求发兵征讨，而李基隆居然也同意了。高仙芝率兵攻入石国获得过了许多珍宝、名马、俘虏了石国国王，并把他送到长安处决，这就引起了西域各地的极大不满。加上高仙芝贪婪，将缴获的珍宝财物皆入私囊，引起士兵不满，军心涣散。石国王子逃到阿拉伯帝国，请求发兵复仇，大食派军前往，于751年7月与高仙芝率领的唐军在怛逻斯进攻决战。

史载战斗持续了五日。初期战斗唐王朝的精锐步兵占上风，但是兵力悬殊战争变成僵局，其间大唐联军的一部分见势不妙，倒向大食。唐军步兵因此与唐军主力失去联络。阿拉伯联军乘唐军士兵发生暂时混乱的机会，出动重骑兵主力对唐朝步兵猛攻。高仙芝受到大食与倒戈军队的两面夹击，无力支撑而溃不成军。

▼阿拉伯的"圣战"士兵

▲阿拉伯帝国的摩尔人军队，攻打西班牙时，阿拉伯军队主要是由北非的摩尔人组成，主要为轻骑兵，武器以标枪、刀剑为主，少数人备有甲胄，机动性强，长于快速进攻，但防护能力差。

阿拉伯帝国的北扩战争

阿拉伯的北扩是指向西南欧的扩张。当阿拉伯清除了拜占庭在北非的势力，并彻底挫败柏柏尔人的抵抗后，于713年渡海灭亡西哥特王国，占领比利牛斯半岛除北部山区以外的全部地区，建立起对西班牙人的统治。732年年初，阿卜杜勒·拉赫曼率军入侵高卢南部的阿奎丹，在普瓦捷会战中，阿拉伯军队败退，北扩的势头才停止。

普瓦捷会战是阻遏阿拉伯人北进西欧的决定性战役。732年年初，在完全占领西班牙以后，阿拉伯驻西班牙总督阿卜杜勒·拉赫曼率军5万，再次入侵高卢南部的阿奎丹，企图取道阿奎丹进攻法兰克、意大利，然后合围君士坦丁堡。阿奎丹公爵奥多和法兰克王国查理联军，于10月在普瓦捷与图尔之间的地区与阿拉伯人展开决战。

针对阿拉伯军队多为轻骑兵，防护较差的弱点，查理决定采取先守后攻的策略，派小股骑兵袭扰和牵制阿军，而将主力布成密集步兵方阵配置在地势有利的交通要道上。两军相持了整整6天，到第七天，阿卜杜勒·拉赫曼集中轻骑兵对法兰克阵地发起猛攻，激战一天后伤亡惨重。黄昏时，法兰克右翼开始反击，打死阿卜杜勒·拉赫曼，阿拉伯军全线溃败。

阿拉伯经过一系列向东、向西和向北的扩张战争，到8世纪中叶，阿拉伯帝国最后形成。它的疆域，东到亚洲的葱岭与唐代的中国接壤，西到欧洲的西班牙与法兰克王国为邻，南达北非，形成横跨亚、非、欧三洲的大帝国。我国史书称为大食帝国。

穆罕默德

穆罕默德是伊斯兰教的创始人，也是伊斯兰教徒公认的伊斯兰教先知。按传统的穆斯林传记，他约于570年出生于麦加，632年6月8日逝世于麦地那。他的全名是阿布·阿尔卡西姆·穆罕默德·本·阿卜杜拉·本·阿卜杜勒·穆台列卜·本·哈希姆。穆斯林认为穆罕默德是亚伯拉罕诸教的最后一位先知。此外他还统一了阿拉伯的各部落，并以此奠定了后来阿拉伯帝国的基础。

北欧维京人的四处掠夺

8 世纪末，残暴、好战的海盗团伙开始威胁着西欧海岸的定居点。他们来自欧洲北部遥远的斯堪的纳维亚半岛。这些强盗从他们的大海船爬上岸后，所到之处，无恶不作，疯狂抢掠珠宝和金钱。他们还将人抓走，然后或卖为奴隶，或拘为人质索取赎金。英格兰的盎格鲁—撒克逊民族为这些残暴的海盗起了一个名字，称他们“维京人”，意为海盗。

胡作非为的强盗

北欧海盗是来自挪威、瑞典和丹麦的胡作非为的强盗。800—1100 年，他们乘着他们的长体船活跃在西北欧的海岸线上，见到可夺的财宝便劫掠而去。人们都被北欧海盗的闪电般的抢劫吓得心惊胆战。那个时候有一句祈祷词：“解放我们吧，哦，上帝，别让斯堪的纳维亚人降怒于我们！他们毁坏我们的土地。他们残杀我们的妇女和儿童。”北欧海盗深为他们在战斗中的胆大妄为感到自豪。他们多数人徒步作战，手持剑刃、长矛和斧头。有钱的北欧海盗骑马作战，被称为“凶猛斗士”的突击部队带头进攻。“凶猛”一词在挪威语里是“赤身裸体”的意思，因为他们从来不穿盔甲。一场战斗之前，他们大碗喝酒，吞食药物，变成乱砍乱杀之人，相信神会让他们安全无恙。不过，不是所有的北欧海盗都是不折不扣的海盗。在家里，他们是农人和渔夫、商人和工匠。

身为异教徒的海盗团伙时常袭击英格兰、苏格兰和爱尔兰以及欧洲大陆沿海地区的修道院。他们四处寻找宝物。这种袭击一直持续到 9 世纪，并且变得日益频繁。来自挪威的海盗的主要攻占目标是爱尔兰和苏格兰。丹麦海盗攻击英格兰和现在的法国、比利时、荷兰和德国等沿海地区。瑞典海盗则袭扰现在的俄罗斯和乌克兰等地。他们的活动范围甚至远至拜占庭帝国和意大利。

海盗部队

海盗入侵者通常携带的武器是长矛、利剑和战斧。他们驾乘以帆或桨为动力的海船从斯堪的纳维亚半岛出发，跨海寻找猎物。早些时候，每当海盗登陆，他们一般是靠两条腿行军和打仗。然而，在多次遭遇骑兵之后，海盗们不得不采用新的战术。他们需要在速度上与骑士们相抗衡。他们开始以骑马的方式冲向袭击目标，但他们通常仍然下马作战。没有人真正知道海盗的队伍到底有多么庞大。

早期的海盗袭击可能只是小股的土匪，或许只有一条船，载五六十人。但是随着时间的推移，袭击队伍开始结帮成伙。到 9 世纪 50 年代，往往是数百名海盗一起在欧洲沿海一线参与袭击行动。在英格兰和西欧地区肆意抢掠的“大部队”必定人数甚众。但是，它看起来似乎也只有几千人。

入侵巴黎

885 年 11 月，维京人率领 700 艘耸立着高高的桅杆、上挂红色船帆的战舰沿塞纳河直驱巴黎。当时，法国为征服意大利，主力军队都调集到意大利，巴黎只有 200 余名骑兵和少许步兵守卫。闻听海盗来袭，巴黎将士连忙加强警备，发动城里市民加固防御工事。当晚，3 万名维京人和以往一样开始了他们的侵袭行动。他们并不把仅有 200 余

▲北欧海盗船

名士兵防守的巴黎放在眼里，刚到城下，弓箭、石块等投掷物像暴雨一样落了下来，维京人伤亡惨重。他们做过几次强攻，均被英勇顽强的巴黎城军民击退。维京人久攻不下，不得不采取包围战术。在城外挖壕堑，一面封锁巴黎的对外联系，切断城内供给，一面继续在城郊大肆掠夺、屠杀。巴黎城军民团结一致，以死相拼，誓不投降，坚持了1年。

886年2月，河水上涨使巴黎城南边的桥被冲断，维京人抽调部分参与围困的士兵，沿塞纳河和卢瓦尔河之间长驱直入。巴黎已陷入了绝境。为求救兵，守城的奥多伯爵亲自在海盗疏于防范时翻越城墙，翻山涉水，将巴黎的困境汇报给查理国王。

查理急忙回师解巴黎之围，双方展开激烈的战斗。双方激战多时不分胜负，只好各自收兵。几次交锋，查理仍然无法彻底击败维京人，为解巴黎之围，无奈之下查理出黄金7 000磅让维京人离开。离开巴黎的维京人却沿塞纳河而上，洗劫了勃艮第。

深入欧洲大陆腹地

维京人对英国和法国的侵入，开始只是抢劫财物，接着变成了移民，最后还成全了他们的征服欲。896年，以罗洛为首的维京人再次进攻法国。昏庸无道的法国国王无力阻止海盗的进攻，于是把诺曼底奉送给海盗，以求不再受到侵扰。911年，维京人搬迁至法国的诺曼底定居，建立了诺曼底公国。9世纪末，劫掠英国的维京人也在伦敦和剑桥定居，并不断侵扰英国，最终丹麦国王斯汶征服了英国，成为岛的主人。后来，诺曼底大公渡过海峡，成了英国国王。

9世纪末，向东欧掠夺的瑞典人奥莱格来到斯拉夫人的部落，并逐渐统治了全国。奥莱格继续扩大统治范围，一举统一了俄罗斯的南部和北部，建立新俄罗斯，基辅成为它的首都。988年，拜占庭国王拜访俄罗斯，实现两国联姻，使东正教传播到俄罗斯。

维京人的入侵和掠夺给欧洲许多民族和地区带来严重的灾难，但他们对历史与文明的发展有着重大影响。他们也可能是最早踏上美洲大陆的人。

▼满载北欧海盗的海船正在四处游弋，搜寻宝物，猎取人质。

诺曼征服

在中世纪的历史上，英法两国的关系非常密切，也时常发生冲突。英国是一个岛国，法国位于欧洲大陆的西部，两国之间横隔一条英吉利海峡。英吉利海峡很窄，游泳高手可以游过去，船只更不用说了。所以英国和法国，自古以来人民就有紧密的联系。10 世纪，欧洲大陆的法兰克王国分裂成许多公国，其中最强大的是西部的诺曼底公国（位于今法国）。1066 年，发生了一件重大历史事件：诺曼底公爵威廉趁英吉利王国内讧，渡海进攻，打败了英国；不久进入伦敦，加冕为英吉利国王。这件事历史上称为诺曼征服。

诺曼征服战争是 11 世纪中叶法国诺曼底公爵威廉同英国大封建主哈罗德为争夺英国王位进而征服英国的一场战争。这场战争既是诺曼人对外扩张的继续，又是西欧同英国之间的又一次社会大融合。它以威廉的胜利而告终，对英国历史的发展产生了深远的影响。

觊觎英国王位

英国位于欧洲大陆西北岸外的大西洋中，由不列颠群岛组成。它悬置于欧洲大陆之外，但是来自大陆的一次次外力的冲击，却把它纳入了欧洲社会的历史进程。公元前后，恺撒统帅的罗马军团扬帆而至，不列颠开始纳入西方文明进程。

此后，来自欧洲大陆的一些日耳曼部落（总称为盎格鲁—撒克逊人）定居不列颠群岛，开启了英国历史发展的新时期，即民族国家逐步形成和封建化时期。8 世纪以后，居住在斯堪的纳维亚半岛和波罗的海沿岸的诺曼人开始向外大举扩张。787 年，诺曼人首次侵入英国，800 年前后侵入法国，随后又侵入爱尔兰。9 世纪中叶，诺曼人侵占英国东北部地区，并建立自己的王国。10 世纪初，诺曼人侵占法国部分领土，建立诺曼底公国（911 年）。

1002 年，英国国王埃塞尔雷德娶诺曼底公爵的妹妹埃玛为妻。1013 年，丹麦国王斯汶征服整个英国，埃塞

▼巴约挂毯上的画面讲述了诺曼人入侵英格兰的故事。画面的这一局部展示了身跨战马的诺曼骑士正在向盎格鲁-撒克逊人攻击。

尔雷德携妻儿仓皇逃往诺曼底。丹麦人的王国很快衰落，克努特二世死后王位空悬。英格兰贵族推举流亡在诺曼底的爱德华王子为合法继承人，并于 1043 年为其加冕。爱德华国王娶英格兰大贵族戈德温之女为妻，但他在朝中重用诺曼人，遂使诺曼人的外来势力同以戈德温为代表的英国本土势力之间矛盾激化。

诺曼底公爵

诺曼底公爵是一个法国爵位称号。在历史上，大多数强大的诺曼底公爵都只是名义上效忠于法国国王。诺曼底公国本身是法国国王查理三世（昏庸者）于 911 年为与入侵并占据加莱海峡一带的诺曼人妥协而建立的，第一任公爵是诺曼人领袖罗洛。但是在理查二世公爵第一个正式自称为公爵之前，历任统治者实际上仍然是使用着北欧传统的贵族称号作为自己的头衔。1066 年，诺曼底公爵吉约姆二世（即征服者威廉）征服英格兰，从此诺曼底公爵之位一直由英格兰王室成员担任。1204 年，强大的法国国王腓力二世（奥古斯都）兼并了诺曼底公国的全部领土，但是各英格兰国王仍然自称为诺曼底公爵，直到 1259 年在巴黎条约中永远放弃了对诺曼底公国的领土要求。此后这个公国就成为法兰西王国的一部分。

1051 年，爱德华国王迫使戈德温全家出逃，并邀请诺曼底公爵威廉访问伦敦。次年，戈德温父子纠集一支军队卷土重来，并得到英国民众的拥护。窘急之下，爱德华只好恢复戈德温家族的权位。但获胜的戈德温却一病不起，长子哈罗德继承父亲的王位。英国本土贵族势力虽然打败了外来势力，把诺曼权贵从宫中逐出，但不久又陷入了同诺曼底公爵威廉之间的一场生死决斗。

威廉对英国王位的觊觎由来已久。1051 年，他在访问伦敦时，就与表兄弟、英王爱德华讨论过王位继承问题。爱德华无子，对威廉的要求没有提出异议。哈罗德也曾许诺日后奉威廉为王。

爱德华国王于 1066 年 1 月病逝，临终前却让哈罗德为王位继承人，英国政治机构的核心贤人会议也决定由哈罗德继承王位。不久，哈罗德在威斯敏斯特教堂加冕称王。这对威廉来说是一次沉重的打击，他决定用武力夺取王位，征服英国，建立自己的王国。

▲用船来运送诺曼骑士和战马，这种高超的艺术使得他们的敌人望尘莫及。

威廉为了争取更多的同盟者，很懂得运用外交手段。首先，他派使节前往罗马，游说当时在欧洲最有影响的罗马教皇亚历山大二世和神圣罗马帝国皇帝亨利四世，争取他们的支持。教皇听信了威廉的话，支持威廉的行为，还赐给他一面“圣旗”。亨利四世也表示出兵帮助威廉。然后，威廉又去说服他的邻国丹麦国王，许诺和丹麦结成友好同盟。丹麦国王出于个人野心，也支持威廉。很快，威廉就组成了一个反对哈罗德的欧洲联盟军。当一切准备就绪，威廉拉开了攻打英国的大幕。

横渡英吉利海峡

威廉为这次渡海远征，做了充分的准备。他在诺曼底大肆招兵买马，许诺在征服英国后，将赏赐手下大量的土地和黄金。整个1066年春天和夏天，他都在制造船只，筹集军需品。到了8月，威廉已经万事俱备，700艘帆船沿海岸一字排开，7 000名士兵整装待发。只等海上风顺，便可出兵。

然而偏偏事与愿违。威廉需要南风将他的大军送过海峡，此时正是夏末秋初时分，海峡中总是东北风劲吹，浪高涌大，单凭人力划桨驾船绝对无法到达对岸。威廉大军只好眼睁睁坐以待“风”，一等便是整整6个星期。

可是，出乎人们意料的事发生了。就在威廉焦急地等待南风到来之时，在英国却发生了另一场争夺王位的战争。原来，挪威国王哈德拉德也想当英国国王。9月中旬，哈德拉德率大军在英国北部登陆，一路烧杀抢掠，直向英国中部约克郡杀来。英王哈罗德立即率军北上迎敌。经过激战，挪威国王被杀，哈罗德大获全胜。

就在哈罗德获胜两天之后，英吉利海峡的风向转变了，刮起了强劲的南风。9月28日，威廉率领大军起航，乘着大风顺利地渡过海峡，在对岸登陆。威廉刚刚踏上泥泞的

▲9月中旬，哈德拉德率大军在英国北部登陆，英王哈罗德率军北上迎敌，两军在约克郡的斯坦福桥遭遇。经过激战，挪威国王被杀，哈罗德大获全胜。

英吉利海滩，一不小心摔了一跤。众将以为是不祥征兆，岂料威廉哈哈大笑："此为吉兆，你们看，我的双手已经抱住了英格兰。"

威廉站起后环顾四周，却是静悄悄杳无人迹，他心里疑惑，不知英国人摆的什么阵。很快探子来报，伦敦以南并无英军，所有军队都随哈罗德北上与挪威人打仗去了。威廉听了，长吁了一口气，伸手向天，感谢上帝的安排。

黑斯廷斯战役

黑斯廷斯战役是英国历史上的重要事件诺曼征服中最具决定性的战役。

1066年9月28日，威廉率约1.2万人的军队（封建义勇军，内含骑士骑兵）在英格兰南岸顺利登陆，安营扎寨。哈罗德的军队（国王侍卫队和步兵十字义勇军）数量上和威廉一世的军队相近，但装备较差。很多盎格鲁—撒克逊士兵使用的是石斧和近射程弓箭。盎格鲁—撒克逊军队没有骑兵，训练也差。

10月14日，哈罗德率军在黑斯廷斯附近的森拉克岗上占领了阵地，军队摆成方阵，正面埋设了尖桩栅栏。丘岗后面斜坡陡峭，对方难以进攻。威廉的军队三线配置：弩手、步兵和骑兵。诺曼底弩手首先投入战斗，从约100米的距离向盎格鲁—撒克逊军队射击，然后步兵和骑兵展开进攻。盎格鲁—撒克逊士兵英勇厮杀，打退了诺曼底军队的进攻。这时，威廉命令骑兵队实施佯攻，然后撤退，诱使盎格鲁—撒克逊军队下岗，佯动奏效。岗上下来的盎格鲁—撒克逊军队遭到诺曼底步兵和骑兵的有力打击而溃败，哈罗德战死。

乘决战胜利的威势，威廉率军长驱直入。伦敦投降代表向威廉表示屈服，并封他为国王。1066年圣诞节，威廉在威斯敏斯特教堂被加冕为英国国王。

诺曼征服战争以威廉的胜利告终，从此开始了英国历史上的诺曼底王朝。诺曼征服是先进社会集团对落后社会集团的战争。威廉的胜利不仅把西欧大陆的封建制度移植到英国，而且在经济、社会、文化、军事等方面改变了英国的面貌，使英国同西欧大陆更紧密地融为一体。

十字军东侵

很久以前，欧洲和亚洲，基督教和伊斯兰教，各占人类的一半，互不来往，直到十字军东侵，这两个世界才开始打量对方——用凶狠的目光。十字军东侵是在1096—1291年发生的8次宗教性军事行动的总称，是由西欧基督教（天主教）国家对地中海东岸的国家发动的战争。由于罗马天主教圣城耶路撒冷落入伊斯兰教徒手中，十字军东侵目的是从伊斯兰教手中夺回耶路撒冷。东侵期间，教会授予每一个战士十字架，组成的军队称为十字军。

▲萨拉丁是十字军东征期间穆斯林最伟大的将领

东侵背景

地中海及其沿岸，是人类文明发祥地之一，有着先进的科学、经济与文化，因而它也是人类争夺最激烈，战争发生频率最高的地方之一。早在7世纪，塞尔柱突厥人（他们是信奉伊斯兰教的穆斯林）就占领了耶路撒冷，他们干扰基督教商人，残酷地虐待在巴勒斯坦朝圣的基督教徒，因此就埋下了宗教战争的祸根。

11世纪末，西欧社会生产力有了长足的发展，手工业从农业中分离出来，城市崛起，已有的财富已不能满足封建主贪婪的欲望，他们渴望向外攫取土地和财富，扩充政治、经济势力；许多不是长子的贵族骑士不能继承遗产，成为“光蛋骑士”，热衷于在掠夺性的战争中发财；许多受压迫的贫民也幻想到外部世界去寻找土地和自由，摆脱被奴役的地位；欧洲教会最高统治者罗马天主教会，企图建立超自己的“世界教会”，确立教皇的无限权威。这些动因促使他们把目光转向了地中海东岸国家。

当时中近东地区混乱不堪，君士坦丁堡皇帝阿历克修斯一世向罗马教皇乌尔班二世求援，以拯救东方帝国和基督教，此举正中了罗马教皇的下怀。早已垂涎东方富庶的西欧教俗两界，由天主教会发起，以驱逐塞尔柱突厥人、收复圣地为目标，以解放巴勒斯坦基督教地（耶路撒冷）为口号，开始了十字军东侵。

◀图为1098年十字军进攻的一次战役，城中浓烟滚滚，弓箭手正在向敌军射箭，高地上，在众多军士的护卫下，国王舞剑指挥，教主则高举圣殿的模型祈祷。

▲十字军东侵期间，铁甲骑士正在向中东的城墙发动进攻。

八次东侵

1095年11月，罗马教皇乌尔班二世在法国克勒芒宗教大会上说：“在东方，穆斯林占领了我们基督教教徒的‘圣地’（耶路撒冷），现在我代表上帝向你们下令、恳求和号召你们，迅速行动起来，把那邪恶的种族从我们兄弟的土地上消灭干净！”教皇还蛊惑人们：“耶路撒冷是世界的中心，它的物产丰富无比，就像另一座天堂。在上帝的引导下，勇敢地踏上征途吧！”

听众狂热的宗教情绪被煽动起来，“拯救东方兄弟”“消灭异教徒”“解放圣地”的喊声此起彼伏，回荡在旷野。教皇继续说道：“教民们，那东方的国家，遍地是牛乳、羊乳和蜂蜜，黄金宝石随手可拾。谁到那里不会成为富翁呢？去吧，把十字架染红，作为你们的徽号，你们就是‘十字军’，主会保佑你们无往而不胜的！”

如痴如狂的骑士，封建领主和平民们，欢呼着，跳跃着，争先恐后拥上前，向教皇的随行人员领取一块红布做的十字，戴在自己的胸前或肩上。凡是戴上这块十字红布的，就算走上了“主的道路”，成了十字军的一员。

教皇的号召不胫而走，很快传遍了西欧各地。饱受灾荒之苦的农民，渴望到富庶的东方发财的骑士以及一心想着扩充自己政治经济势力的大小封建领主们，纷纷组织成了十字军。

第二年春天，法国北部、中部和德国西部的穷苦农民组成的十字军，分别从本乡出发，踏上了征途。他们衣衫褴褛，有的还拖家带口，幻想着到富饶的圣地去安家乐业。然而，这批乌合之众的“穷人十字军”，历尽艰辛到达小亚细亚草原时，他们遇到的是塞尔柱土耳其人装备精良的铁骑。一场恶战之后，“穷人十字军”大部分被歼灭，只有一些人侥幸逃回，他们带回的不是金银财宝，而是悲伤与惨痛的记忆。

秋天时，由骑士组成的十字军，开始从法国、意大利和德国西部出征。他们由封建领主率领，武器准备精良，组织也比较严密，总数约4万人。经过小亚细亚半岛，向耶路撒冷挺进。这时的小亚细亚和巴勒斯坦等地处在塞尔柱土耳其人的统治下，实际上已经分裂成一些各自独立的小国。面对这支强悍的十字军，这些小国

儿童十字军

在东侵的队伍中，曾出现了儿童十字军。1212年，教皇和封建主宣传“无罪”儿童更能得到上帝保佑，儿童十字军可以创造奇迹。致使3万多名儿童参军。他们大多数是农民家孩子，年龄不超过12岁。在法国南部马塞集合以后，他们就挤在木船上渡海东征。一部分船遇到风暴沉没，一部分船到达埃及后，船上儿童全被船主卖为奴隶。在德国也有2万多名儿童参军。他们翻越了阿尔卑斯山。由于粮食匮乏饿死了一大半。剩下的几千人到达意大利后又被拐卖。“儿童十字军”使欧洲丧失了五六万天真无辜的孩子。

难以组成统一的反抗力量。十字军一路得以胜利进军。终于在1099年7月，攻陷了耶路撒冷。疯狂的十字军士兵，开始了大规模的抢劫和屠杀。在著名的阿克萨清真寺，1万多名无辜的平民男女老幼全部被杀死，鲜血流成了小河。

十字军在宫殿、寺院和民居四处搜掠着金银财宝。他们居然定下这样一条规矩：谁先闯进某家宅院，谁就是这座宅院的主人。整座城市被洗劫一空，十字军将士人人都发了大财，一夜之间变成了富翁。

十字军在他们占领的地区建立起了几十个十字军国家，最大的是耶路撒冷王国，此外还有安条克公国、的黎波里伯国等。

然而，这些国家并不稳固。到1187年，东方人在能征善战的领袖萨拉丁领导下，最后消灭了十字军主力，收复了耶路撒冷。德国皇帝、英国和法国的国王又组织了第二次和第三次十字军东侵，也都以失败告终。

13世纪初组织的第四次十字军远征，计划是乘坐威尼斯船只去进攻埃及。而在威尼斯商人的怂恿利诱下，十字军的进攻矛头指向了东罗马帝国。这批欧洲骑士，毫不留情地进攻和抢劫了信奉同一个“十字”的国家，早已忘记了收复“圣地”的圣谕，暴露出了他们所谓的征讨异教徒不过是侵略的借口。拜占庭帝国近千年的文化艺术珍品遭到彻底的抢劫和破坏。

十字军远征共进行了8次，历时近200年。到1291年，十字军占领的最后一个陆上据点阿克城被穆斯林攻克，至此，十字军东征告终。

▼1099年7月，第一次十字军东征的首领获悉军队攻破了耶路撒冷城墙后，正在得意洋洋地眺望这座圣城。

▲十字军正在向安条克城发动进攻

新型战争方式

十字军远征总体上说是失败的，主要原因是参加者的社会成分繁杂不一，武器装备极不统一。身裹甲胄的骑士，装备的是中等长度的剑和用于刺杀的重标枪；一些骑马或徒步的骑士除剑外，还装备有锤矛或斧子；大部分农民和市民装备的是刀、斧和长矛。十字军采用的是骑士军战术，战斗由骑士骑兵发起，一接战即单个对单个的决斗，协同动作有限。

与十字军作战的土耳其人和阿拉伯人的主要兵种是轻骑兵。交战时，他们先用箭击溃十字军的部队，然后将其包围，实施勇猛果敢的攻击，把它们分隔成数个孤立的部分加以歼灭。

东侵影响

虽然 1096—1291 年断续进行近 200 年的十字军东征不仅给东地中海地区的人民带来深重的灾难，也使西欧人民作出了重大牺牲，但是十字军东侵在客观上打开了东方贸易的大门，使欧洲的商业、银行和货币经济发生了革命，并促进了城市的发展，创造了有利于资本主义萌芽的条件。东侵还使东西方文化与交流增多，在一定程度上刺激了西方的文艺复兴，阿拉伯数字、代数、航海罗盘、火药和棉纸，都是在十字军东侵时期内传到西欧的。

十字军东侵，促进了西方军事学术和军事技术的发展。如西方人开始学会制造燃烧剂、火药和火器；懂得使用指南针；海军也有新的发展，摇桨战船开始为帆船所取代；轻骑兵的地位与作用得到重视等。

蒙古西征

▲成吉思汗和他的群臣在一起

蒙古西征之战是13世纪上半期蒙古帝国征服中亚和东欧的战争。成吉思汗和他的继承者以剽悍的武功征服了欧亚地区，以蒙古为中心，建立起由钦察汗国、察合台汗国、窝阔台汗国、伊利汗国组成的横跨欧亚大陆的庞大帝国。

蒙古崛起

蒙古族是中国北方的一个古老民族，长期过着原始的游牧生活，到12世纪，在中国长城以北、贝加尔湖以南、东到大兴安岭、西至阿尔泰山的广大地区，形成了许多蒙古部落。随着蒙古社会生产力的发展，原始公社制度逐渐解体，私有制产生。12世纪末到13世纪初，蒙古各部落面临着迫切的统一问题。铁木真在统一蒙古过程中发挥了重要作用，先后打败了塔塔儿、克烈、乃蛮、蔑儿乞诸部，统一了蒙古各部。

1206年，蒙古各部落首领在斡难河（今鄂嫩河）畔召开大会，推举铁木真为大汗，尊称成吉思汗，建立了蒙古国家。蒙古国建立后，以成吉思汗为首的蒙古贵族不断发动掠夺战争，用兵的主要方向是南下与西征，南下攻击的主要目标是南宋和金朝，西征则是征服中亚东欧各国。

蒙古西征共有3次，第一次是1217—1225年成吉思汗西征，第二次是1235—1244年拔都西征，第三次是1253—1260年旭烈兀西征。

蒙古所向披靡的原因

1217—1260年，近半个世纪中，蒙古帝国以蒙古大汗为中心，通过3次西征，形成世界历史上前所未有的大帝国。蒙古西征的胜利，主要原因是在战略上采取由近及远、相继占领的策略，以蒙古大漠为中心，向外一步步扩张。在战术上注重学习汉人的军事技术，用汉人工匠制造大炮，提高了战术优势，西征时集中优势兵力，如拔都西征就全是长子，窝阔台认为“长子出征，则人马众多，威势盛大”。剽悍的蒙古骑兵适合远距离作战，战斗力相当强大。而封建社会的欧亚各国则是分裂独立，如俄国当时分裂为许多小公国，相互争斗，不能一致对外，花剌子模虽是大国，但分兵守城，消极防御，不能集中兵力迎敌。因此，在蒙古军队进攻下相继灭亡。

第一次西征

第一次西征，1217年，成吉思汗把南下灭金的任务交给木华黎，亲自率兵直指西方。当时蒙古蔑儿乞部落首领脱脱的儿子火都和乃蛮部落太阳汗的儿子屈出律败逃楚河流域，仍在西方活动。火都结集蔑儿乞残部，图谋东山再起。1217年秋，成吉思汗命令速不台率军征伐火都，速不台翻越崇山峻岭，到达楚河，与蔑儿乞残部作战，杀死火都，消灭了蔑儿乞的残余势力。

消灭火都后，成吉思汗的目标就对准了屈出律。1218年，成吉思汗派遣大将哲别率兵2万攻打屈出律。当时屈出律正与阿力麻里的不扎儿汗相攻，听到蒙军进攻向西逃跑，哲别击溃西辽军队的阻击，攻占了西辽都城八剌沙兖。屈出律逃往喀什噶尔，喀什噶尔地区的居民纷纷起来杀死监视他们的西辽士兵，屈出律继续西逃，被蒙古军队追击。哲别把屈出律枭首示众，喀什噶尔、莎车、和田等城相继降蒙，西辽灭亡。

消灭屈出律后，成吉思汗为了肃清乃蛮部的残余势力，以及消灭西域的强国花剌子模，便借口花剌子模杀蒙古商队及使者，在1219年，亲率20万大军西征。他的四个儿子术赤、察合台、窝阔台、拖雷以及大将速不台、哲别随行。蒙军长驱直入中亚后，于1220年攻占了花剌子模的都城撒马尔干，其国王西逃，成吉思汗令速不台、哲别等穷追之。因此蒙军便西越里海、黑海间的高加索，深入俄罗斯，于1223年大败钦察和俄罗斯的联军。另外成吉思汗又挥军追击花剌子模的太子札阑丁，在印度河流域打败之。1225年，成吉思汗凯旋东归，将本土及新征服所得的西域土地分封给四个儿子，后来发展为四大汗国。

▼演练中的蒙古骑兵

第二次西征

第二次西征（1235—1244年），1227年，成吉思汗在灭亡西夏前不久死去，窝阔台继任大汗。窝阔台于1235年派遣其兄术赤之次子拔都，率50万大军再度西征。西征军很快就彻底灭亡花剌子模，杀札阑丁。不久又大举征服俄罗斯，攻陷莫斯科、基辅诸城，并分兵数路向欧洲腹心挺进。

1241年，北路蒙军在波兰西南部的利格尼兹，大破波兰与日耳曼的联军。拔都亲率蒙军主力由中路进入匈牙利，大获全胜，其前锋直趋意大利的威尼斯，全欧震惊，称为“黄祸”。正当西方各国惶惶不可终日之际，拔都忽接窝阔台驾崩的噩耗，于是急速班师。

▲蒙古铁骑横扫东欧的场景

第三次西征

第三次西征（1253—1260年），蒙哥于1251年即大汗位后，令其弟旭烈兀率兵西征。这次西征主要方向是西南亚地区，头等目标是消灭木剌夷国（在今里海南岸的伊朗北部）。1257年，蒙军荡平木剌夷之地，并挥师继续西进，攻陷报达（今巴格达），屠杀80万人，灭亡历时500余载的黑衣大食。

1260年，旭烈兀又率兵攻陷阿拉伯的圣地麦加，攻占大马士革。这时，旭烈兀得到蒙哥死讯，决定班师，命大将怯的不花率2万蒙古军继续攻打叙利亚各地。同年，蒙古遣使至开罗，令埃及投降。埃及国王决定出兵抵抗。埃及军队与蒙古军在大马士革之南交战，蒙古军大败，怯的不花战死。埃及军乘胜占领大马士革等城，杀蒙古所安置的官吏，叙利亚全境成为埃及的辖地。埃及军的这次胜利，遏止了蒙古军向埃及和非洲的扩张。

百年战争

▲1346年8月，在克雷西战役中，英方建立了一支以自耕农为主体的新型步兵，使用长弓利箭，并有火器与轻骑兵配合作战，战斗力较强。

1337—1453年，英法两国之间发生了一场长期的战争——百年战争。这场战争除了断断续续、几经休战、旷日持久之外，在军事技术上也有新特点，如大量使用雇佣兵作战，步兵在实践中的地位大为提高，大炮成为城堡的克星等。战争期间，法国大地一片狼烟，饱受摧残，损失极重，英国人民也同样付出了极为沉重的代价。

战争导火索

自11世纪“诺曼征服”以后，英国通过联姻和继承关系，占有了大量的法国领地，这在同样梦想称霸欧洲的法国看来，简直就是耻辱，一直寻求机会收复这些领地。14世纪初，英法的矛盾越来越尖锐，已经到了不通过武力无法解决的地步。双方还竭力争夺富庶的佛兰德地区，该地的毛纺业主要依赖英国的原料，而英国则从羊毛贸易中牟取巨利。法国于1328年占领该地，英王爱德华三世遂下令禁止羊毛出口。佛兰德为了保持原料来源，转而支持英国的反法政策，承认爱德华三世为法国国王和佛兰德的最高领主。这些是导致两国战争的基本原因。

但战争的导火线是王位继承问题。1328年，法王查理四世去世，他没有男嗣，法国贵族会议便推举他的侄子腓力为王，称腓力六世。一心想控制法国的英王爱德华三世凭借自己是法王腓力四世的外孙，向法国发难，声称自己才是法国王位的合法继承人。腓力六世对爱德华三世的嚣张气焰十分气愤，暗下决心寻机报复。1337年5月24日，经过一番准备的腓力六世宣布收回英属领地基恩，英国自然无法接受。同年10月，爱德华三世不顾法国的反对，自称身兼法王，并率部队进攻法国。于是，法国王位继承争端终于演变为一场旷日持久的战争。

▼爱德华三世在克雷西战役中

战争初期较量

1337年11月爱德华三世大举进攻法国，法军连连败北，领土接连失陷。1340年6月，英法在斯勒伊斯发生海战，英军重创法军，夺得制海权。

1346年8月，英法又在克雷西发生陆战。英方建立了一支以自耕农为主体的新型步兵，使用长弓利箭，并有火器与轻骑兵配合作战，总兵力约为1万人，战斗力较强。法军在数量上处于优势，它以意大利雇佣军为主，主力是封建主组成的重骑兵，采用老式的单骑进攻，不重视协同动作。

8 月 26 日傍晚，两军相遇，英军骑兵全部下马交战，两翼是使用长弓的步兵。法军以热那亚弩手当前，骑兵殿后；弩手向对方乱放箭矢，命中率不高。英军的长弓射程可达 350 米，杀伤力强，命中率高；法军死伤甚众，战斗队形大乱，骑兵出击，但亦不能冲破英军的防线。英军连续从近距离射杀法国骑兵，法军大败，损失惨重。英军取得了陆上优势。

克雷西之战后，英军乘胜北上。正当爱德华三世踌躇满志地准备对法国发动更大规模的进攻时，一场突如其来的瘟疫打乱了他的如意算盘。进入加莱城时，不少英军染上了黑死病病毒。此后休战近十年。

1356年9月，英法又在普瓦捷激战。英军由爱德华三世之子“黑太子”率领，击溃法军。法王约翰二世及许多贵族大臣被俘，英借此向法索取巨额赎金。战争失利，负担加重，经济衰退，引起法国人民不满和愤慨，相继爆发了巴黎市民起义和农民起义，法国陷于困境。1360 年法国被迫接受了屈辱的《布勒丁尼和约》，把加莱及西南大部领土割让给英国，英王则放弃对法国王位的要求，战争第一阶段结束。

双方的再次交锋

1364 年，法国查理五世上台。他在一次朝会上说：“现在是让可恶的英国人屈服的时候了。我发誓带领我的臣民夺回属于我们的一切。”为了实现自己的诺言，查理五世征召大量雇佣步兵取代连战连败的骑士部队，并建立了野战炮兵和新的舰队。趁着英国黑死病大流行的机会，从 1368 年开始，查理五世开始逐步收复法国的大片失地。

1372 年，法国的舰队又在拉罗谢尔打败英国舰队，重新控制了西北沿海海域。到 14 世纪 70 年代末，法军已逐步迫使英军退到沿海狭窄的一隅。这样，整个战争的态势发生了有利于法国的变化。然而，就在查理五世打算一鼓作气收复全部失地时，却突然离开了人世。

1380年继承王位的查理六世是个精神病人，没能力治理国家，更不用说领兵打仗。这给了英国人很好的喘息机会，但此时的英国仍陷入瘟疫之中，无力反扑，战争进入僵持状态。由于瘟疫一时难以控制，英国被迫与法国在 1396 年签订了《二十年停战协定》，放弃了一些既得的利益。

▼1356 年 9 月，英法在普瓦捷激战。英军由爱德华三世之子“黑太子”率领，击溃法军。法王约翰二世及许多贵族大臣被俘。

亨利五世的反攻

英军在战场上连遭败绩，使英国国内人心思变。1399 年，兰开斯特公爵亨利乘机夺取了王位，建立了兰开斯特王朝，称亨利四世。

1413 年，亨利四世的儿子亨利五世上台。

亨利五世上台不久，就重新点燃了百年战争的烽火。1414 年 8 月，亨利五世亲率大军在塞纳河口登陆，9 月下旬，攻占了法国重要的港口城市勒阿弗尔。接着，亨利五世亲率一支由重骑兵和大弓手组成的为数约 5000 人的部队由陆路向加莱进军，引诱法军进行决战。1415 年 10 月 25 日，两军在阿金库尔短兵相接，英军弓箭手在一个关隘地段奋力射杀法国骑兵。阿金库尔一战使亨利五世名噪一时。

1417 年 8 月，亨利五世再次带兵进攻法国，在诺曼底登陆后迅速扩大战果，并于 1419 年攻陷法国的鲁昂，打开了整个法国的门户。法国已经到了生死存亡的关键时刻。可就在这时，法国国内两大封建主集团奥尔良派和勃艮第派却出现了严重的内讧。1419 年 9 月，法国太子查理会见勃艮第公爵约翰，公开指责约翰对英国的入侵不出力抵抗，实属叛逆。约翰不服，两人争吵打骂起来。查理身后一名骑士跳了出来，用利剑把约翰当场刺死。这件事后，一心复仇的勃艮第派主动与亨利五世走到了一起。在勃艮第派的援助下，英军很快就占领了法国的北部地区。眼看大势已去，法国被迫与英国在 1420 年 5 月 21 日签订了《特鲁瓦和约》。和约宣布法国沦为英法联合王国的一部分，亨利五世担任法国摄政王。

为了实现完全统治法国的梦想，亨利五世还娶了查理六世的女儿凯瑟琳公主为妻。但命运仿佛在故意捉弄这个强硬的征服者，1422 年，就在查理六世去世前 2 个月，亨利五世却先在战场上染病去世。英方宣布未满周岁的婴儿亨利六世兼领法国国王。

圣女贞德拯救法国

幼小的亨利六世无法亲理国政，英国国内各派政治势力再度展开权力斗争。法国原王储查理乘机在法国南部封建主

▼ 1415 年 10 月 25 日，两军在阿金库尔短兵相接，这是一次步兵战胜铁甲骑兵的辉煌战例。

百年战争，百年灾难

为了争夺王位和土地，英国和法国的统治者发起的这场长达100多年的战争，不但极大地影响了欧洲的政治格局，而且给两国人民带来了深重的灾难。一位史学家一针见血地指出："百年战争，就是一场百年的屠杀游戏。当高高在上的王公贵族为自己争得的利益开庆功宴的时候，一些失去家园和亲人的无辜的人们却在无声地痛哭。战争持续了一百年，哭声也持续了一百年。"由于战争始终是在法国境内进行的，法国人民首当其冲饱受战争之苦。战争结束之后，法王路易十一世经过数十年的惨淡经营，粉碎了勃艮第公爵大胆查理为首的"公益同盟"，消除了封建割据，基本完成了国家统一大业。

英国尽管远离战场，但当艰难地蹚出百年大战的邪恶泥潭时，英国人痛苦地发现他们在付出巨大的人力和物力代价之后，不但一无所获，还把家底也输光了。这迫使英国放弃谋求大陆霸权的企图，而把全部精力向自己岛屿周围的海洋发展，走上了海洋扩张的道路。英国在百年战争结束后，立即陷入史称"红白玫瑰战争"的内战中。战争规模虽不大，但相互残杀甚烈，一些古老的贵族世家由此消亡。最后都铎家族的亨利取胜，夺得英国王冠，确立了都铎王朝的统治。

的支持下自立为王，称查理七世。争夺王位的战火再度燃起。1428年10月，英军大举进攻通往南方的要塞奥尔良城。外敌当前，法国人民为拯救国家和民族的危亡，爱国主义热情空前高涨。以农民和城市贫民为主的游击队，在英占区到处袭击敌人，掀起了广泛的抗英游击战争，迫使英军分兵应对。群众抗英斗争最著名的领导者是爱国女英雄贞德。

1429年春，贞德晋见太子查理，力主抗英卫国。同年4月，贞德被批准参加解救奥尔良的战斗，任军事指挥。贞德在战斗中身先士卒，奋勇杀敌，给正在抗英斗争中的法国人民以信心和力量。法军奋力作战，最终解救奥尔良之围。此后，贞德又建议乘胜北上，收复失地，并拥戴查理加冕登位。贞德的威信日高，使封建主感到害怕，阴谋加害于她。

1430年贞德在一次战斗中被勃艮第党人所俘，后又被出卖给英国，查理七世竟坐视不救。她在狱中备受酷刑，但坚贞不屈，最后被诬蔑为"女巫"，于1431年5月被活活烧死在卢昂广场上。

以贞德达为代表的抗英运动，显示了法兰西民族意识的增长，体现了百年战争的性质从两国王朝战争向法国反侵略战争转变，它具有法国人民保卫领土完整的正义斗争性质。

贞德牺牲后，法国人民抗英运动继续发展，英军节节败退。1435年，勃艮第公爵腓力三世与法王查理七世缔和，法国内部抗英力量得到集中与加强，1436年收复巴黎。1445年，法国又组成一支很有战斗力的常备军。民族意识觉醒，军队士气高涨，物质力量增强，终于使法国能够击退外敌。百年战争于1453年以法国的胜利而告终。

▼贞德虽然是一个弱女子，但在战场上的英勇丝毫不逊色于任何男子。

奥斯曼帝国的扩张

曾一度骄横一世，令世界战怵的许多昔日帝国，随着斗转星移早已烟消云散，但是人们不会忘记土耳其的前身是辉煌的奥斯曼，一个持续了6个世纪之久的大帝国。15—16世纪，它的荣光笼罩着欧、亚、非。那时候，黑海、红海成为奥斯曼帝国的内陆湖，从尼罗河到多瑙河，到处弥漫着奥斯曼帝国骑兵的血腥气息，他们甚至还兵临维也纳城下，使整个欧洲都得了“恐土耳其症”。

奥斯曼的崛起

奥斯曼国家是古代土耳其人在小亚细亚（现今土耳其境内）建立的国家。古代土耳其人在历史上又称突厥人，自汉代始世世代代居于中国北方，遂与我中原地区汉民族往来日趋密切。583年，东西突厥分立，古代土耳其人划归西突厥的一支，他们以“畜牧为事，随逐水草”。13世纪初他们迁居小亚细亚，附属于鲁姆苏丹国，在萨卡利亚河畔得到一块封地。1293年，酋长奥斯曼一世乘鲁姆苏丹国瓦解之际，打败了附近的部落和东罗马帝国，自称埃米尔，独立建国。

▼奥斯曼的亲兵是帝国的步兵精锐，他们穿着特别花哨艳丽的军装，图中特别夸张的头饰也许只有在礼仪场合才能看到。

1324年，他们夺取东罗马帝国的布鲁萨，并定都于此。从此被称为奥斯曼帝国，这支土耳其人也被称为奥斯曼土耳其人。

帝国的大举扩张

奥斯曼帝国真正大举扩张是在奥斯曼的儿子乌尔汗统治时期。乌尔汗为了进一步扩张，建立了正规的常备军。他的常备军分为两种，一种是由得到采邑的封建主提供的军队，另一种是新建立的军队，这种军队的规模初期并不大，但是装备精良，训练严格，是奥斯曼帝国的主要战斗力量。这种军队的特殊之处是要终身服役，不得建立家庭，待遇优厚，享有特权。在奥斯曼帝国，几乎仍然采用中亚的战斗体制，男孩自小就要接受军事训练，社会以战争掠夺为荣，战士打起仗来英勇顽强。

当时，奥斯曼帝国有着良好的扩张条件，拜占庭已经衰落，罗姆苏丹国也已经分裂。奥斯曼帝国首先占据了原来罗姆苏丹国的大片地区，并以此为基础，开始大规模地向欧洲扩张。

攻克君士坦丁堡

穆罕默德二世即位（1451年）后，奥斯曼中兴。他做了两年的准备后，于1453年开始围攻君士坦丁堡。君士坦丁堡三面临海，一面有坚固城墙，易守难攻，城墙、“希腊火”和金角湾口大铁链是其护城三大法宝。54天的围攻由于金角湾方面未能合围而失败。4月21日夜，奥斯曼人买通热那亚人（守城部队一部分）并沿其控制的加拉塔区边界铺设一条15公里长的木板滑道，把70艘小船从陆路拖入金角湾，终于完成了对君士坦丁堡的海陆合围。经过激烈的战斗，奥斯曼军队终于在5月29日攻下君士坦丁堡，拜占庭末帝被杀。无数财宝被抢劫，古典文化惨遭破坏，6万居民被卖为奴，著名的圣索菲亚教堂被改为清真寺。这就是后来的伊斯坦布尔。

步入黄金时代

乌尔汗的儿子穆拉德一世在位时，奥斯曼帝国占领了整个色雷斯东部。1389年，欧洲联军开始进攻奥斯曼军队，但由于奥斯曼军队在数量上占有优势，联军终于被打败。这一胜利震动了欧洲各国的统治者，欧洲各国为了拯救拜占庭帝国，派出了援军。

1396年，在多瑙河畔的尼科堡战役中，奥斯曼军队一举打败了匈牙利、法兰西、德意志等国的联军。从此，欧洲人只能眼睁睁地看着奥斯曼帝国扩张。于是，巴尔干半岛逐渐落入奥斯曼帝国的版图，拜占庭帝国危在旦夕。

但就在此时，中亚的帖木儿帝国强大起来，并开始向小亚扩张，奥斯曼帝国的地方割据势力也趁机抬头，苏丹的四个儿子之间开始了争夺王位的战争，新征服地区的人民也趁机掀起反抗运动，奥斯曼帝国处于严重的危机之中，不得不推迟了向欧洲的扩张。

15世纪初期，奥斯曼帝国曾一度衰落。到穆罕默德二世时期，国力恢复，帝国步入强盛时期。1453年，穆罕默德二世率30万大军进攻君士坦丁堡。经过激烈的战斗，奥斯曼军终于在5月29日攻下君士坦丁堡，千年的拜占庭帝国灭亡了。土耳其人攻陷该城之后，大肆劫掠3天，许多居民被杀或被掠为奴隶。穆罕默德二世将君士坦丁堡作为新的首都，改名为伊斯坦布尔。拜占庭帝国的灭亡，使东欧失去了屏障。奥斯曼帝国继续扩张，占领了中亚地区大片的领土。

帝国的鼎盛

苏莱曼一世时期，帝国达到了鼎盛。苏莱曼一世被尊为“大帝”。苏莱曼是个非常有作为的苏丹人。他把全部精力放在进攻欧洲上，继位不久就开始向欧洲全面进攻。他东征西讨，6次出征匈牙利，围攻奥地利首都维也纳，数次远征伊朗，夺取巴格达。但在欧洲碰到了德意志神圣罗马帝国的全力抵抗，进攻的势头被遏止。

谢利姆二世在位期间，曾征服塞浦路斯，击败西班牙、威尼斯和教皇的联合舰队。海军称霸于地中海东部，疆域扩大到匈牙利、美索不达米亚以及北非的的黎波里。奥斯曼帝国极盛时，领土北面从奥地利边界直至俄国境内，西界非洲摩洛哥，东迄亚洲高加索和波斯湾，南境一直伸入非洲内地，囊括今欧、亚、非近40个国家和地区的土地，领土面积约600万平方公里，成为地跨欧、亚、非三洲的大帝国。

▼苏莱曼一世（1520—1560年）时期，帝国达到了鼎盛。苏莱曼一世被尊为“大帝”。苏莱曼是个非常有作为的苏丹人。

红白玫瑰战争

英国历史上曾经有过一场极其残酷、激烈的战争，却冠以一个十分温情而美丽的名字——红白玫瑰战争。其实，这只是人们以战争双方的徽记来命名的。战争双方，一方是芬兰加斯特家族，他们以红玫瑰为族徽；另一方是约克家族，以白玫瑰为族徽。他们都是英国的封建贵族。这两个封建集团之间为争夺王位继承权进行了长达30多年的自相残杀。由于这次战争以蔷薇为标志，所以称为“蔷薇战争”。蔷薇又名玫瑰，所以也叫“红白玫瑰战争”。

继承权之争

1337—1453年，英国和法国断续进行了长达百年的战争。在这百年战争中，英国的各封建贵族都建立有自己的武装。这种武装力量同外敌作战也许还管用，但对于维护内部政权来说不啻是一种祸根。在这百年战争之后，英国内部各封建贵族利用自己手中握有的武装蠢蠢欲动，企图掌握国家的最高统治权。

1453年，百年战争以英国的彻底失败而告结束。英国封建贵族之间的矛盾更加激化，商人也因失去在法国的重要通商据点而不满，新贵族和市民不满当权的兰加斯特王朝的政策，希望通过改朝换代来改善他们的政治经济地位，他们支持约克家族夺取政权。

1327—1377年是英国历史上金雀花王朝爱德华三世在位时期，爱德华死后，王位几经更替，传位于亨利六世。亨利六世一直被视为无能昏庸的国王。而且，他还受到令人尴尬的间歇性精神疾病的困扰。到1450年，很多人认为亨利不适合

▶两朵玫瑰之间的选择

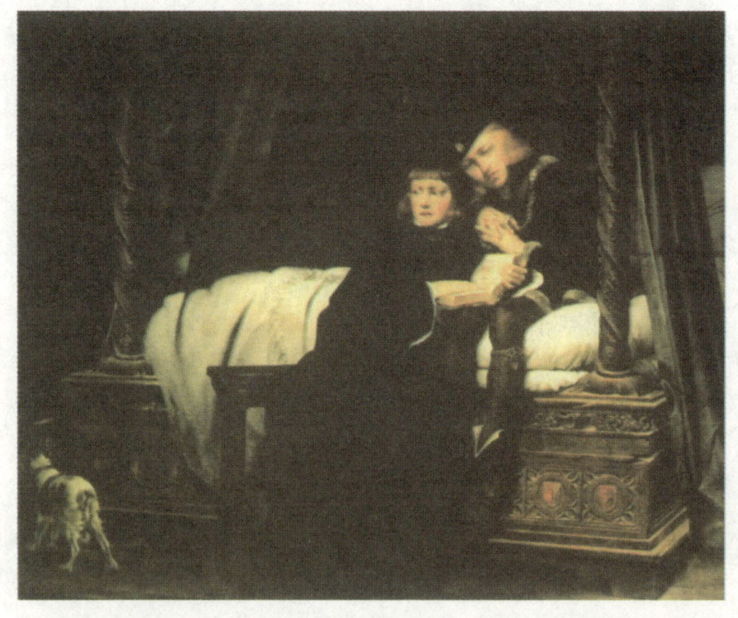

▲这是玫瑰战争中的一幕，1483 年，英国国王爱德华四世去世，他的长子小爱德华才 12 岁。在爱德华五世加冕前夕，他的叔叔查理篡夺了王位，成为查理三世。他将小爱德华和他的弟弟关进伦敦塔，此后再也没有人见过这两位小王子，或许他们早就被查理三世下令处死了。

他的角色。兰开斯特国王的短暂的王朝已经被合法性的问题所持续困扰，而约克家族相信他们对王位有更强的继承权。

当国王亨利六世在 1453 年开始遭受第一轮精神疾病时，摄政理事会建立了，由强大和受欢迎的约克家族的首领约克公爵理查·金雀花任摄政王。理查很快更大胆地开始加强了他对王位的要求，但亨利在 1455 年的痊愈挫败了理查的野心，约克公爵很快被亨利的王后玛格丽特赶出朝廷。因为亨利是个无用的领袖，玛格丽特皇后成了兰开斯特派系的实际领袖。玛格丽特王后建立了针对理查的一个同盟并和其他贵族密谋削弱理查的影响力。遭受到更多挫败的理查最终付诸武力，在 1455 年挑起争端，红白玫瑰战争爆发。

调解法案

1455 年 5 月，亨利六世下令在莱斯特召开咨议会。约克公爵以自己赴会安全无保证为理由，率领他的内侄、骁勇善战的沃里克伯爵及数千名军队随同前往。亨利六世在王后玛格丽特和执掌朝廷大权的萨姆塞特公爵的支持下，也率领一小股武装赴会。5 月 22 日，双方在圣阿尔朋斯镇附近相遇。约克公爵于上午 10 时下令向抢先占据小镇的亨利六世军队发起进攻。经数次冲锋，亨利六世的军队招架不住，吃了败仗，死亡约 100 人，亨利六世中箭负伤，藏在一个皮匠家中，战斗结束后被搜出抓获。

1460 年 7 月 10 日，双方在北安普敦发生第二次战斗。战斗中又是沃里克伯爵率军打败了兰开斯特军队，随军的亨利六世再次被抓住。

随着军事上的胜利，约克提出了对王位的要求。在北威尔士登陆后，他和妻子以君王独有的仪式进入伦敦。国会召开了，当约克进入时直接走向王座，他可能认为贵族会鼓励他自己占据王位，就像他们在 1399 年对待亨利四世那样。但是，人们却沉默了。第二天，约克拿出了详细的家谱来支持他的要求，基于他是安特卫普的莱昂纳尔的后裔，并获得了更多的谅解。国会同意给予考虑并同意约克的继承权；但是，在投票中他们以 5 票的多数决定亨利继续为国王。而 1460 年 10 月的调解法案达成妥协，认定约克为亨利的王位继任者，剥夺了亨利6岁的儿子爱德华王子的继承权。约克只能将它作为最好的条件接受，他得到了他所想要的大部分，特别是他被任命为王国摄政王，可以以亨利之名统治。玛格丽特和爱德华王子被逐出伦敦。

兰开斯特家族的反击

王后玛格丽特被逐后大怒，1460年圣诞，她从苏格兰借到一支人马，集合了追随兰开斯特家族的军队，在约克公爵的领地骚扰。约克公爵匆忙凑合一支几百人的队伍，前去征剿，由于轻敌冒进，被包围在威克菲尔德城。

12月30日，在内外夹攻下的约克军四散逃跑，约克公爵及其次子爱德蒙被杀死，约克公爵的首级还被悬挂在约克城上示众，并扣上纸糊的王冠，用以讥讽。 但约克公爵19岁的长子爱德华于1461年2月26日进入伦敦。3月4日，他在沃里克伯爵和伦敦上层市民的支持下自立为王，称爱德华四世。他知道玛格丽特决不肯罢休，遂在一些大城市召集到一支部队，向北进发，去打玛格丽特。

约克家族的胜利

1461年3月29日，双方在约克城附近展开决战。兰开斯特军队远远超过了约克军。当时兰开斯特军队处于逆风之中，扑面的风雪打得他们睁不开眼睛，射出的箭也发挥不出威力。而约克军队则借强劲的风力增加了发射弓箭的射程，并蜂拥冲上山坡，使兰开斯特军队损失惨重。

兰开斯特军队为扭转被动的防守局面，决定向山下的敌人发动反攻，双方一直激战到傍晚，仍然难分胜负。这时，约克军队的后续部队赶到，这支生力军向兰开斯特军队未设屏障的一侧发动进攻。兰开斯特军队抵挡不住，被迫溃退，约克军队一直追杀到深夜。玛格丽特带着亨利六世和少数随从仓皇逃亡苏格兰。

1465年，亨利六世再次被俘，被囚禁在伦敦塔中，玛格丽特只好携幼子逃往法国。玫瑰战争中这几次大战役，都使用当时特有的战法，即双方骑士乘马或徒步进行单个分散的搏斗。通过交战，双方损失惨重，半数贵族和几乎全部封建诸侯都死掉了。

战争影响

战争的最终结局是和平美好的，但战争本身的残酷和激烈却令人触目惊心。交战双方的每一次胜负，都伴随着大批的贵族被屠戮，有资格继承王位的大贵族几乎都被杀死。30年的反复争斗和自相残杀，使英国封建贵族的力量被极为严重地削弱。旧的封建诸侯在红白玫瑰战争中自相残杀殆尽。这样，新兴的资产阶级和新贵族代之而起，所以，它对英国政治和社会的发展，又是具有重要意义的。

约克家族内讧

战争第二阶段是由约克家族内讧开始的。沃里克伯爵在建立约克王朝的斗争中立下汗马功劳，并大权在握，企图控制国王爱德华四世。但国王坐稳王位后则开始抑制大贵族，提高王权。双方矛盾日益激化。

1469年，沃里克伯爵煽动叛乱，打败国王军队。国王暂时屈从沃里克派贵族。不久，国王发动反击，沃里克伯爵逃亡法国，与宿敌玛格丽特结盟，于1470年9月打回英国，废黜爱德华四世，恢复亨利六世王位。爱德华逃亡佛兰德。

1471年3月爱德华率德国和佛兰德雇佣军返英，4月在巴尼特彻底打败沃里克伯爵，继而乘胜追击，于5月4日在蒂克斯伯里歼灭兰开斯特军余部，俘虏玛格丽特，处死亨利六世。至此，兰开斯特家族被诛杀殆尽，只有远亲里士满伯爵亨利·都铎流亡法国，他声称自己是兰开斯特家族事业的继承人。此后，约克王朝进入12年和平昌盛时期。

▲1471年4月，约克家族的爱德华四世在巴尼特彻底打败沃里克伯爵，继而乘胜追击，于5月4日在蒂克斯伯里歼灭兰开斯特军余部，俘虏玛格丽特，处死亨利六世。

兰开斯特家族的最终胜利

1471—1483年，英国国内恢复了和平，爱德华四世残暴地惩治了不顺从的大贵族。1483年4月爱德华四世死后，其弟理查登上了王位，他也同样使用残酷和恐怖的手段处决不驯服的大贵族，没收其领地。他的所作所为，反而促使兰开斯特家族和约克家族都想联合在兰开斯特家族的亨利·都铎来反对他。

1485年8月，理查同亨利·都铎的5 000人的军队激战于英格兰中部的博斯沃尔特。战争的紧要关头，理查军中的斯坦利爵士率部3 000人公开倒戈，约克军遂告瓦解，理查三世战死，从而结束了约克家族的统治。

出身于族徽为红玫瑰的兰开斯特家族的亨利·都铎结束了玫瑰战争，登上了英国王位，称亨利七世。然后亨利通过娶爱德华四世的女儿，约克家族最佳的继承人伊丽莎白为妻来巩固他的统治。这样，他重新统一了2个王族，把红玫瑰和白玫瑰这2个对立的符号合并到红白都铎玫瑰的徽章中。亨利通过处决其他可能的王位继承人来确保他的地位，其子亨利八世继续了这个策略。

第三章

文艺复兴时期的战争

历史学家通常把1494年由于法国人侵爆发的“意大利战争”作为“现代欧洲历史”的开端。但是，15世纪末只有少数人意识到已进入一个新时代的黎明，无论是战事或其他方面，都在悄悄地发生变化了，而绝大多数人并无此种意识。

在这个时代，国家独立的代价变得很高。不仅要为壮观的系列大炮付出高昂代价，就是必不可少的职业步兵，代价也不低，而且建造城堡需要更加精心的设计。只有具有政治权力提高税赋，或有信用能从新兴银行家贷款的王侯们，才能打得起仗，把较弱小的对手赶得销声匿迹。查理五世同法兰西斯一世间的几次战争之后，随之而来的是西班牙的腓力二世发动的断断续续的战争，原因是皇家财库破产，不得不经常停战。

这一时期战争的主要特点是，战争的实施依赖一个纯粹商业契约。“雇佣的武装人员”是15世纪才有的。16世纪法兰西斯一世用皇家财库建立起来的步兵“军团”还只是零星小部队。法国也好，欧洲其他地区也好，这些军队建立起来以后，都由一群主办人带领去作战，主办人则只对能准时地、不折不扣地付给他们现金的雇主效忠。这种军事契约在意大利半岛风行二三百年，最后在阿尔卑斯山以北扎根。

16世纪，欧洲各主要国家开始由封建社会向资本主义社会过渡。启蒙运动和资产阶级革命，打破了封建制度和宗教神学的禁锢。产业革命和科学技术的发展，直接推动了军事技术的进步。

武器装备不断改进：燧石枪、前装线膛枪逐步改进为击针后装线膛枪，由前装滑膛炮改进为后装线膛炮，榴弹和榴霰弹代替了球形炮弹；出现了装甲列车、装甲战舰、地雷和水雷。火器射程和毁伤力的增大，以及命中精度的提高，又促进了筑城学的发展。

意大利战争

意大利战争是中世纪欧洲强国法国和西班牙为争夺对亚平宁半岛的霸权而在意大利领土上进行的长达半个多世纪的战争。它从法国对意大利的入侵开始，以西班牙获得对意大利的控制权而告终。通过这场战争，法国向南扩张的美梦破灭了，但却加强了法国的封建中央集权。意大利受到战争的沉重创伤，加速了自身的衰落。

▲意大利争霸战争中身着多彩军服的雇佣兵

▲1494 年 8 月，法王查理八世为扩充领土，巩固在地中海的贸易地位，率兵越过阿尔卑斯山脉向那不勒斯开进，标志着意大利战争的开始。

战争背景

意大利地处欧洲大陆南端，三面为美丽、温暖的地中海碧波所环绕。优越的地理位置，使意大利的商业和贸易十分兴旺。十字军东侵以后，意大利几乎垄断了东西方贸易，威尼斯、热那亚和佛罗伦萨等城市最先出现了资本主义萌芽。意大利的富饶和繁荣，美丽和文明，极大地吸引了欧洲强国的统治阶级，特别是法国和西班牙作为意大利的近邻，更是对意大利垂涎三尺。

意大利本身的发展极不平衡，各地情况千差万别。北部城市经济比较发达，南部经济落后，封建土地关系仍占主导地位，还存在农奴剥削。各城市之间竞争激烈，政体形式多样，政治上四分五裂。实力较强的有米兰、威尼斯、佛罗伦萨、那不勒斯和教皇国。它们各自为政，各有各的同盟关系，相互之间矛盾重重，时有冲突。各国君主为巩固自身权力，不惜勾结外国，从而为法国和西班牙入侵意大利提供了可乘之机。

威尼斯同盟

1494 年 1 月，那不勒斯国王斐迪南一世去世，法国国王查理八世宣称：自己作为安茹王朝（属法兰西王朝的旁系）的继承人有权占有斐迪南一世的领地。法王查理八世为扩充领土，巩固在地中海的贸易地位，8 月，率兵越过阿尔卑斯山脉向那不勒斯开进，标志着意大利战争的开始。

意大利北部和中部各国对查理八世未作认真抵抗，使其得以穿过罗马全境。1495 年 1 月，查理八世接受罗马教皇任命的那不勒斯国王的授职书（委任和批准神职人员的职位和教职的诏书）后，于 2 月 23 日进占那不勒斯。

法军的掠夺暴行和征收新的捐税激起了意大利人民的愤慨。意大利各国首脑也害怕法国势力的加强和发生全面起义。1495 年 3 月，西班牙与神圣罗马帝国、教皇、威尼斯共和国和米兰公国结成“威尼斯同盟”反法，迫使法国军队撤出意大利。

战争的军事意义

意大利战争集中体现了中世纪欧洲封建王朝战争的特点：为领土和财富而随时发动战争；战争各方利益关系复杂，敌友关系变幻莫测；只以对方军队为攻击目标，只求征服对方，不打歼灭战等。在战争期间，经过改进的火器（火枪和轮式炮架青铜火炮）首次得到广泛使用，炮兵首次参加野战和堡垒设防城镇的攻防战斗；对要塞经常采用围而不攻的战术；野战部队用于为受敌围困的据点解围；攻击要塞时首先构筑围攻线，围攻线必须设在要塞防御工事炮火射程之外，尔后构筑土木工事，形成阻援线，此后才逐步展开攻击。这场战争表明，雇佣军是不可靠的，其战斗力取决于交战国的政治和经济状况、取决于雇佣兵的民族特点和是否及时发放薪饷。政治形势决定战略形势，而军事行动不能对战争结局产生本质的影响。这就是意大利战争的军事意义。

《努瓦永和约》

1508年12月，由于威尼斯共和国借驱逐法国之机大肆扩张领土，所有反威尼斯的势力联合起来建立了“康布雷同盟”，共同对威尼斯作战。1509年4月，罗马教皇禁止威尼斯做礼拜和举行宗教仪式。同年春，法国的路易十二出兵威尼斯，占领它在伦巴第的领地，在5月14日米兰附近的阿尼亚代洛一战，击败威尼斯军队，取得重大胜利，占领意大利北部大部分国土。然而法国势力在意大利西北部的壮大引起力量的重新组合。

1511年，教皇、西班牙、威尼斯、英国、神圣罗马帝国等又结成新的反法联盟，路易十二遭到比查理八世更大的失败，被迫正式放弃对那不勒斯的主权要求。

法兰西斯一世继位后，又准备大举侵略意大利，与西班牙王查理五世为争夺意大利领土征战不已。他于1515年9月在距米兰17公里处的马里尼亚诺击溃米兰公爵的瑞士雇佣军，又夺走米兰公国。1516年8月，法西两国签订《努瓦永和约》，把米兰和那不勒斯分别划归法国和西班牙。

法国彻底失败

1521年，西班牙的查理五世将法国军队赶出米兰，又在1525年的帕维亚战役中打败并俘虏法兰西斯一世。1526年，双方签订和约，法国放弃对意大利的领土要求。但法兰西斯获释后即宣布毁约。1527—1529年、1536—1538年及1542—1544年，法国和西班牙又连续进行三次战争，最后都以法国失利而告终。

最后一次战争是在法国国王亨利即位后与查理五世及其继承者腓力二世间进行的，法国遭到彻底失败。1559年4月法国和西班牙缔结《卡托·堪布来齐和约》，法国被迫放弃在意大利侵占的土地，米兰、那不勒斯和撒丁尼亚划归西班牙。意大利领土的大部分被西班牙吞并，只有威尼斯和萨伏依维特独立。至此，持续达65年的意大利战争结束。

▶1525年的帕维亚战役中，法军溃不成军，法兰西斯一世被俘。

奥斯曼帝国与萨法维王朝中东争霸

奥斯曼帝国与萨法维王朝中东争霸战争是奉逊尼派为国教的土耳其奥斯曼帝国同以什叶派为国教的伊朗萨法维王朝之间展开的，战争的目的一是为了争夺阿拉伯伊拉克、库尔德斯坦和外高加索地区，二是为了控制欧亚两洲间重要战略和贸易交通线，战争的性质是掠夺性战争。战争的结果未分胜负，两败俱伤，加速了西亚这一古代文明的衰落，为西欧资本主义强国占领和奴役中近东创造了条件。

▲身穿铠甲，手执长矛的16世纪奥斯曼骑兵。

发动战争

伊朗和土耳其在历史上曾长期对立。伊朗萨法维王朝确立以什叶派为国教，主要也是出于与“雏形中的逊尼派帝国”奥斯曼土耳其分庭抗礼的考虑。有趣的是，萨法维王朝的上层集团也是说突厥语的族群，以阿塞拜疆族为主。而与奥斯曼帝国的连年战争，代表萨法维帝国最主要的国际关系。为了打击奥斯曼政权，萨法维王室曾经不惜与欧洲奥地利哈布斯堡皇室结盟。总之，奥斯曼帝国与伊朗之间的军事、宗教和政治纷争不仅长达数世纪之久，也基本奠定了今天中东地区逊尼派与什叶派的对立局面。

奥斯曼土耳其帝国和萨法维王朝的伊朗都信奉伊斯兰教，是中世纪西亚地区的两个大帝国，但由于派别不同，争夺宗教统治权和争夺两河流域领土的斗争十分激烈。萨法维王朝奉什叶派为国教，土耳其则信奉逊尼派。在土耳其帝国内部有许多什叶派教徒，萨法维王朝利用自己的代理人在安纳托利亚四处活动，鼓动叛乱反对逊尼派奥斯曼人的统治，对土耳其构成威胁。1513年，土耳其苏丹塞利姆一世残酷镇压了什叶派教徒的叛乱，屠杀5万之众，并乘机对伊朗的萨法维王朝发动了战争。

▼16世纪奥斯曼帝国的战舰

战争的前期阶段

1514年8月23日，奥斯曼军队在南阿塞拜疆与8万伊朗骑兵展开决战。土耳其部队不仅有步兵、骑兵，还有强大的炮兵，伊朗部队则主要是装备马刀和长矛的骑兵。伊朗军队以逸待劳，但军事上不占优势。使用滑膛枪的土耳其兵团在大炮配合下摧毁了伊军抵抗，占领了伊朗首都。1515

年科奇希萨尔一战，伊朗军队再次败北，土耳其炮兵发挥了决定性作用。到1516年，塞利姆已占领了西亚美尼亚、库尔德斯坦和包括摩苏尔在内的北美索不达米亚。而后土耳其又占领了叙利亚、黎巴嫩、巴勒斯坦、埃及、希贾兹和阿尔及利亚部分领土。

1533年，苏莱曼一世在同奥地利签订和约，使其北翼安全得到保障之后又对伊朗开战。1536年，土耳其占领了格鲁吉亚西南的部分领土。这里是伊土两国争夺外高加索和美索不达米亚统治地位的主要战场。伊朗军队有了自己的炮兵之后，双方的战争互有胜负。1555年，两国缔结和约。

战争的影响

这场长达200余年的战争是伊斯兰教两大封建国家为争霸中东而进行的掠夺性战争。在被征服的各族人民中间不断激起民族解放运动和反封建斗争，而双方又对这种矛盾和斗争加以利用，以达到自己的目的。在外高加索各族人民的命运中，伊土战争是他们许多世纪的历史上苦难最深重的。伊朗和土耳其在血腥的战争中两败俱伤，日益沦为正致力于在中近东建立霸权的英法两国的殖民地。

战争的后期阶段

1578年，土耳其乘伊朗萨法维王朝发生内部争斗之机再次进攻伊朗。这一时期，奥斯曼帝国拥有克里木诸可汗强大军队的支持，土军撕毁1555年和约，占领了部分领土。

1579年起，土耳其军队同克里木可汗军队联合作战，夺取整个阿塞拜疆和伊朗西部地区。但是在沙赫阿拔斯一世在位期间，伊朗东山再起，不仅收复了被土耳其侵占的西部领土，而且吞并了一些新的领土如阿富汗等。由于忙于对乌兹别克封建主进行战争和镇压国内民众起义，阿拔斯一世被迫于1590年3月同奥斯曼土耳其帝国签订了屈辱性的《伊斯坦布尔和约》。

17世纪初，阿拔斯一世进行了军事改革，改革后的伊朗军队兵力大大增强。为准备对奥斯曼土耳其的战争，争取主动地位，伊朗还同土耳其的敌人俄国和欧洲一些国家建立了外交关系。

1602年，阿拔斯一反一个世纪以来的被动防御地位，第一次主动对土耳其发动了战争。由于军队体制没有做出相应改革，土耳其面对伊朗的攻势有些力不能支。1602—1612年的10年战争中，伊朗大获全胜，1613年11月签订的《伊斯坦布尔和约》肯定了伊朗的全部战果。

土耳其对该条约心怀不满，遂于1616年对伊朗采取报复行动，但以后的20多年的战争中再遭败绩。1639年5月，伊土签订《席林堡条约》。伊土边界保持现状，但阿拉伯和伊拉克划归土耳其。

16世纪中叶以后，奥斯曼帝国开始由盛转衰。苏丹多不亲政，沉湎后宫，大权旁落于首相之手。近卫军干涉政治，控制苏丹。其间财政拮据，工商业衰落，社会动荡不安。1683—1792年，奥斯曼帝国多次同伊朗发生战争，双方各有胜负。

▼伊土战争时间虽长，但军事学术上却无甚发展，直到16世纪末才开始装备射击武器（前装枪、火枪），并按正规军体制编成。炮兵作为一个兵种在土耳其出现较早，它曾是奥斯曼土耳其向外扩张的有力武器。

尼德兰革命

尼德兰是个地名，意思是低洼的地方，泛指莱茵河、马斯河、斯海尔德河下游及北海沿岸一带，相当于今天的荷兰、比利时、卢森堡和法国东北地区。16 世纪初，这里是西班牙哈布斯堡王朝的领地。1566 年，尼德兰爆发了反对西班牙统治的人民起义，历史上称作尼德兰革命。尼德兰革命是人类历史上第一次成功的资产阶级革命，建立了第一个资产阶级共和国，为后来欧洲风起云涌的资产阶级革命运动提供了榜样。

主要社会矛盾

1516 年，西班牙国王斐迪南死后，他的外孙查理一世即位。查理已经在 1506 年从他父亲（神圣罗马帝国皇帝之子）方面继承了尼德兰，这时又以西班牙国王的身份领有这片土地。从此尼德兰成为西班牙的属地。

尼德兰革命最主要的矛盾是资本主义与封建统治之间的矛盾。尼德兰资本主义在当时的欧洲属于最发达的，一方面，手工业和商业都很兴旺，农村中也出现了资本主义性质的农场；另一方面，阶级关系发生了重大的变化，市民阶级转化为资产阶级，一部分贵族也资产阶级化，成为新贵族。然而，西班牙仍然是一个封建国家，封建专制统治严重阻碍了资本主义的发展。其次，民族矛盾也很突出。尼德兰人民希望摆脱西班牙的民族压迫。另外，天主教和新教也有矛盾。尼德兰人中的很大一部分信奉加尔文教，而西班牙则是一个天主教国家，并在尼德兰残酷地迫害新教徒。教派矛盾从根本上说是资本主义和封建主义矛盾的反映。教派矛盾成为尼德兰革命的导火线，尼德兰革命在一定程度上表现为教派斗争。

▼宗教改革家马丁·路德

西班牙在尼德兰的专制统治

在宗教改革的浪潮中，路德、卡尔文等教派先后传入尼德兰。卡尔文教派的影响最为广泛，接受者有资产阶级和新贵族，也有劳动人民，它成了反对西班牙统治的强大力量。旧贵族力图保持封建土地所有制和各种既得利益。他们效仿德意志路德派诸侯的做法，没收教会的土地财产来扩大势力。

查理是经济发达、城市富庶、资本主义因素正在迅速增长的尼德兰的专制统治者。

▲这幅寓意画中，阿尔法正在接受魔鬼的加冕，并给代表荷兰各省的人物戴上枷锁，而室外正在执行阿尔法对荷兰贵族处于死刑的命令。这幅画充分反映了荷兰人发动革命的合理性。

他在这里派驻总督，设立财政、行政机构和宗教裁判所，在政治、经济和宗教问题上推行专制政策。原来尼德兰的各个省和城市都享有一定的自治权和传统的权利。查理为了维持神圣罗马帝国的庞大的行政、军队、战争开支，到处征款。尼德兰最富庶，查理在这里的勒索也最疯狂。他还利用天主教会作为统治工具。1550年的敕令（被称为血腥敕令）规定，禁止传抄、保藏、散发、买卖路德或卡尔文等改革者的文集。凡散布“异端”学说者，男的杀头，女的活埋。查理统治期间，有5万～10万尼德兰人死于宗教迫害。

揭开革命序幕

1556年，腓力二世继承了查理的西班牙王位，也继承了他的债务，对尼德兰的高压政策变本加厉。他排挤尼德兰贵族的势力，废除商人直接与西班牙殖民地通商的特权，拒绝偿付国债，使尼德兰的银行家蒙受巨大损失，接着他又提高在西班牙收购羊毛的税额。尼德兰的资产阶级受到很大的打击，许多手工工场倒闭，工人失业。他无情地迫害新教徒，推行耶稣会的活动。他企图改组尼德兰教会，增设14个主教区，由国王直接任命主教，从而加紧控制人民。他的政策激起教俗各阶层的反对。

尼德兰各城市的卡尔文教派组织起数以千计的武装队伍，以传道集会的形式宣传反对西班牙的统治，并且举行暴动。与资产阶级利益有联系的大贵族组成以奥伦治亲王威廉为首的“贵族同盟”。1565年，他们派代表到西班牙去面见腓力二世，要求改变专制政策。第二年，在威廉的赞许下，由大约200名中小贵族组成的代表团（其中包括威廉的弟弟路易）到布鲁塞尔去向西班牙总督请愿，反对西班牙的政治压迫和宗教迫害，同时表示效忠国王。这些要求毫无结果。当贵族企图用温和方式取得和解的时候，群众却

▲西班牙为了镇压尼德兰人民的起义，在各地建立了大量的绞刑架，绞死那些与他们作对的尼德兰人，但是尼德兰人并不畏惧，为了表示对西班牙人的蔑视，他们在绞刑架下欢快地跳舞。图为当时尼德兰画家布鲁格尔德名作《绞刑架下的舞蹈》。

采取了积极行动。

1566年8月起，尼德兰的安特卫普、海牙、乌特勒支等城市连续爆发大规模的破坏圣像运动。群众手持斧头、铁锤、木棍，涌向天主教堂和修道院，砸毁圣像和十字架，没收教会财产，焚烧教会债券和地契，捣毁教堂和修道院5 500多所。起义很快就席卷了17个省中的12个省，参加者几万人。反对天主教会的群众性破坏圣像运动点燃了尼德兰资产阶级革命的火焰，反对西班牙统治的独立斗争开始了。

北方各省起义

面对群众性的革命运动，西班牙当局不得不暂时停止宗教裁判所的活动，允许卡尔文派教徒在城外指定地点做礼拜。同时腓力二世拨款在尼德兰增加军队，决定派他的老将阿尔发公爵到尼德兰镇压革命。1567年，阿尔发率领军队约1.8万人到达，立即设立"除暴委员会"，用血腥的恐怖手段以叛国罪大肆搜捕残杀革命群众。一万多人被无辜地烧死，杀戮，处以绞刑。白色恐怖笼罩着尼德兰。

威廉在阿尔发到达之前，就流亡德意志。1568年，他带着雇佣军到尼德兰抗击西班牙的军队，遭到失败。这时候，劳动人民的游击队却在沉重打击敌军。大批工人、手工业者、农民进入密林深处，时时出击小股敌军，惩办反动神父和官吏。许多水手、渔夫、码头工人来到辽阔的海面上，袭击西班牙的船只和沿海据点。

1572年4月1日，海上游击队占领了莱茵河口岛上的布里尔港埠，在城头飘起威廉的旗帜。这个新的胜利带来了革命的新高潮。海上游击队进一步袭击其他城市。许多城市一个接一个地举行起义，驱赶西班牙人。荷兰、西兰两省几乎全部解放。流亡者纷纷回到尼德兰，资产阶级组织革命军队，掌握城市政权，镇压亲近西班牙的神父和间谍。农民捣毁教堂、庄园，拒绝履行封建义务，停止交纳什一税。

1572年7月，威廉被荷兰省议会推选为总督。到1573年年底，北部各省已经先后宣布独立。阿尔发被撤换了。威廉在北方的势力在不断地扩大。

成立联省共和国

革命运动向南方发展，1576年，布鲁塞尔人民推翻西班牙政权。南方人民纷纷投入抵抗运动。形势发展要求南北双方联合起来，北部和南部的代表1576年在根特举行会议。会议期间，西班牙士兵冲进安特卫普，狂杀滥抢，男女老幼被杀者达七八千人。3天之后，这个富庶城市一片荒凉。这次暴行更加激起尼德兰人民的反抗怒火。17个省中有16个省宣布反抗西班牙的统治。11月，会议发布《根特协定》，提出撤走西班牙军队，废除阿尔发的一切法令，重申各城市原有的权利，但是仍旧承认腓力二世的君主权力。

1577年，南部许多城市爆发起义，建立革命政权，农民运动风起云涌，引起反动贵族和天主教会的恐惧。他们发动叛乱，同西班牙妥协。1579年1月初，他们成立“阿拉斯联盟”，宣布效忠腓力二世。十几天之后，北部各省组成“乌特勒支同盟”，宣布永不分裂，制定共同的军事和外交政策；不久南部的根特、布鲁日、安特卫普等城市也参加进去。1581年宣布废黜腓力二世，成立联省共和国。

革命之前尼德兰的经济

尼德兰濒临北海，地势低平，耳德河的深水便于大船出入，因此海外交通十分便利。尼德兰的手工业和商业发展很快，外国商人纷纷来到这里经商。新航路开辟以后，欧洲商业中心从地中海转移到大西洋，尼德兰的经济进一步增长。16世纪前半期，尼德兰已经有300多个城市。南部城市安特卫普是欧洲贸易的一个中心。这里，每日往来的外商有五六千人，港口同时可以停泊大小船只两千多艘。商人们运来美洲的金银、东方的香料等奢侈品，运走西欧、北欧的纺织品、金属制品、船舶用具等。安特卫普有发达的纺织、玻璃制造、制糖、印刷等业；银行、汇兑、信贷业务应运而生。北部农业发达，荷兰、西兰两省渔业、造船业、麻织业、毛织业都很兴旺。北部各省与英国、波罗的海诸国和俄罗斯都有贸易往来。阿姆斯特丹是北部各省的经济中心，是谷物贸易的重要市场。

荷兰独立

此后，尼德兰与西班牙之间进行了长期的战争。威廉被腓力二世的刺客所杀，南部城市先后被西班牙占领。1588年，西班牙的“无敌舰队”在海上被英国击溃，国力从此一蹶不振，已经没有力量同尼德兰作战。

1609年，国王腓力三世只好同联省共和国缔结《十二年休战协定》，实际上承认了共和国的独立。尼德兰的南部仍处在西班牙的统治下。荷兰省最发达，联省共和国也称为荷兰共和国。

◀尼德兰革命领袖奥兰治·威廉

英国与西班牙争夺海上霸权

16世纪，是老牌西欧国家黄金时代的开始。但这并不是说这些国家内部发展加快，而是它们较早地走向了世界，通过掠夺世界财富来繁荣自己。一山容不得二虎，当两个强盗把手伸向同一个地方的时候，争夺和战争就在所难免了。英西战争指英国与西班牙为争夺海上霸权和殖民地所进行的多次战争。

两个帝国的矛盾

16世纪，封建的军事殖民帝国西班牙在西半球不可一世，垄断了许多地区的贸易，其殖民势力范围遍及欧、美、非、亚四大洲。据统计，1545—1560年，西班牙海军从海外运回的黄金即达5 500公斤，白银达24.6万公斤。到16世纪末，世界贵重金属开采中的83%为西班牙所得。为了保障其海上交通线和其在海外的利益，西班牙建立了一支拥有100多艘战舰，3 000余门大炮，数以万计士兵的强大海上舰队。

无独有偶，16世纪中叶，英国通过圈地运动、血腥立法、海外掠夺，特别是把海外贸易与赤裸裸的海盗行为结合在一起，并得到国王支持，也获得了迅速发展，同时有着强烈的向外扩张愿望。于是，两国间爆发了争夺海上霸权的激烈战争。

▼1588年，西班牙的“无敌舰队”离开港口驶向英吉利海峡。

西班牙拥有庞大的舰队，英国起初不敢正面交锋，遂采取海盗手段掠夺财富，打击西班牙力量。这期间英国招募和支持的大量海盗在大洋上对西班牙商船甚至军舰大肆劫掠，作战得力还被封官晋爵，英国以高官厚禄招募大批富有实战经验的海盗为皇家海军所用。

德雷克就是对西班牙大搞海盗袭击的著名人物。他曾经指挥一只战船对西班牙舰队进行了全球性的袭击：从大西洋打到太平洋，多次劫夺西班牙运载金银财宝的船只，给西班牙人造成很大损失。西班牙政府正式要求英国女王逮捕德雷克。女王伊丽莎白不仅不予理睬，反而亲自到德雷克的战船上慰问，封他为

▲弗朗西斯·德雷克爵士，西班牙认为他不过是一个海盗，而英国人认为他是一个伟大的爱国者和领袖。

贵族，甚至把德雷克掠夺来的宝石装饰在王冠上——显而易见，西班牙和英国已经是水火不相容了。英国的海盗活动使西班牙遭受了巨大损失。

西班牙试图报复，组织暗杀英国女王伊丽莎白，扶植前苏格兰女王上台，但阴谋被伊丽莎白破获，1587年处死了前苏格兰女王，同年英国海盗公然袭击了西班牙本土港口，抢劫了西班牙国王的私人财宝船，西班牙决心征服英国。

信奉天主教的前苏格兰女王被处死后，罗马教皇颁布诏书，号召对英国进行圣战。西班牙借机扩编了舰队，命名为“最幸运的无敌舰队”。

加莱海战

当时的西班牙海军，可是世界上最强大的海军，它由134艘舰船、3000多门大炮、8000多名水手、2万多名士兵组成。而英国海军则是由海盗小船拼凑成的，实力比无敌舰队差远了。因西班牙海军司令命令自己的舰队一字排开，耀武扬威地向英国开去。

英国方面得到消息后，立即做好了战争准备。霍华德勋爵担任海军统帅，他的副手是海盗德雷克和豪金斯。这2个人可是身经百战的海盗头子，跟西班牙人多次交手，很了解对方的弱点。

英国的舰船体积比较小，但很灵活，速度也快。火炮的威力虽然没有西班牙的厉害，但射程较远。豪金斯对英国海军战术进行了改进，建立了纵队战术，充分发挥自己的优势。“无敌舰队”一出发，就被英国海军盯上了。

德雷克决定给无敌舰队一个“下马威”。当无敌舰队停在加莱港的时候，趁夜黑人静，海面上刮起东风的时机，他点燃了6艘涂满了柏油的旧船。六条火龙冲向了无敌舰队，西班牙人一片混乱，舰队仓皇砍断锚索，四处逃窜。舰船失去锚，只能随风漂流，被英舰又追又打，没有正面交手就死伤惨重。

事情没有就此结束，英国决定彻底打败无敌舰队。2天以

▶加莱海战的场景

后，双方在加莱附近海面上展开了决战。英国海军充分发挥自己灵活迅速的优势，他们先在远处向西班牙海军开火，西班牙的大炮虽然威力强大，但射程很近，打不着英国舰队。这时，高大的舰船成了累赘，躲闪不方便，一字排开的队形更是不利于战斗，舰船之间不能相互接应，只有被动挨打的份儿。

激烈的海战持续了整整一天，双方弹药都打光了。西班牙舰队被打得七零八落，好不容易有一些舰船逃出英国海军的炮火攻击。但在他们逃跑的途中又遇到了风暴，又经受了一次重大的打击。当腓力二世见到自己的“无敌舰队”时，眼泪都流下来了，“无敌舰队”只剩下了 43 艘破破烂烂的船。

击垮海上霸主的数次战争

1596 年，由 17 艘英舰、24 艘荷舰、150 艘运输船只（载有 7 360 名士兵）组成的英荷联合分舰队攻占了加的斯。1597 年，西班牙曾试图支援爱尔兰起义，并派兵在爱尔兰登陆，但以失败告终（部分舰只被狂风吹散）。4 年后，即 1601 年，西班牙陆军一个支队在爱尔兰登陆成功，但因孤军无援而被迫投降。1604 年缔结和约。西班牙虽仍保持原有的殖民地，但其海上贸易的垄断权却大为削弱。

1625—1630 年战争中，英国得到荷兰和法国的支持。这次战争以双方不分胜负告终。英荷舰队（计 25 艘舰艇、90 艘运输船及船上兵力）试图重新夺取加的斯，但未成功。1630 年 11 月宣告战争结束，在马德里缔结了和平同盟条约。

1655—1659 年战争中，法国支持英国。1655 年 5 月，英国舰队攻占牙买加岛。1657 年 4 月，英军在法军的援助下于加那利群岛附近击败西班牙舰队，1659 年 6 月攻占敦刻尔克。战争于 1659 年年底结束。

西班牙王位继承战争（1701—1714 年）中，英军于 1704 年 8 月 4 日攻占战略要地直布罗陀，并在那里建立了海军基地。西班牙相继丧失了撒丁岛、西西里岛、米兰和那不勒斯。此外，英国还获得了在西班牙各殖民地贩卖黑奴的垄断权。

1718—1720 年战争中，西班牙企图收复其地中海的领地。但是英国分舰队击溃了西班牙的地中海舰队。英军的基本战略方针是：既靠本国的兵力，又借助法国、荷兰、奥地利等

无敌舰队覆灭的原因

无敌舰队覆灭的原因多年以来，各国学者纷纷撰文分析考证“无敌舰队”覆灭的原因，主要归纳出以下三种论点。第一种论点，是从西班牙和英国当时国力强弱的角度进行阐述的。持该观点的学者认为，16 世纪的西班牙的势力虽然盛极一时，其殖民和海外贸易遍及亚、非、欧和美洲大陆，但这种繁荣仅仅是暂时的表面现象。第二种观点认为，西班牙“无敌舰队”的覆灭，是因为西班牙国王腓力二世用人不当造成的。第三种观点认为，天灾才是“无敌舰队”覆灭的主要原因。舰队起航的时间选择不当。“无敌舰队”在 5 月起航，当时的大西洋风涛险恶，在进入柯鲁拉避风时，他们发现补给品腐烂了很多，淡水也漏掉了许多，船只普遍需要修补，很多人生病。以至于在后来，腓力二世也对天叹道：“我派“无敌舰队”是去和英国人作战，而不是去和海浪作战。”

▲这幅画表现了伊丽莎白夏季出巡。伊丽莎白坐在华盖的轿椅上，轿前坐起第二位蓄着白胡子的就是指挥英国舰队抗击西班牙无敌舰队的霍华德勋爵。

盟国的兵力来消灭对方的舰队，以此最后决定战争的结局。

1726—1728 年战争中，西班牙再次试图收回直布罗陀又未成功。英国舰队封锁了西印度群岛，使西班牙政府无法继续进行战争。

1739—1748 年战争，是奥地利王位继承战争的一个组成部分。英国力图夺取西班牙在巴拿马海峡的殖民地，但以失败告终。为此英国曾建立了两支分舰队，一支从墨西哥湾进攻，另一支从太平洋进攻，结果都未能完成既定任务。

1762—1763 年战争是七年战争（1756—1763 年）的一个组成部分。英国在这次战争中对西班牙进行了一次最彻底的打击。英国舰队凭借其在西印度洋海域的巨大优势，夺得了古巴的哈瓦那。与此同时，东印度公司占领了菲律宾的马尼拉。此时，西班牙实际上已丧失了整个舰队。

英西战争的结果是，西班牙丧失了许多殖民地和海上威力。英国当时正处在资本主义发展的上升时期，在这几次战争中取胜是符合规律的。

在海战中英国人总结海盗战术的经验，创造了以火炮和快速帆船为主的侧舷炮战，击溃了战术呆板陈旧的“无敌舰队”，使侧舷炮战取代了舰体冲撞和步兵跳舷格斗成为之后几个世纪中的主要海战样式。同时英国人逐渐也发展了一套依靠海权获得殖民地，依靠陆上基地保持海军战斗力获得海权的战略体系，对后来的世界海军发展产生了重大影响。

日本侵略朝鲜

日本统一后，把侵略的矛头对准了邻国朝鲜。1592—1597年，在历时6年的朝鲜壬辰卫国战争结束时，无论在陆地上，还是海洋上，日本侵略军都遭到彻底的失败。壬辰战争的胜利，使日本统治集团数百年不敢入侵朝鲜。那一系列威武雄壮的海战，在朝、中海军史上留下了光辉的篇章。历史证明谁妄想奴役一个民族，就必然遭到应有的惩罚。

▲朝鲜水军将领李舜臣

狂妄的侵略计划

15世纪中叶到16世纪中叶，日本处于封建割据的“战国时代”。各大名（即诸侯）之间不断发动内战，岛国的经济、文化也停滞不前。

16世纪后期，本州中部封建主织田信长崛起。他在部将丰臣秀吉和德川家康的辅佐下，用西洋枪炮武装了一支精锐部队，历时30年，扫平诸侯，统一了大半日本领土。

1582年，织田被刺身死。丰臣秀吉继承他的统一政策，征服了日本西南部地区。日本统一后，丰臣秀吉侵略野心更加膨胀，他部下的武士们叫嚣：把琉球、吕宋、台湾、朝鲜都变成日本属国，然后利用朝鲜做跳板，侵略富庶的中国大陆。其后3个半世纪，这一口号成为日本统治阶级的传统国策。

挥师朝鲜

1592年，丰田秀吉组成九路远征大军，杀气腾腾地渡过朝鲜海峡，在朝鲜半岛釜山、庆州一线登陆 。当时朝鲜的李氏王朝非常虚弱。宫廷政变迭起，朋党冲突不断。王朝以征税代替服兵役，朝鲜军队只有纸面上的数字，边防要塞和海防设施年久失修，破败不堪。丰臣秀吉威胁李氏王朝：借道朝鲜，攻打中国。遭到朝鲜政府断然拒绝。日本武士见威胁失效，挥动军队大举进犯。壬辰年（朝鲜历宣祖二十五年）朝鲜卫国战争爆发了。

朝鲜政府的国防大厦早已被蝼蚁蛀空，日寇一击之下，顿时倾覆。不出3个月，汉城、开城、平壤相继沦陷。朝鲜国王李松逃到鸭绿江边的义州，接连派遣使者向中国政府告急。

海军将领李舜臣

日寇的烧杀淫掠，激起朝鲜人民愤怒反抗。朝鲜义兵纷纷而起，倭寇陷入人民抵抗运动的燎原烈火中。在朝鲜民族抗战中，涌现出最杰出的海军将领李舜臣。他自幼熟读兵书，深通韬略，颇有志向。李舜臣根据日本水师已广泛使用火枪和小口径火炮的现状，精心设计了龟甲船加以对付。

龟船是原始的装甲炮舰。长10余丈，宽丈余，干舷低。甲板上有坚固外壳，木壳上覆有鳞状铁叶，因酷似龟背而得其名。龟船上刻龙头，船首有几个炮眼，两舷有一些枪眼和炮眼，每边10支划桨，在近海作战机动灵活，火力很强。李舜臣刻苦操演水军，激励将士爱国杀敌。

朝中抗日

明朝廷鉴于丰臣秀吉不仅要征服朝鲜，还将侵略中国，遂决定援朝抗倭。同年秋，派遣以陈为总兵、李如松为副将的5万余大军赴朝抗倭。翌年1月，朝鲜爱国官兵在明军的支援协同下，一举收复西京、开城，直指京城。用游击战术切断敌人供应线，同时展开海陆两路反攻。

朝鲜名将李舜臣指挥的朝鲜水军龟船队，在玉浦、唐项浦、泗川、闲山岛、釜山等海域连创倭军，掌握了制海权。广大民众竞相奋起，打击敌人，迫使侵略军官兵疲惫，溃不成军。日将小西行长率残部南逃至釜山沿海一带。朝鲜人民在“灭倭救国”的旗帜下，很快形成强大的义兵运动，对抗倭救国作出了重大贡献。日本侵略军处境十分狼狈，遂于1593年8月被迫接受“议和”，但实际上仍准备再犯，谈判拖延3年，未能达成协议。

1597年2月，丰臣秀吉又出兵14万人入侵朝鲜，东西两路并进，连占要塞。明朝再次出兵援朝。同年9月，朝中联军在稷山、青山等地重创日军，迫其退守尉山、泗川、顺天。1598年年初，明军分道向釜山进兵，展开了援朝逐倭决战。朝中联军全力进攻，连战连捷，朝中军民取得了决定性胜利，促使日军内部矛盾加剧，士气消沉，军力大衰，再次要求停战议和，撤离朝鲜。

1597年8月，丰臣秀吉因侵朝战争失败积郁而死。其部将德川家康遵其遗命于10月下令撤军。在战争的末期，影响最大的是露梁海战。露梁海战是整个朝鲜壬辰卫国战争中最大最壮烈的海战，在世界海战史上也是很有名的大海战。

1597年11月19日，日本侵略军万余官兵乘500余艘舰船撤退。日本水兵紧张地搬运武器，上万名陆军也陆续登船。日本舰队急急赶路，走到庆尚南道南海郡露梁（今朝鲜忠武以南）海面时，日本观测兵惊叫起来：“强大的朝中联合舰队把我们包围啦！”李舜臣统率的水军在露梁津湾截住了500多艘企图从朝鲜运走残余部队的日本军舰，朝中水军与侵略者展开激战。

露梁海战击沉日舰450艘，歼灭日军1万多人，日军彻底战败。在这次海战中，李舜臣击毙日军大将，打退多艘包围明军的日舰。明军70岁的老将邓子龙战舰起火，李舜臣在前往援救时身中流弹。李、邓两位名将都在这次海战中牺牲，为中朝人民的战斗友谊谱写了光辉的篇章。

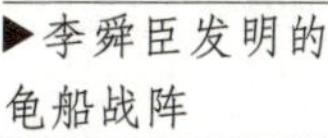

▶李舜臣发明的龟船战阵

第四章

贸易和帝国时期的战争

“钱财搞活战争”“没有银币不是瑞士的”等拉丁语谚语表明，财富对于增强国家军事力量是多么重要。到了17世纪初，欧洲的诸侯们发现，蓄养一支瑞士军队或者继承瑞士军队的多语种混合军队，是越来越费钱了。因此，17世纪欧洲各国政府支持战争以及维持政治权力都要越来越有赖于获得财富,不是从欧洲以外去获得，就是从各国间的贸易中去获得。

为了到海外去获得财富，航海装备就非常重要。17世纪，海上同陆上一样，火力成为主要武器。只要在平甲板上架起炮，即使是商船也能对付只能在船头与船尾架炮的军舰。因此，一个时期，战船同商船几乎没有什么区别。到了18世纪，炮火成为最重要的因素，一艘战舰如要取得优势，必须在甲板上架起尽可能多的火炮；但同时要考虑,除非既能载货又能战斗,否则搞一条战船是不合算的。这个时期,战争、探险、贸易，几乎是可以互换的字眼。很自然的是，帆船驶向未知的水域去发现市场，同未知的人民进行贸易，都必须拥有武装。同样自然的是，一旦探险者建立起贸易站，必须有武装保护，既要对付欧洲来的对手，又要对付也许会改变主意的当地顾客。

帝国的建立和发展依赖于其强大的海军力量，一个帝国在某种意义上可以说就是一个海洋帝国，或者说是大西洋帝国。帝国是在重商主义指导下的帝国，它所追求的就是商业利益，而这一切利益的获得离不开其海上霸权，为了保护日益发展的海上贸易，一支强大的海军和完整的海军基地系统是不可缺少的，从某种意义说，贸易和海上力量只是一个问题的两个方面而已。

在17世纪后半期，荷兰在海上商业方面远远地走在它所有的对手前面，几乎垄断了所有的海上贸易。随之而来的是在1652—1674年的3次英荷海上战争。在战争中，荷兰受到了严重损害。结果，荷兰的大部分贸易运输生意被英国人夺走。

在英荷战争中，英国海军中就出现了两种战术学派：“正规派”和“混战派”。“正规派”坚持在整个战斗中都要保持纵列队形，“混战派”则主张在有利时机不应受纵列队形的束缚。

这种“正规”“混战”两派的争论一直在长期的英法战争中持续着。在英国王位继承战争期间，英国使用了“混战”战术，结果失败了。在接着发生的西班牙王位继承战争中，英国占领了直布罗陀。在马拉加战役（1704年）中，英国人使用“正规”战法对直布罗陀进行防卫，结果打成了平局，但直布罗陀仍在英国人手中。

欧洲历史上第一次全欧大战

1618—1648 年，欧洲爆发了哈布斯堡王朝同盟和反哈布斯堡王朝同盟两个庞大的强国集团为争夺欧洲霸权而进行的第一次全欧性战争，史称三十年战争。这场战争是欧洲各国争夺利益、树立霸权以及宗教纠纷尖锐化的产物，战争以波希米亚人民反抗哈布斯堡皇室统治为肇始，最后以哈布斯堡皇室战败并签订《威斯特伐利亚和约》而告结束。

三十年战争的军事变化

三十年战争初期各国军队的主力都是雇佣军，战争中盲目扩军，财力无法负担，导致了大规模抢劫和巨大的破坏，战争中一些新兴国家逐渐实行征兵制，建立了有后勤体系的常备军，提高了军队持续作战的能力，各国后来都相继颁布了不得侵犯个人财产的条令。军队编制逐渐精干和武器的发展也逐渐轻型化，适应了机动作战的要求。古斯塔夫对军队和战术进行了改革，火枪手的数量首次超过了长矛兵，采用了集中使用炮兵进行火力准备，继而用骑兵突击，最后由步兵扩大战果击败敌军的三段式战法，成为滑膛枪时代的标准战法。

战云密布

13 世纪以后，哈布斯堡王朝统治下的神圣罗马帝国皇权日益衰退，各邦诸侯割据称雄。17 世纪初，德意志仍处于诸侯割据状态。已形成统一集权国家的英、法、西班牙等欧洲大国正在谋求对外扩张，遂把地处欧洲中心、具有重要战略位置但又四分五裂、日趋衰落的德意志作为角逐目标。法国为称霸欧洲，力图使德意志保持分裂状态，支持新教诸侯反抗皇权；丹麦、瑞典早已觊觎北海和波罗的海的德意志领土和港湾；荷兰和英国则不愿帝国势力在北欧扩张，英国还企图削弱西班牙的势力，这些国家都支持新教联盟。哈布斯堡王朝极力限制新教活动，争取旧教诸侯重振帝国皇权，并得到罗马教皇、西班牙和波兰贵族的支持。

战前，欧洲各国形成两大对立集团：哈布斯堡集团由奥地利、西班牙、德意志天主教联盟组成，得到罗马教皇和波兰的支持；反哈布斯堡集团由法国、丹麦、瑞典、荷兰、德意志新教联盟组成，得到英国、俄国的支持。

◀三十年战争中双方交战的一个场景

布拉格的窗口抛出事件

自1526起，波希米亚（即今

捷克）国王即由哈布斯堡王朝所兼领，惟波希米亚人民多数已改信新教教义，又因为波希米亚为斯拉夫国家，并有渊源久远的反罗马传统，所以是民族与宗教双重意识促成他们起义。

1618 神圣罗马皇帝及波希米亚国王两个职位虚悬待补，最合格的哈布斯堡家族候选人斐迪南二世是日耳曼极端派公教领袖，笃信天主教义，深受耶稣会和反宗教改革派势力的影响，公开表示想把波希米亚重新转变为天主教国家。波希米亚在接受斐迪南二世为国王后，唯一的愿望是他能遵守鲁道尔夫二世的诺言（1609 年被迫承认维持波希米亚包括信教自由在内的传统权利）。但斐迪南二世无意遵守，他所指派的官员在波希米亚境内完全以无法容忍的专横态度处理公务，下令禁止布拉格新教徒的宗教活动，拆毁其教堂，并宣布参加新教集会者为暴民，因而引起波希米亚人反感。

▼1618 年 5 月 23 日，武装群众冲进王宫，把皇帝的钦差从窗口抛入壕沟，坠落在粪堆之上，人虽未死，尊严大受损伤。

1618 年 5 月 23 日，武装群众冲进王宫，把皇帝的钦差从窗口抛入壕沟，坠落在粪堆之上，人虽未死，尊严大受损伤。此一故事史称“布拉格的窗口抛出事件”，这就是三十年战争的导火线。

捷克时期

“掷出窗外事件”发生后，捷克组成了临时政府并宣布独立。1619 年，捷克国会又推选“新教同盟”领袖巴拉丁选侯腓特烈为国王同斐迪南作战。6 月，捷克军推进到维也纳，德皇于是以巴拉丁选侯资格转让给巴伐利亚公爵为条件向“天主教同盟”求援，天主教同盟出兵、出钱支援皇帝，同时西班牙出兵攻打巴拉丁。

这时，捷克贵族不敢依靠群众，寄望于新教同盟救援，但新教同盟不但拒绝支援，而且和天主教同盟缔结互不侵犯条约。

1620 年 11 月 8 日，天主教同盟军队在布拉格近郊的白山一带打败捷克军队，腓特烈逃走，随后巴拉丁被占领，选侯资格也转让给了巴伐利亚公爵，捷克沦为奥地利的一个行省。

丹麦时期

天主教同盟的胜利导致了皇权的加强，这既不符合割据一方的新旧教诸侯的利益，也不符合法国等外国势力要求。1625 年，法国促成英国、荷兰、丹麦三国签订反哈布斯堡同盟，并资助丹麦出兵德国，一些新教诸侯也支持丹麦的行动，这样，德国内战扩大成了一场国际战争。

1626年，皇帝在天主教同盟的支持下利用捷克贵族瓦伦斯坦的雇佣兵，打败丹麦和新教诸侯的联军。瓦伦斯坦是德意志帝国著名的军事家，主张消灭诸侯割据，驱逐外国势力，在德国建立类似法国和西班牙那样的中央集权制，他本人拥有地产12万公顷，雇佣兵10万人，都拿出来替皇帝服务。打败丹麦后，1628年，皇帝封他为麦克伦堡公爵、波罗的海和大泽的统帅。

1629年，丹麦被迫签订和约，保证以后不再干涉德国内政。同时，皇帝颁布“复原敕令”，规定1552年以后被新教诸侯侵占的教产全部物归原主。

瑞典时期

在丹麦阶段战争后，德国皇权势力急剧膨胀，达到了波罗的海沿岸，瓦伦斯坦也计划在波罗的海建造一支强大的德国舰队。皇帝和瓦伦斯坦的政策引起了新旧教诸侯的不满。1630年，在累根斯堡召开的选侯会议上决定罢黜瓦伦斯坦的职务，缩编他的军队，瑞典国王古斯塔夫·阿道夫是个激进的新教徒，他在占据波罗的海沿岸后还想扩张霸权，坚决反对德皇权力的加强。

1630年7月，瑞典在法国支持下占领了波美拉尼亚，并同勃兰登堡、萨克森选侯联合打败了天主教同盟的军队。1632年4月，瑞军长驱直入巴伐利亚，维也纳危在旦夕，皇帝只好重新起用瓦伦斯坦。1632年11月，双方在萨克森的吕岑会战，天主教同盟的军队创伤重大，瑞典也失去了古斯塔夫国王。为保存实力，1633年，瓦伦斯坦决定同瑞典和谈，这被皇帝看作是另有所图，于是1634年年初再次被撤销职务，不久被人刺杀。

▼这名德意志骑兵是三十年战争期间交战双方骑兵的典型形象

总的来说，战争优势仍在天主教同盟，1634年9月，讷德林根战役中大败瑞典军队，瑞典向北退却，一些新教诸侯也纷纷退出战争。1635年5月，萨克森首先和皇帝签订和约，表示服从皇帝，不再反抗。

全欧混战时期

丹麦、瑞典的接连失败，使过去一直在幕后操纵的法国

▲1632年11月，瓦伦斯坦和瑞典国王古斯塔夫·阿道夫双方在萨克森的吕岑会战，天主教同盟的军队创伤重大，古斯塔夫国王战死。

不得不亲自出马。1635年5月，法国对西班牙宣战，荷兰、威尼斯、匈牙利等支持法国，主要战场仍在德国，同时也在西班牙、意大利、尼德兰等地进行。参战初期法国不断受挫，西班牙从南北两路夹击法国，双方拉锯战不断，互有胜负，直到17世纪40年代后，瑞典、法国才相继取胜。

1642年11月，瑞军在莱比锡打败皇帝军队，1643年春，法军在洛可瓦会战中大败西班牙。此后，法、瑞乘胜追击，攻入了士瓦本和巴伐利亚，皇帝和天主教诸侯无力再战，被迫求和，这时瑞典军中疾病流行，士气低落，法国也对刚爆发的英国资产阶级革命深感不安，因此也只好同意停战，战争结束。

《威斯特伐利亚和约》

1648年10月24日，参战各方代表齐集明斯特市政厅签署《奥斯纳布吕克条约》和《明斯特和约》。奥斯纳布吕克和明斯特两个城市都在威斯特伐利亚境内，故两个和约统称《威斯特伐利亚和约》。和约规定：法国得到洛林的3个主教区（梅林、图尔、凡尔登）和整个阿尔萨斯（斯特拉斯堡除外）。瑞典获取西波美拉尼亚及东波美拉尼亚的一部分、维斯马城和不来梅、维尔登两个主教区，从而得到了波罗的海和北海沿岸的重要港口；正式承认荷兰和瑞士独立；帝国境内勃兰登堡、萨克森、巴伐利亚等邦诸侯的领地大体恢复到战前的状况，诸侯在领地内享有内政、外交上的自主权。关于教派问题，和约重申1555年的奥格斯堡宗教和约继续有效，承认德意志境内新旧教地位平等。

三十年战争是第一次对立集团间爆发的欧洲大战，反哈布斯堡集团取得胜利，法国取得欧洲霸权，瑞典取得波罗的海霸权，荷兰和瑞士彻底独立；德意志遭到严重破坏，神圣罗马帝国名存实亡，西班牙进一步衰落，葡萄牙获得独立。

英国内战

在英国资产阶级革命期间，发生了两次国内战争。它是以新兴资产阶级为首的广大社会阶层反对君主专制和封建制度的武装斗争，是17世纪英国资产阶级革命即欧洲范围内的第一次革命主要的也是最高的斗争形式。在内战中，以克伦威尔为代表的革命领导人创建了新型军队，并在实践中创造了一套新的战略战术，在欧洲军事史上写下了光辉的一页。英国内战的结果是把封建专制的代表查理一世处以死刑，成立资产阶级共和国，宣告资本主义制度的诞生。

内战背景

由于羊毛价格的上涨，从13世纪就已开始的英国“圈地运动”到16世纪在商品经济比较发达的东南部地区迅速展开。“圈地运动”的结果是加速了封建农业向资本主义农业的转变，资本主义农场大量涌现，失去土地的农民成为推动资本主义发展的廉价劳动力。到17世纪初，英国自给自足的封建农业经济已经瓦解，封建土地经营已转化为资本主义经营，从封建贵族地主中分化出一个与资本主义有密切联系的新贵族，成为资产阶级革命中的一支重要力量。在农业资本主义发展的同时，工商业也获得长足发展。

▼英国内战时期的轻骑兵。虽然是骑兵，但是他们经常手执短火枪下马作战。

随着资本主义经济的发展，新贵族和资产阶级（包括城市中的工商业资本家、手工工场主、行会行东和农村部分农场主）的力量进一步增强，他们要求废除封建专制，分享政治权利，并产生了反映资产阶级要求的思想意识——清教。他们在国会中形成了与专制王权对立的反对派，国会同国王之间的矛盾和斗争不断发展。

1628年国会通过限制王权的《权利请愿书》，重申未经国会批准不得任意征税，没有法律依据和法院判决不得任意逮捕任何人。国王查理一世为得到国会拨款勉强批准了《权利请愿书》，但当国会抗议国王随意征税时，查理一世遂于1629年解散国会。此后10多年间，王权同国会特别是同广大群众之间的矛盾日益尖锐化。1640年11月查理一世被迫召开新国会，标志着英国革命的开始。

1642年1月，查理一世离开革命形势高涨的伦敦，北上约克城组织保王军队，准备以武力镇压国会派的“叛逆”行为。8月22日，他在诺丁汉树起了王军旗帜，宣布讨伐国会内的叛乱分子，从而拉开了英国内战的序幕。

▲克伦威尔像

第一次内战

1642 年 10 月 23 日，王军同国会军在埃吉山进行了首次大规模交战。王军兵力 7 000 多人，国会军 7 500 人。国会军两翼骑兵被王军骑兵的反击所打败，但中路步兵却打退了王军步兵的进攻，并将其击溃，战斗结果未分胜负。10 月 29 日，王军攻占牛津，11 月 12 日攻占距伦敦 7 英里的布伦特福，首都告急。4 000 多名由手工工人、学徒和平民组成的民兵队伍火速开往前线，国会军力量大增，迫使王军放弃进攻伦敦的计划。1643 年，整个军事形势对国会军十分不利。9 月，王军兵分三路进攻伦敦，首都再次告急。伦敦民兵组织 4 个团同国会军一起挫败王军的进攻，伦敦再次转危为安。但王军控制了 3/5 的国土，国会派处于被动。

国会军在内战初期节节失利，从政治上看主要是由于掌握国会领导权的长老派动摇妥协，不愿与国王彻底决裂，满足于既得利益，无意推翻王权；军事上主要是由于统帅埃塞克斯等人消极怠战，缺乏主动进攻精神，军队缺乏训练，素质较差。

时势造英雄。就在这时，克伦威尔脱颖而出，力挽狂澜，指挥议会军反败为胜。具有远见卓识的克伦威尔深知：为了取得战争的彻底胜利，必须利用人民的力量。内战开始后，他就招募了一支由农民和手工业者组成的骑兵队伍，克伦威尔手下有两名上校，一名曾是鞋匠，另一名原来是马车夫。克伦威尔还为他的军队制定了严格的纪律，所以战斗力特别强。克伦威尔就是率领这样一支骑兵，在 1643 年的东部几场战斗中连战皆捷。尤其在 1644 年的马斯顿荒原战役与国王军展开激战，取得了巨大胜利。

1644 年 7 月 2 日，议会军与国王军在约克城附近的马斯顿大草原上，进行内战以来的第一次大会战。时值炎夏，气候闷热，阵雨不断，隐蔽在山坡灌木林和黑麦田里的议会军屏息待命。夜幕降临，国王军正准备埋锅做饭，突然，“轰隆！轰隆！”议会军的炮弹像长了眼睛似的直向国王军的阵地飞来，就在国王军乱作一团时，克伦威尔率领着议会军骑兵，一路高呼：“天兵杀过来了！天兵杀过来了！”从左中右三面掩杀过来。这些骑兵个个身骑高头大马，人人手举雪亮马刀。仅仅一个晚上，国王军丢下了 4 000 余具尸体，另有 1 500 名士兵被俘，各种大炮、武器尽数落入议会军手中。克伦威尔从此威名远扬，他的军队被人民誉为“铁骑军”。

由于战功显赫，1645 年年初，议会授权克伦威尔组建“新模范军”，既有骑兵，

▲1644年7月2日，议会军与国王军在约克城附近的马斯顿大草原上，进行内战以来的第一次大会战。

又有步兵，共有2万余人。他们纪律严明，指挥统一，战斗力强大，不断打败国王军。

1645年6月14日清晨，英格兰中部的纳西比村被浓浓的大雾笼罩着，议会军和国王军在这里展开血战。查理一世想利用大雾作掩护偷袭议会军，当国王军呐喊着冲入敌方阵地时，却发现议会军帐篷里空无一人，查理一世才知道上当了，但为时已晚。克伦威尔早料到国王军要偷袭，已经做好了埋伏，又亲自率领一支人马绕到国王军后方。两边同时发起冲锋，夹击国王军。查理一世首尾不能相顾，大惊失色，急忙化装成一个仆人逃到苏格兰。国王军被彻底击溃，全部参战的国王军有7 000人，被俘的倒有5 000多人。全部军用物资被缴获，议会军还缴获了国王私通法国的信件，暴露了国王的叛国罪行。

纳西比战役中，克伦威尔领导的国会军队战胜了国王的军队，取得决定性的胜利。1646年6月又攻克国王的大本营牛津。第一次内战以议会的胜利而结束，国王也成了议会的阶下囚。

第二次内战

1648年春，南威尔士、肯特、埃赛克斯等地王党暴动，并与苏格兰军队同盟，发动了第二次内战。克伦威尔在8月的普雷斯顿战役中击溃苏格兰军队，并将苏格兰并入英国，第二次内战结束。

内战结束后，1648年12月，克伦威尔军队第二次开进伦敦，占领了议会，将长老会派议员清洗出去，余下议员约200人。此后，长期议会就称为残余议会。这个议会设立审判查理一世的最高法庭。1649年1月30日，最高法庭判决“查理·斯图亚特作为暴君、叛徒、杀人犯及国家的敌人，应该被斩首”，查理一世被当众处决。随后，议会又先后通过取

英国内战时期的军服

内战时期议会军以滑膛枪手和长矛兵混合组成的步兵连队为主要战斗力。由于双方军队的军服极为相似，为区分敌我，议会军与国王军分别用黄、红醒目的饰带做标志。长矛兵的主要作用是掩护没有护甲装束的滑膛枪手能安全、迅速地装填弹药，其战衣是在红上衣外穿厚铁板制成的胸甲和用铁板条钉成的甲裙，头戴鸡冠状高顶铁盔。议会军的军曹一般手持犁枪。滑膛枪手的军服基本上保留了当时市民的日常服饰，即带帽檐的软帽、红色军上装、中长裤和亚麻布长筒袜，脚蹬褐色皮鞋。

▲1645年6月14日清晨，英格兰中部的纳西比村被浓浓的大雾笼罩着，议会军和国王军在这里展开血战。图顶部为王党军，底部为议会军，双方以同种方式布阵，中间为步兵，两翼为骑兵。

消上院和废除君主制的决议。5月19日，正式宣布英国为“没有国王和上院”的共和国和自由邦。

1653年4月20日，克伦威尔解散了残余的长期议会，另组小议会（贝尔邦议会）。因其中部分激进的议员不断提出改革要求，小议会又被迫解散 。接着克伦威尔于1653年12月16日被宣布为护国主，共和制被推翻，建立了护国公制（护国政体）。

王朝复辟

1658年9月，克伦威尔去世。此后，在高级军官和议会之间展开争夺权力的斗争，国内政局动荡。驻扎在苏格兰的蒙克将军率军回到伦敦，并与亡命法国的查理 · 斯图亚特达成复辟协议。1660年4月4日，查理发表《布雷达宣言》，表示宣言发布后40天之内向国王表示效忠的一切革命参加者，可予宽大赦免。1660年5月，查理回到伦敦登位，即查理二世，斯图亚特王朝复辟。

1685年，查理二世死后，其弟詹姆士继位，即詹姆士二世。1688年，辉格党和托利党发动光荣革命，废黜詹姆士二世，迎接其女儿玛丽和女婿荷兰执政威廉到英国来，尊为英国女王及国王，即玛丽二世和威廉三世，并确立了君主立宪君主制。

英国内战在英国军事史上占有突出地位。战争中创立的新模范军是新型的资产阶级军队，是英国历史上第一支正规陆军。它由国家预算拨款，实行统一制服、统一编制、统一纪律、统一指挥。国会颁布的强制募兵制是近代征兵制的雏形，保证了充足的兵源。克伦威尔以骑兵实施远途奔袭和成功地使用骑兵横队战术作战，则是骑兵战术上的创新。

海上马车夫与西欧海盗的较量

英荷战争是17世纪50—70年代，英国为了打败日益发展的商业竞争对手荷兰，并力求保住开始建立的海上优势和争夺殖民地，曾三次挑起对荷兰的战争。通过三次战争，英国进一步建立了海上优势，维护了海上利益，而荷兰的经济和海军实力却都受到了削弱。

荷英之间不可调和的矛盾

荷兰，这个面积仅4万多平方公里、自然资源贫乏的小国，按理并不足道，但它却在历史上有过一段耀眼的辉煌。17世纪上半叶，荷兰人垄断了世界的贸易，荷兰商人的足迹遍及五大洲各个角落。因而荷兰人被称为“海上马车夫”。然而，正像历史上许多国家一样，其衰败往往从一次大的灾难性的战争开始。荷兰17世纪上半叶对海上的垄断权，当成为后起的英国海外扩张最大的障碍和威胁之时，战争就不可避免了。

自从荷兰在国际舞台上出现后，与英国资产阶级之间的矛盾就日益凸显。17世纪上半叶，荷兰与英国商人在欧洲市场的竞争和在各殖民地的争夺，有时尖锐到双方都处于战争边缘的程度。英国克伦威尔所建立的护国政府，其重要使命之一就是对外消除外国竞争者，使资产阶级的英国变成称霸世界的海上商业强国。实现这个目标，前进道路上横亘着当时头号的商业强国就是荷兰。荷兰当时拥有数目众多的商船队，几乎覆盖了整个世界的商业港口。

令英国更不能容忍的是，荷兰到处排挤英国商人。为了改变这种局势，打破荷兰的垄断和封锁，英国决心实施规模巨大的海军建设计划。1652年秋，英国决定建造价值30万英镑的30艘新型巡洋舰，准备同荷兰在海上一决雌雄。在诉诸武力之前，英国力图通过和平途径吃掉荷兰的商业，进而吃掉荷兰的殖民帝国。为此，克伦威尔耍出了惯用的外交计谋，策划同荷兰缔结攻守同盟，进而合并两个共和国。

英国决定对荷兰采取最坚决的政策，大造舆论：除非是两个海上强国结成坚固的同盟，几乎合并为一个统一的国家，否则便作殊死的斗争。迫使荷兰承认英国在海上和海上贸易方面的霸权。为此，英国在外交上露出两副面孔，开始以最友好的宣言，继之则是公开的破裂。

英国建议把两个共和国联合在一起，企图从这种合并中捞到巨大的好处。这个建议遭到荷兰三级会议的拒绝。克伦威尔于1651年8月5日将《航海条例》提交议会通过，并且非常匆忙地于同年加以颁布。

英荷战争中的海战

英荷战争是在海上进行的。海战对海军的技术装备和海军学术的发展曾起了很大的促进作用。在战争进程中，已经制订了舰队的体制：舰队下辖分舰队，分舰队又辖有若干纵队；确定了战列舰、巡洋舰等军舰为新的舰种。海战的战术也有很大的变化：战争初期实际上还没有战斗队形，战斗只不过是单舰格斗（炮击和接舷战），到了战争后期，双方都已广泛地使用一路纵队，舰只成一路纵队进行炮战，这已成为海战的主要方法，从而促进了海军炮兵日臻完善和不断发展。

▲1653年，英、荷两军战船在英国近海发生冲突。

《航海条例》明确规定：一切输入英国的货物，必须由英国船只载运，或由实际产地的船只运到英国，这就是说不许其他有航运能力的国家插手。荷兰一向以商船多、体积大、效率高、组织完善而成为贸易中介国家，全世界商品集散的中心。英国的新航海条例显然是对付荷兰的，打击它在英国对其他国家贸易中的中介作用。荷兰反对英国的航海条例，英国拒绝废除航海条例，这就导致了英荷海上大战。

第一次英荷战争

英国《航海条例》的颁布，激化了两国间的矛盾，英国人不断抢劫荷兰船只，荷兰舰队也进入英国海岸附近游弋。随着矛盾的激化，英国和荷兰未经宣战便展开了军事行动，第一次英荷战争终于爆发了。

战争是荷兰于1652年7月28日发起的，英荷之间在普利茅斯、纽波特和波特兰等海域展开了激烈的海上交锋，双方都使出浑身解数，殊死搏斗。

当时，这是一系列规模很大的海战。荷兰水兵具有高度的战斗素质，荷兰海军将领具有很高的海军统帅艺术。但这个时期的英国已经拥有比荷兰数量更多、装备更好的舰队。由于英国在国内战争时期所创建的军事组织和军事技术装备的优越，而荷兰海军将领们的助手不够得力，武器装备上较差，遂使荷兰海军在1653年决战中遭受了一系列的失败。

第一次英荷战争，双方还在地中海、印度洋以及连接波罗的海和北海的各海峡相继展开。装备了先进的火炮、同时在数量上和质量上都占有优势的英国舰队，到处打击荷兰海军舰队，在击溃其主力舰队后，对荷兰海岸实施封锁，从而构成对荷兰的威胁。

这次战争对荷兰的经济也是一次严峻的考验。分散在世界各地的荷兰商船，往往成了英国舰队的掳获品，荷兰的渔船队也遭受到重大的损失。1653年，英国海军封锁荷兰海岸时，暴露了荷兰经济最薄弱的一面——过度地依赖对外贸易。封锁几乎给荷兰造成一种灾难，终于迫使荷兰于1654年4月15日签订了《威斯敏斯特和约》。根据和约，荷兰承认了《航海条例》，并保证赔偿从1611年起给英国东印度公司造成的损失。这次和约，标志荷兰将海上霸权让位于英国的开端。

第二次英荷战争

第一次英荷战争并没有解决两国之间的经济矛盾。英国政府为了加强控制和掠夺，于1660年再次颁布了《航海条例》，增订了一些重要的条款，直接限制英属北美殖民地经济上的独立自主。1663年，又颁布了《主要产物法令》。英国政府的法令，严重地损害了荷兰人的利益。荷兰资产阶级和商人忍受不了这种限制的歧视，限制和反限制的斗争时而激烈，时而平缓。殖民地频繁的冲突导致了最后的决裂，第二次英荷战争爆发了。

第二次英荷战争是由于英国占领荷兰在北美的殖民地新阿姆斯特丹而引起的，正式宣战的时间是1665年年初，但是战争早在1664年英国人攻击荷兰在非洲西海岸的要塞时就已经开始了。

第二次英荷战争时期，按照条约，法国有援助荷兰人的义务，于是，法国在1666年1月对英宣战。法国在路易十四时期确定了建国的目标——战争、荣誉和领土，为此，法国重组了海军。荷法并肩作战，但是英王查理二世却不想树敌太多，便积极谋求同法国的联盟。早在1662年，英国把大陆上的据点卖给了法国，从而使查理国王获得了200万镑。在战争中，法国同双方都有一定的联系，既不愿意荷兰被击溃，也不愿英国遭受重大损失。英国国王同法国进行秘密谈判，两国达成了秘密谅解：英国不反对法国侵入尼德兰，法国则以撤回对荷兰人的援助作为酬报。两国签订协议之后，法军随即越过了尼德兰的边界，占领了边界城市。

荷兰人在第一次英荷战争后，认识了制海权在海上贸易的作用，便大大加强了海军，改善了海军组织。荷兰海军打败了英国人，甚至冲入泰晤士河，威胁伦敦。法国侵入尼德兰和荷兰人进攻泰晤士河，迫使荷兰和英国不得不于1667年7月31日签订《布雷达条约》。按照这个条约，英国保留了新阿姆斯特丹，而荷兰取得了南美洲的苏里南并保留了夺自英国的摩鹿加群岛，《航海条例》的条件也稍稍放宽了。

▼1666年，一艘英国战船（悬挂白旗）向获胜的荷兰人投降。

第三次英荷战争

荷兰是法国在欧洲建立霸权的障碍之一，法国要想称霸欧洲，必须打败荷兰。法国许诺，打败荷兰后，将荷兰的几个城市并入英国。于是英军突然袭击了荷兰海军，从而拉开了第三次英荷战争的序幕。

1672年春，英国和法国联合对荷兰作战，荷兰

▲图为荷兰舰队和英法海军交战的情景

虽然遭受了一系列的失败，但仍顽强抵抗。英国议会和伦敦商业区这时则认为，法国是比荷兰更危险的敌人，因而议会拒绝通过对荷兰作战的补助金。瓜分荷兰的计划注定不能实现。荷兰为了抵御陆上法国大军的进攻，决堤放水，海水淹没了一部分国土，给法军的进攻设置了不可克服的障碍。在海上，荷兰海军留下一支小舰队牵制法国人，而对更强大的英国海军进行主要的打击，保障了荷兰海岸的安全。

荷兰的海军乃是一支劲旅。战争开始前夕，荷兰海军近百艘军舰和 50 多艘火攻船驶往英国海岸附近，寻找战机歼灭法、英两国的舰队。荷兰和英国为争夺大西洋的霸权进行了多次战斗，在被称为索尔贝的海战中，荷兰的海军集中进攻英国国王的弟兄约克公爵乘坐的旗舰，迫使约克公爵换乘军舰，从此不再在荷兰海军面前出现。

当时，法国也有 30 艘军舰参战，但起的作用并不大。1673 年，荷兰舰队又同法、英舰队连续进行三次海战，双方势均力敌，战斗始终胜负难分。威廉在一支西班牙部队的协助下、竟占领了波恩城，迫使法军分段撤退了。海战的失利，对法国实力增强的恐惧及英国宫廷密谋的揭露，引起了英国资产阶级的不满。议会在拒绝批准对荷兰作战补助金的同时，猛烈抨击支持法国对荷作战，终于迫使英国国王于 1674 年 2 月同荷兰签订了单独的《威斯敏斯特和约》。这个和约规定了1667年的布雷达条约继续有效，荷兰同意给英国 80 万克伦，把英国在欧洲以外所夺取的荷兰领地都交给英国；英国则保证不帮助荷兰的敌人。

▼图为路易十四战胜荷兰军队的情景

俄罗斯帝国打通波罗的海出海口

1700—1721 年，俄国为夺取波罗的海出海口而发动了对瑞典的战争，史称北方战争。战争的结果是俄国从此称霸波罗的海，而瑞典则从此衰退，从欧洲列强的名单上消失。

▲1700 年纳尔瓦战役场景

战争准备

17 世纪初，留里克王朝消亡，开始了俄罗斯历史上的“混乱时期”。王位的觊觎者之一舒伊斯基与瑞典人结盟。瑞典人利用混乱局面将军队开进了诺夫哥罗德，并占领了俄罗斯西北部。新的罗曼诺夫王朝在莫斯科登基后，俄罗斯与瑞典签订了和约，根据和约，涅瓦河沿岸成为瑞典的一部分。因为瑞典在涅瓦河的领土阻断了俄罗斯通往波罗的海的商道，俄罗斯与欧洲分割开来。

彼得大帝登基后，由于他所受的欧洲式教育，渴望恢复与欧洲的联系，最近的道路就是通过涅瓦河进入波罗的海。因此对瑞典控制的波罗的海虎视眈眈，两国之间的冲突日益加剧，战事一触即发。1699 年彼得大帝借着波罗的海沿岸各国与瑞典发生冲突，与萨克森、丹麦结成了“北方同盟”，开始着手发动对瑞典的战争。

纳尔瓦战役

战争初期，彼得一世的战略方针是夺取波罗的海出海口，预定攻击的第一个目标是瑞典要塞纳尔瓦。1700 年 9 月 2 日，彼得一世率部从莫斯科向纳尔瓦开进，俄军在纳尔瓦外围集结，并构筑平行壕。双方兵力火力对比，俄军都占优势，然而，俄军不敢贸然应战，迟迟按兵不动。瑞军率先攻击，双方交战，俄军军官率先投降，俄军惨败，退守诺夫哥罗德。纳尔瓦失利，彼得一世从中汲取经验教训，加紧建立正规陆、海军，发展军事工业，准备再战。查理十二世认为俄军已无力再战，遂率军进入波兰。

波尔塔瓦会战

瑞军摆开战斗队形，开始出击，俄军首先以骑兵迎击。双方在前沿阵地展开激战，俄军依托工事，牵制杀伤敌人，为俄军主力出击争取了时间。瑞军进攻受阻，一部向波尔塔瓦森林逃窜，被俄缅希科夫部追歼；另一部撤至俄军阵地右前方森林地带。双方经重新部署后的短促交战，立即投入白刃格斗。瑞军右翼部曾一度突破俄军中部，俄军实施有力的反突击，堵住缺口。俄军骑兵包抄瑞军两翼，对其后方造成威胁；瑞军动摇，从退却变为溃逃。瑞军伤亡近万，数千人被俘。7 月 11 日，瑞军残部约 1.6 万人在佩列沃洛奇纳不战而降，查理十二世带少数随从逃入土耳其。

建新都圣彼得堡

查理十二世亲率主力攻进波兰，很快便攻占华沙、克拉科夫等城镇，并逼使波兰国王奥古斯特二世退位，另立波兰国王。

1701 年，彼得一世在瑞军转战波兰之际，再次对波罗的海沿岸发动进攻。1702 年，俄军相继夺占许多地区，并在涅瓦河上大兴土木，建立新都圣彼得堡。圣彼得堡位于波罗的海出海口，是战略要地，俄国从此获得了通往西方的海上通道。

1703 年瑞典国王查理十二世最初听说彼得在涅瓦河口建设防御设施时并未引起重视，他甚至说："让沙皇为建设城市而操劳吧，我们只保留占领这个城市的荣誉。"这样瑞典就丧失了反击的良机。

波尔塔瓦会战

▲来自俄罗斯南部的哥萨克骑兵

1704 年俄国再与波兰签署《纳尔瓦条约》，诱使波兰出兵参战。查理十二世注意到俄国的举动，

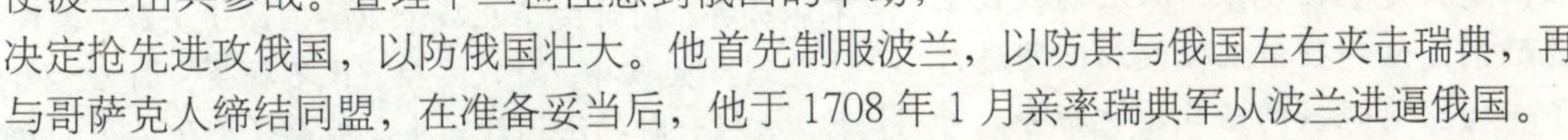

决定抢先进攻俄国，以防俄国壮大。他首先制服波兰，以防其与俄国左右夹击瑞典，再与哥萨克人缔结同盟，在准备妥当后，他于 1708 年 1 月亲率瑞典军从波兰进逼俄国。

查理十二世所率领的瑞典军虽然在数量上占优，但由于俄军采取坚壁清野的策略，且瑞典军因长途行军而呈现疲态，只得待在乌克兰等待援军，但彼得大帝却亲自统率俄军的精锐部队拦截瑞典援军。

1709 年，瑞典军无法再待在乌克兰，唯有进攻波尔塔瓦，以求出路，却被彼得大帝亲率俄军驰援所阻。该年 7 月 6 日，两军进行大决战。波尔塔瓦会战是北方战争的转折点，从此瑞典不再有能力与俄国争霸。

俄土战争爆发

波尔塔瓦会战后，俄土关系又趋紧张。查理十二世战败后逃至土耳其，并说服了苏丹向俄国进攻，俄土战争爆发。

俄军被逼暂停进攻瑞典，但与土耳其作战的俄军仍因兵力薄弱被土军包围。1713 年，彼得大帝逼于无奈，对土耳其作出妥协，与其签订和约。因土耳其已与俄国议和，查理十二世被迫退却。

1714 年，俄国的波罗的海舰队大败瑞典舰队，迫使瑞典军撤出芬兰，查理十二世无法再抵抗，只得向俄国求和。

俄国称霸

1718 年，俄、瑞开始议和，但查理十二世在挪威前线中弹身亡，瑞典新女王在英国影响下拒绝和谈。谈判中断，战事又起。

1720 年，俄海军在格雷厄姆岛附近大胜瑞典舰队，多次在瑞典沿海登陆，直逼首都斯德哥尔摩。1721 年夏，俄海军再败瑞典舰队。9 月，瑞典已无力再战。俄、瑞双方在芬兰签订和约，结束战争。从此，俄国人得以自由地进入波罗的海。战后，俄国枢密院奉彼得一世以"大帝"尊号，沙皇俄国正式称"俄罗斯帝国"，一跃而成欧洲列强之一。

◀瑞典国王查理十二世在 1697 年登上王位，1718 年在一次战斗中丧生，他在战场上是一位精明的统帅，但却低估了对手在东欧的力量。

争夺西班牙王位继承权

1701—1714 年，英、法、荷、奥等国围绕西班牙王位继承问题展开了激烈的斗争，史称西班牙王位继承战争。这是因为西班牙哈布斯堡王朝绝嗣，法国的波旁王室与奥地利的哈布斯堡王室为争夺西班牙王位，而引发的一场欧洲大部分国家参与的大战。然而这只是表面现象，深层的或最主要的则是诸列强借王位继承问题进行了一场空前规模的殖民地大掠夺，并且主要斗争矛头指向的是法国。

战争对法国的影响

西班牙王位继承权争夺战，结束了法国在西欧的霸权地位。根据和约，法国将早先侵占的西班牙在北美的部分领地划归英国，法国还割让一些地方给奥地利和荷兰，撤回驻洛林的军队。根据和约，法国的腓力普虽保有西班牙王位，但以他和他的后代永不能继承法国的王位为条件，并规定法西两国不能合并。同时由于在战争中法国屡遭失败，国民经济受到严重破坏，财政亏空，民不聊生，国力大为削弱，盛极一时的法国开始走下坡路了。在路易十五于 1715 年继承王位之后，国力进一步衰竭，年年入不敷出，岁岁国债增加，专制统治最后不得不走向崩溃，巴黎人民逐渐觉醒，一场起义革命正在孕育之中。

王位继承权的瓜葛

曾经在 15—16 世纪称霸欧洲的西班牙，在三十年战争后渐渐没落，而欧洲新兴的列强，如英国、法国、荷兰等均对西班牙的领土虎视眈眈。

1700 年 11 月 1 日，西班牙国王查理二世去世，没有子嗣承继王位。按照亲属关系，既可由哈布斯堡王朝的人继承，也可以由波旁王朝的人继承（因查理二世属于哈布斯堡王朝旁系，又是路易十四的内弟）。由于法国外交的积极活动，查理二世的遗嘱要把王位传给路易十四的一个孙子安茹腓力普。路易十四兴高采烈，因为，当时的西班牙除其本土外，还有意大利的大部分、西属尼德兰（今比利时）以及遍布美洲、亚洲、非洲的辽阔土地。这就是说，法国得到西班牙王位继承权，也就意味着可以得到更多的殖民利益。

这引起了奥地利哈布斯堡王室的不满，他们认为西班牙的王位应该由同是哈布斯堡王室的奥地利大公查理（即后来的皇帝查理六世）继承，因此他们积极寻找同盟，以其对法宣战，并夺回西班牙的王位。于是，英国、荷兰、奥地利以及德意志境内的普鲁士结成同盟，决定对法作战。从 1701 年起，西班牙王位继承战争爆发。

◀1704 年 8 月 13 日的布仑汉战役。在布仑汉会战中，英国一举击破了法国陆军的常胜威名，在国外赢得了巨大声誉。

战争经过

1701 年 8 月，奥地利军队同法国军队在未宣战时已于意大利的亚平宁半岛上部署。1702 年 5 月反法同盟正式对法国宣战后，两方部队正式开战。1702—1704 年，双方在意大利、西班牙和海面上不断发生战事。战争初期，法军在欧陆的进展颇为顺利，先后攻占了尼德兰、意大利、西班牙和德意志境内部分地区。

1704 年 7 月，英军攻占直布罗陀。8 月，英国马尔伯勒公爵统率大陆军进军巴伐利亚，在那里与奥地利欧根亲王的部队会合，随后取得布仑汉会战的胜利，挫败法军进军奥地利的企图，扭转了战局。1706 年 5 月，英军在拉米伊再败法军。同时，英国盟军也在其他战线取得了胜利。9 月，欧根率军大败包围都灵的法军，使盟军收复了整个意大利北部地区。

在西班牙，盟军则成功地抵御了法军对巴塞罗那的进攻，并趁法军混乱之机，从葡萄牙出击的高尔韦军于 6 月底占领了西班牙首都马德里。1707 年，英、奥海军一度围困土伦港。

此后，英、奥陆军继续配合作战，在 1708 年的奥德纳尔德会战和 1709 年 9 月的马尔普拉凯会战中，先后击败法国军队。

战事结束

战事发展至 1710 年，反法盟军虽然有着兵力上的优势（盟军共有 16 万人，法军只有 7.5 万人），但却不再主动进攻法国。这是因为欧洲国际局势发生了新的变化：1709 年俄国军队大破瑞典军队。英国害怕俄国强大会破坏欧洲均势，因而在反法战争中消极起来，背着他的盟友首先向法国伸出了和平之手。从 1711 年起，英国政府的秘密代表便来到了法国，建议签订没有荷兰人参加的单独和约。接着，便进一步举行谈判，其秘密程度竟连英国正式外交官员都不获知悉。

1711 年 4 月，神圣罗马皇帝约瑟夫去世，无子嗣，于是，查理大公即皇帝位，为查理六世。这样一来，如果反法盟军击败法国，神圣罗马皇帝必然要继承西班牙王位，欧洲均势面临破坏的危险。英国为了保持欧洲均势，下决心结束这一旷日持久的战争。

这次战争是以掠夺殖民地为根本目的，具有空前规模的大冲突，其基本特点是：时间长、范围广、规模大；多数交战在夏季进行；注重机动作战，进攻行动的地位更加突出等。这些特点，特别是攻势作战、机动作战对世界军事产生了重大影响。

▶在西班牙王位继承战中，法国军队身穿如图所示的军装，步兵穿白色或浅灰色的外套，袖口装饰着不同颜色的饰物，表明他们属于不同的军团。

NAPARTE

第五章

革命和独立时期的战争

到了18世纪，欧洲的战争都由我们今天比较熟悉的那种专业军队来进行了，军队里的军官已不再是原先的骑士阶级成员为了荣誉与忠诚去打仗，也不是同人签订了付酬的合同。他们是国家的公仆，国家保证按常规雇用、按常规发薪，事业是有前途的。无论战时或平时，都献身于各自的州或国家。只有这样的专业军队的出现，才能在社会上明确划清"军人"与"平民"的界线。

这种演变是渐进的。在普鲁士军官团中间，出于封建的或前封建的概念，个人对"军阀"效忠的思想，直到20世纪还是影响很深的。直到法国大革命，法国军官团里仍有大量吵吵闹闹、任性放纵的贵族，政府官僚机器不得不为他们找出路——安排一场海上追逐战。英国军队从一群独立不羁、参差不齐的杂牌军发展成为一支集中统一的武装力量，直至今日也还很不完善。然而，在1700年，基本的轮廓已经出现：国家机器有责任、有能力维持一支全日制的步兵，无论战时或平时，都发给工资，管吃管住，配备武器，发给制服。军队成为互抱成团、高人一等的一群人，自成一种明显的亚文化，与社会上的其他人迥然不同，不仅因为职能不同，而且在生活习惯、衣着打扮、人际交往、享受特权以及职务所要求他们承担的责任方面，都不相同。

18世纪末到19世纪初，法国大革命和拿破仑战争有力地推动了近代军事科学的发展。广大人民群众参加战争以及武器装备的改进，引起军队的性质、组织编制、作战方法和兵役制度等的改变，逐步形成一套新的战略战术。

拿破仑一世改造了法国革命所建立的军队，实行了普遍义务兵役制，建立了由步兵、骑兵和炮兵组成的师和军。拿破仑的主要作战原则是强调进攻，力求消灭敌人军队，集中优势兵力于主要战场，迅速果敢地机动和出敌不意地奇袭，各个击破敌人，并掌握强大的预备队等。作战时采取纵队和散开队形相结合的纵深战斗队形，步、骑、炮兵密切协同作战。拿破仑的这一套战法，后来也为反拿破仑的各国军队所采用。

蒸汽机的发明，大工业的出现，从手工业时代发展到机器时代，给资产阶级军队装备了大量的火枪火炮，使战争从冷兵器与火器并用，逐渐转变为主要使用火器。这一时期，主要的战争类型是资产阶级的革命战争。例如英国资产阶级革命时期的国内战争，美国独立战争和解放奴隶的战争，法国革命战争。这些都是进步的战争，它扫清了资本主义发展道路上的障碍。

欧洲两大军事集团争夺殖民地和霸权

1756—1763 年，欧洲两大军事集团即英国－普鲁士同盟与法国－奥地利－俄国同盟之间，为争夺殖民地和霸权而进行的一场大规模战争，史称“七年战争”，战场遍及欧洲大陆、地中海、北美、古巴、印度和菲律宾等地。这次战争对于 18 世纪后半期国际战略格局的形成和军事学术的发展均产生了深远影响。

两大军事集团的形成

“七年战争”前夕，欧洲各大国之间的关系正酝酿着新的大变动，各种矛盾错综复杂。其中对全局起决定作用的首先是英法矛盾。16 世纪末叶到 17 世纪 70 年代，英国先后打败西班牙和荷兰，同剩下的唯一强大对手法国的矛盾迅速上升，两强决战势所难免。其次是普奥矛盾。自从神圣罗马帝国分裂为一系列独立的诸侯国，普鲁士和奥地利最为强大，它们都想成为德意志诸侯国中的霸主，同时由于奥地利哈布斯堡皇室领地西里西亚在两次“西里西亚战争”中被普鲁士占领，两国的斗争日益尖锐化。再次是俄普矛盾。沙皇俄国在 18 世纪初叶打败瑞典而成为欧洲强国之后，继续推行西进和南下扩张政策，并把目标首先指向东普鲁士。普鲁士的日益强大和对外扩张，构成了俄国西进的阻力，两国关系急剧恶化。

在上述背景下，各国都积极争取盟国，孤立对手，纵横捭阖，朝秦暮楚，展开尖锐而复杂的外交斗争。1756 年 1 月 16 日，英、普首先缔结《白厅条约》，规定双方负责在德意志境内维持和平，并以武力“对付侵犯德意志领土完整的任何国家”，矛头直指奥、俄、法三国。鉴于此，俄国决心放弃原先签订的《俄英条约》，于

▼普鲁士国王腓特烈

战争的军事影响

七年战争对军事学术的重大影响主要在于，它暴露了当时欧洲军队盛行的分兵把口式的“警戒线战略”和以威胁敌军补给线为主要目标的“机动战略”，以及呆板的线式战术的缺点。随着各国经济承受能力的提高，军队人数增大，火力加强，后勤补给制度也不单靠补给线，这些新的历史条件，呼唤着集中兵力，以歼灭敌军有生力量为主要目标的决战战略和便于利用地形地物发挥火力，保存自己的比较灵活的战斗队形和战术。从七年战争的某些会战胜负原因中，可以看出几十年后法国革命战争和拿破仑战争中日臻完善的决战战略和疏开队形的端倪。

▲奥军在柯林打败了腓特烈，腓特烈损失了13000人，被迫撤除了占领布拉格团队，并撤出了萨克森。

1756年3月25日转向同奥地利结成攻守同盟。稍后，法王路易十五政府于5月1日毅然与宿敌奥地利签订相互保证的第一次《凡尔赛条约》，双方保证各自提供军队，援助另一方反击任何敌人。

随着两大军事集团的形成，双方都进一步争取同盟者。结果，部分德意志诸侯国以及葡萄牙先后参加英普同盟；瑞典、萨克森和神圣罗马帝国的大多数德意志诸侯国以及西班牙则先后参加法奥俄同盟。

普奥交锋

在欧洲各派力量的分化组合行将完成之际，普鲁士国王腓特烈判断战争已不可避免，从普鲁士所处战略地位考虑，与其等待敌人进攻，不如趁敌人尚未完全准备就绪之机，先发制人，于1756年8月底对萨克森发动突然袭击，“七年战争”由此爆发。

战争初期，普鲁士一度陷入极其危险的境地。腓特烈在战争中表现出行动迅速而果断，能及时在各条边界各个击破敌人的统帅才能。腓特烈侵入撒克逊，使欧洲各国大为震怒，同盟国决定击败侵略者。奥军在柯林打败了腓特烈，腓特烈被迫撤除了占领布拉格团队，并撤出了萨克森。同盟国的胜利，大大兴奋了各国的中枢神经，俄国、奥国、瑞典等同盟国集中了差不多39万人，集中对付腓特烈。

1757年5月，法王路易十五与奥地利又签订了第二次凡尔赛条约，允许每年给她以300万里弗兰作为支援的代价。7月，法军在取得对普鲁士一场意外的胜利后，开始洗劫普鲁士的城堡。与此同时，俄国也已经进入了普鲁士，挫败了腓特烈的进攻，打开了通往柏林之路，腓特烈的地位到了极其危险的程度。

腓特烈“愈是在危急的时候，就愈显得他的伟大”（拿破仑语），腓特烈在战场上，纵横捭阖，不断地审时度势，寻找战机。在罗斯巴赫会战中，腓特烈在判明敌人的意图后，果断地下达了他的攻击命令。普鲁士军队抓住敌方暴露出来的前进纵队头部这个侧翼，发动猛烈的攻击。炮兵在会战中发挥了至关重要的作用。当战斗还在进行的时候，炮兵便向溃逃中的联军步兵开火。在炮兵的掩护下，普鲁士军队的7个步兵营，快步前

▲战役结束后，普军押着俘虏，挥舞着缴获的军旗，接受腓特烈的检阅。

进，支援骑兵，向领先的敌军发动了具有决定性的攻击。当联军步兵被逐回之后，前后挤成了一团，炮火再度打击在他们的背上，使他们落荒而逃。在罗斯巴赫会战中，普军以微小代价，使联军损失惨重。这次会战，使欧洲各国突然认清法国陆军已是腐烂透底了，它昔日的常胜荣光，已经成为遥远的神话。接着，在鲁腾会战中，普鲁士军队以所向披靡、摧枯拉朽之势，给奥军以毁灭性的打击。普鲁士也变成了欧洲最强大的军事力量。

法俄参战

1758 年，反普同盟诸国总兵力进一步增加，但由于战略指导上缺乏全局观念，作战行动不协调的情况严重存在，普军仍然占据上风。但由于解冻期已过，俄军又重新西进。普军不得不北上迎战俄军。普俄两军展开血战，打成平手。普军在休整期间，于 10 月遭到奥军突然袭击，伤亡惨重，与战争初期相比，实力已明显下降。

1759 年的战争又以俄军的西进为前奏。由于俄军已占领东普鲁士，所以在战略上作出调整，准备同奥军会合，攻克柏林。普军亦以俄军为主要目标，于 7 月在法兰克福东南截住俄军，但战败。8 月，俄奥两军在法兰克福会师。为防俄奥联军进攻柏林，普军集结兵力再次前往阻截，双方展开了著名

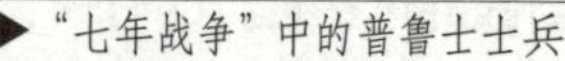

▶"七年战争"中的普鲁士士兵

的库纳斯多夫会战，结果普军失败。这场会战使1759年成了“七年战争”的转折年，普军统帅腓特烈对战争前途产生了悲观情绪。只是由于冬天的来临，俄奥联军才未对普军采取进一步行动。

1760年，俄奥联军在战略上又产生分歧。俄军主张攻打柏林，而奥军则急欲夺取西里西亚，于是两军又各自为战。10月，俄军乘奥军与普军周旋之机，曾一度偷袭柏林并得手，后在普军主力回击时放弃。普军在解除柏林危急后，调头迎战奥军，双方在萨克森境内举行托尔高会战，普军勉强取胜，从而度过了艰难的1760年。

1761年，普军依然面临三面受敌的困境：法军威胁汉诺威，俄军伺机进攻，而奥军则占领了西里西亚。下半年，俄军主力南下同奥军会合，帮助奥军在西里西亚取得一系列胜利，使普军在全战线的防御岌岌可危。

▲一名普鲁士军官正在率领自己的手下袭击奥地利部队

由于南北两线的相继失利，普军在战略全局上几乎陷入绝境。但这时发生了一个偶然的但对战争全局产生重大影响的事件，这就是俄国女皇病死，其外甥彼得三世继位。此人有一半普鲁士血统，从小在普鲁士长大，是俄国统治集团中亲普势力的总代表。他继位后，俄国立即退出战争，将所占土地归还普鲁士，并转向同普鲁士结盟。普鲁士由此免于彻底覆灭的厄运，有的历史学家称此为“勃兰登堡王室的奇迹”。

海上争夺

在海上和殖民地，英法两国进行了激烈的争夺。1756年4月，法国海军击败英国舰队占领北美的梅卡诺岛。1758年，英军攻占布雷顿角，包围路易斯堡，7月路易斯堡投降。第二年9月英军攻占魁北克。

1759年，法国舰队在拉古什和基伯龙被英舰队消灭，1760年英国占领整个法属加拿大；1761年，英国占领法国在印度的殖民地。

至1761年，英国在海上完全取代法国，处于绝对优势。法国只保留几个贸易据点。在西非，英军占领塞内加尔的戈雷岛。在西印度群岛，英军击溃法西联军，占领马提尼克、格林纳达和圣卢西亚诸岛。法国被迫媾和，1763年2月10日，英法签订《巴黎条约》，欧洲以外的战事结束。

叶卡捷琳娜女皇扩大俄国版图

在俄国历史上，叶卡捷琳娜女皇与彼得大帝齐名，她建立了人类历史上空前绝后的庞大帝国。1762 年，彼得三世被杀，叶卡捷琳娜迅速登上俄国女沙皇的宝座，从此大刀阔斧，实行革新，掌控与操纵这个以男性为主的世界达 30 多年之久。因治国有方、功绩显赫，其才干与名气闻名海内外，成为俄国人心目中仅次于彼得大帝的一代英主。被尊称为“叶卡捷琳娜女皇”。叶卡捷琳娜女皇最大的成就在俄国的领土扩张上，这也是她对历史的主要影响。她曾豪情万丈地说：“假如我能够活到 200 岁，全欧洲都将匍匐在我的脚下！”她发动了三次瓜分波兰，两次对土耳其的战争和一次对瑞典的战争。1789 年法国资产阶级革命爆发后，力图组织反法联盟，积极参与欧洲君主国镇压法国革命，在俄国历史上开创了干涉欧洲革命的先例，使俄国成为欧洲宪兵。

叶卡捷琳娜对俄国版图的贡献

叶卡捷琳娜时代可以说是俄罗斯帝国的第二个强盛期，帝国在南方和西方得到相当大的新版图。通过与奥斯曼帝国之间的俄土战争，俄国取得了黑海的出海口，并将其势力伸入巴尔干半岛；虽然奥斯曼帝国没有被俄国完全赶出欧洲，但已不再是俄国的严重威胁了。在西方，俄国则趁着波兰国势日虚之际，与普鲁士、奥地利瓜分了波兰。

▼叶卡捷琳娜二世最大的成就在俄国的领土扩张上，这也是她对历史的主要影响。她曾豪情万丈地说：“假如我能够活到 200 岁，全欧洲都将匍匐在我的脚下！”

三次瓜分波兰

在波兰问题上，叶卡捷琳娜采用循序渐进的策略，首先在 1763 年操纵波兰选王会议，将她的情夫扶上波兰王位。面对严重的民族危机，部分波兰贵族掀起爱国革新运动，以便加强中央政权，维护国家独立，结果引起外国的干涉。

1764 年 4 月，为反对波兰和土耳其，俄国、普鲁士结成同盟 。1767 年 6 月，俄军入侵波兰。次年 2 月 ，波兰部分贵族领导抗俄武装斗争 。10 月，为防止俄国向巴尔干扩张，土耳其对俄发动战争。1771 年 7 月，奥地利与土耳其订立军事同盟。普鲁士也拒不履行《俄普同盟条约》。为摆脱外交上的困境，俄国放弃独霸波兰的计划，同意普鲁士国王腓特烈二世提出的瓜分波兰的主张。1772 年 8 月 ，俄、普、奥三国在彼得堡签订瓜分波兰的条约。俄国占领了白俄罗斯和拉脱维亚的一部分。

18世纪80年代，波兰中小贵族和新兴的资产阶级代表又一次掀起爱国革新运动，1791年，通过《五三宪法》，宣布废除自由选王制和自由否决权。1792年，俄军长驱直入波兰，占领华沙，波兰战败。俄、普两国在彼得堡签订瓜分协议。俄国得到西乌克兰、白俄罗斯和立陶宛的一部分。

波兰被两次瓜分后，面临着最后灭亡的危险。1794年3月，波兰举行民族起义，屡胜俄军。叶卡捷琳娜本来想为她的情夫保留一个傀儡王国，但波兰救亡起义风起云涌，在联合普奥两国镇压了波兰起义后，为免夜长梦多，决定第三次瓜分波兰，使这个国家彻底从地图上消失。三次瓜分波兰，贪婪的北极熊共分得46万多平方公里的土地。

俄土战争

彼得大帝在位时期没能完成打通黑海出海口的愿望，土耳其始终是沙俄的头号假想敌。但叶卡捷琳娜时代对土耳其的战争进行得出人意料的顺利。

1768年，在俄国挑逗下，土耳其对俄宣战，本来被认为是一场势均力敌的较量，却呈现出俄国一边倒的优势，在多瑙河、克里木、高加索和爱琴海四条战线大获全胜，在1774年的和约中，土耳其除了割地赔款之外，还被迫承认克里木汗国独立（后为俄国吞并），并承认俄国商船可以自由出入黑海的出海口。

土耳其自然不肯善罢甘休，双方都在备战。俄国与奥地利结盟，土耳其与瑞典结盟。1787年，土耳其舰队偷袭了巡逻的俄舰，俄军歼灭了土军。

1788年，奥地利对土耳其宣战，俄海军击败了土军舰队。同年瑞典对俄宣战，双方在达霍格兰岛海域交战，双方不分胜负。同时，瑞典陆军进攻彼得堡，但很快由于军队发生哗变导致计划破产，没有对俄国造成威胁。

1789年，俄奥联军击败土军夺取福克尼沙，土军主力企图夺回福克尼沙，苏沃洛夫指挥俄奥联军在雷姆尼克击溃土军，俄军乘胜攻占宾杰拉，夺取摩尔多瓦。

1790年，俄国和瑞典两国议和。俄国集中进攻土军，土军大败。1792年，俄土签订和约，土耳其承认俄国兼并克里木和格鲁吉亚。这次战争俄国作了充分准备，实现了称霸黑海的野心，获得了黑海不冻的出海口。曾经不可一世的奥斯曼土耳其帝国在沦为任人宰割的西亚病夫的过程中，叶卡捷琳娜是最大的催化剂。

◀1770年，在切斯马海战中，俄罗斯舰队击败了土耳其的一支舰队。

美国的独立

独立宣言

独立宣言是一份于1776年7月4日由托马斯·杰斐逊起草，并由其他13个殖民地代表签署的最初声明北美十三个殖民地摆脱英国的殖民统治的文件。独立宣言包括三个部分：第一部分阐明政治哲学——民主与自由的哲学，内容深刻动人；第二部分列举若干具体的不平等事例，以证明乔治三世破坏了美国的自由；第三部分郑重宣布独立，并宣誓支持该项宣言。

美国独立战争是英属北美13个殖民地（美国独立后称州）反对宗主国压迫、争取民族解放的革命战争，是小国战胜大国、弱国战胜强国的典型战例，是一个伟大的历史事件。这场战争从1775—1783年，持续8年之久，最终以英国在北美殖民统治的破产和北美殖民地的独立而告终。

战争的起因

北美大陆本是土著居民印第安人世代生息繁衍之地。17世纪初，欧洲开始向北美移民。1607年第一批英国移民在今天的弗吉尼亚建立了第一个立足点——詹姆士城，从此掀起了奔向北美大陆的移民潮。从1607年第一批移民踏上弗吉尼亚至1733年最后一个殖民地佐治亚的建立，英国移民先后在北美东海岸建立了13个殖民地，这就是后来美国最初的13个州。

美洲最早的居民印第安人，与从欧洲来的大批移民共同开发，经过100多年的开拓、各地经济往来与交流，北美殖民地资本主义经济开始发展，特别是北部资本主义工商业比较发达，造船工业成为主要的工业部门。南部种植园经济，主要种植烟草、蓝靛、甘蔗等以商品为主的经济作物，主要供应欧洲市场。

与此同时，北美13个殖民地的居民日益融合。从欧洲到北美殖民地移民主要是英国人，其次还有德、法、荷兰、瑞典等国人。他们经过长期开拓和经济的频繁交流，初步形成了统一市场，英语作为统一的语言，这样就由来自欧洲的移民融合的新民族——美利坚民族形成了。

▼波士顿民兵在邦克山战斗中与装备精良的英军展开了第一次正面交锋，显示了美国民兵惊人的战斗力。

"七年战争"结束以后，英国加强对北美殖民地的统治和掠夺，限制殖民地工商业的发展，使宗主国与殖民地之间的矛盾尖锐起来。英国殖民当局为了使北美殖民地永远充当其廉价的原料基地和商品倾销市场，极力遏制殖民地经济的自由发展。英国殖民当局接连颁布一系列法令，禁止向阿巴拉契亚山以西迁移，禁止殖民地发

▲1775年4月，英国军队与殖民地的民兵交火开战，这标志着美国独立战争的开始。

行纸币，宣布解散殖民地议会，并对殖民地课以重税，加紧军事控制等。

英政府的所作所为，激起了殖民地各阶层人民的强烈反抗。群众纷纷走上街头，举行声势浩大的游行示威。1773年3月5日发生了驻北美英军枪杀波士顿居民的“波士顿惨案”，群情为之激愤。1774年，英国政府变本加厉，又接连颁布五项“不可容忍的法令”，使宗主国与殖民地矛盾进一步激化。北美殖民地人民忍无可忍，决心拿起武器与殖民当局抗争。

列克星敦的枪声

1774年9月5日，除佐治亚外，12个殖民地选派56名代表在费城召开第一届大陆会议，通过宣言，并建立大陆协会。会议后，革命形势日益成熟，北美殖民地同宗主国之间除了用战争解决问题外，已别无选择了。

马萨诸塞总督得悉民兵在距波士顿21英里的康科德设有武器库，遂于1775年4月18日夜派遣一支英军奔袭康科德。波士顿安全委员会当晚派人驰赴列克星敦和康科德报信。翌日晨5时左右，英军遭到列克星敦的民兵阻拦，英军突然开火，民兵猝不及防，死伤10多人。英军抵达康科德后，遭到民兵和农民的伏击。英军在返回波士顿的路上又不断遭到民兵的袭击。列克星敦和康科德的战斗揭开了独立战争的序幕。

8月23日，英王发布告谕，宣布殖民地的反抗为非法，声言“宁可丢掉王冠，决不放弃战争”。12月22日，英国议会通过派遣5万军队赴北美殖民地镇压革命者的决议。面对这一形势，1775年6月15日第二届大陆会议决定组建正规的大陆军。原英军上校、弗吉尼亚种植场场主华盛顿被任命为大陆军总司令。英军企图凭借其陆海军优势首先切断新英格兰与其他殖民地的联系，然后各个击破之。大陆军在华盛顿的率领下采取避敌锋芒，持久耗敌的方针，与英军展开了长期的艰苦卓绝的斗争。

战略防御

1775 年 4 月至 1777 年 10 月为战略防御阶段。这一阶段主战场在北部地区，战略主动权掌握在英军手中。

▲ 1776 年 12 月 11 日华盛顿率领大军从新泽西跨过特拉华河来到宾夕法尼亚。14 天后他再次跨越这条河，这次行动正值隆冬季节，英国人颇为吃惊。

列克星敦和康科德战斗后，大陆军为防止英军可能由加拿大直下纽约、控制哈得逊河流域，出师加拿大。由于大陆军出击加拿大，英国被迫将半数军队留驻加拿大，战斗力被削弱。在波士顿，英军被围困达 11 个月之久，并于 1776 年 3 月被迫撤出。6 月，大陆军在南方击退英军对南卡罗来纳的查尔斯顿的进攻，粉碎英军在南方建立基地的企图。大陆会议于 1776 年 7 月 4 日通过了《独立宣言》，正式宣布 13 个殖民地独立。

▲ 1776 年 7 月 4 日，在北美的各殖民地代表召开的第二届大陆会议上，代表们通过了杰斐逊起草的《独立宣言》，宣告 13 个殖民地脱离宗主国英国，建立独立的美利坚合众国。图为代表们通过《独立宣言》的情形。

1776 年 8 月，英军首先在纽约长岛登陆。为避免全军覆没，大陆军撤退。英军于 9 月 15 日占领纽约城。1777 年 9 月 26 日英军占领了费城。华盛顿被迫率军撤退。

英军在控制了重要城市和海岸线后，力图速战速决。留驻加拿大的英军大举南下，试图以钳形攻势，全歼华盛顿的军队。其中的一支英军遭民兵袭击，退回加拿大。1776 年 8 月，英军统帅约翰 · 伯戈因派出的一支分遣队被大陆军的青年义勇军全歼。伯戈因行动迟缓，为新英格兰民兵和大陆军所困。在弗里曼农庄的两次战斗中惨败，只得退往萨拉托加，不久被大陆军和民兵包围，10 月 17 日伯戈因率 6 000 英军，携大量辎重投降。萨拉托加大捷大大改善了美国的战略态势和国际地位，是美国革命战争的重要转折点。

战略相持

1777 年 10 月至 1781 年 3 月，以萨拉托加大捷为标志，进入战略相持阶段，主战场逐步转向南部地区。

在这一阶段国际环境日益朝着有利于美国的方向发展。萨拉托加大捷后，法国、西班牙、荷兰等改变了动摇不定的观望态度。

1778 年 2 月，法美签订军事同盟条约，法国正式承认美国。

1778 年 6 月，法英开战，西班牙于 1779 年 6 月对英作战。俄国于 1780 年联合普鲁士、荷兰、丹麦、瑞典等国组成“武装中立同盟”，打破英国的海上封锁。1780 年 12 月荷兰进一步加入法国方面对英作战。北美独立战争扩大为遍及欧、亚、美三大洲的国际性反英战争，英国陷入空前孤立的境地。在南部战场上，美国大陆军和民兵以游击战和游击性的运动战与敌周旋，日趋主动。在1781年的吉尔福德之战中，英军伤亡惨重。在大陆军和民兵的持久消耗下，英军渐感力量不支。

1781年4月英军在康沃利斯率领下，实行战略收缩，向北退往弗吉尼亚。大陆军乘势挥师南下，在民兵游击队配合下，拔除英军据点，收复了大部分南部国土。

▲装备着来复枪的美国士兵正在练习枪法

战略反攻

从1781年4月至1783年9月，为战略反攻阶段。1781年8月，康沃利斯率7000名英军退守弗吉尼亚半岛顶端的约克敦。此时在整个北美战场英军主要收缩于纽约和约克敦两点上。1781年8月，华盛顿亲率法美联军秘密南下弗吉尼亚；与此同时，法国舰队也抵达约克敦城外海面，击败了来援英舰，完全控制了战区制海权。9月28日，法美联军从陆海两面完成了对约克敦的包围。

在联军炮火的猛烈轰击之下，康沃利斯走投无路，于1781年10月17日（伯戈因投降的第四个周年纪念日）请求投降谈判。10月19日，8 000名英军走出约克敦，当服装整齐的红衫军走过衣衫褴褛的美军面前放下武器时，军乐队奏响了《地覆天翻，世界倒转过来了》的著名乐章。

约克敦战役后，除了海上尚有几次交战和陆上的零星战斗外，北美大陆战事已基本停止。1782年11月30日，英美签署《巴黎和约》草案，1783年9月3日，英国正式承认美国独立。

美国独立战争是世界历史上第一次大规模的殖民地人民争取民族解放的资产阶级革命战争，是历史上以小胜大、以劣胜优、以弱胜强的杰出战例。在广泛的国际援助下，经过8年之久的艰苦卓绝的斗争，仅有300万人口的北美13个州，最终打败了拥有近3 000万人口的世界第一工业国大英帝国。独立战争的胜利，打碎了英国殖民统治的桎梏，实现了北美殖民地政治上的独立，大大解放了北美殖民地的生产力，为美国资本主义和现代文明的迅速发展开辟了广阔的道路。

◀华盛顿率军进入纽约城

法国大革命

▲国王路易十六

18世纪末，法国大革命是世界历史上一次彻底的资产阶级革命。这场革命从根本上动摇了欧洲封建专制制度的基础，有力地推动了人类历史发展和文明进步。而由法国资产阶级领导的，为推翻封建统治和反对外来干涉所进行的革命战争，则是法国大革命的重要组成部分，它为法兰西共和国的诞生鸣响了礼炮。

革命前夕的法国

18世纪资本主义在法国部分地区已相当发达，金融资本雄厚。资产阶级成为经济上最富有的阶级，但在政治上仍处于无权地位。农村绝大部分地区保留着封建土地所有制，并实行严格的封建等级制度。由天主教教士组成的第一等级和贵族组成的第二等级，是居于统治地位的特权阶级。资产阶级、农民和城市平民组成第三等级，处于被统治地位。特权阶级的最高代表是国王路易十六。特权阶级顽固维护其特权地位。18世纪末，第三等级同特权阶级的矛盾日益加剧。在第三等级中，农民和城市平民是基本群众，是后来革命中的主力。资产阶级则凭借其经济实力、政治才能和文化知识处于领导地位。

革命的爆发

1789年5月5日，路易十六在凡尔赛宫召开三级会议，企图对第三等级增税，以解救政府财政危机。第三等级代表则要求制定宪法，限制王权，实行有利于资本主义的改革。6月17日，第三等级代表宣布成立国民议会，7月9日，改称制宪议会。路易十六调集军队企图解散议会，激起巴黎人民的武装起义。

7月14日，群众攻克象征封建统治的巴士底狱。资产阶级代表在起义中夺取巴黎市府政权，建立了国民自卫军。制宪议会此时实际上成为革命领导机关和国家立法机关。在议会中君主立宪派起主要作用。在农民起义的影响下，制宪议会于8月通过法令，宣布废除封建制度，取消教会和贵族的特权，规定以赎买方式废除封建贡赋。8月26日通过《人权与公民权宣言》，确立人权、法制、公民自由和私有财产权等资本主义的基本原则。议会还颁布法令废除贵族制度，取消行会制度，没收并拍卖教会财产。10月巴黎人民进军凡尔赛，迫使王室迁到巴黎，制宪议会也随之迁来。巴黎出现一批革命团体，其中雅各宾俱乐部、科德利埃俱乐部在革命中发挥巨大作用。

1791年6月20日，路易十六乔装出逃，企图勾结外国力量扑灭革命，中途被识破，押回巴黎。广大群众要求废除王政，实行共和，但君主立宪派则主张维持现状，保留王政。

7月16日，君主立宪派从雅各宾派中分裂出去，另组斐扬俱乐部。7月17日他们枪杀在马尔斯校场集会的群众，同时迫使路易十六批准制宪议会的宪法，即实行君主立宪制的1791年宪法。制宪议会于9月30日解散，10月1日立法议会召开。

法国大革命爆发后，欧洲各国君主们视其为洪水猛兽，为置之于死地，结成了反法同盟，宣布支持法国路易十六的君主政体，并在法国周围边境地区集结兵力，做好了战争准备。1792年4月，法国向奥、普宣战。

战争开始后，法国人民热情很高，但在新招募的军队组建之前，作战的主力仍是原法军。部署在敦刻尔克至巴塞尔的法军有三个军团，约15万人。计划分三路进攻比利时，企图趁奥军尚未充分动员和展开之机，主动出击，先发制人。但由于法军战备水平低、机动能力差、指挥欠协调，4月28日，法军北方军团刚越过法比边界与敌军遭遇，就惊慌失措，溃不成军。前线的失败激起了法国人民对国王和君主立宪派的强烈不满。

1792年4月，法国抗击外来武装干涉的战争开始，路易十六的反革命面目充分暴露。立宪派的保守妥协态度愈加不得人心。7月11日，立法议会宣布祖国处于危急中，巴黎人民再次掀起共和运动的高潮。1792年8月10日，巴黎人民第二次武装起义打倒波旁王朝，推翻立宪派的统治。

共和国的建立

8月10日巴黎人民起义后，吉伦特派取得政权。9月20日法国军队在瓦尔米打败外国干涉军。由普选产生的国民公会于9月21日开幕，9月22日成立了法兰西第一共和国。

吉伦特派执政期间颁布法令，强迫贵族退还非法占有的公有土地，将没收的教会土地分小块出租或出售给农民，严厉打击拒绝对宪法宣誓的教士和逃亡贵族。1793年1月21日，国民公会经过审判以叛国罪处死路易十六。

吉伦特派把主要力量用于反对以罗伯斯庇尔为首的雅各宾派、巴黎公社。从1792年秋季起，要求打击投机商人和限制物价的群众运动高涨起来。以愤激派为代表

▼1792年9月20日，法国军队在瓦尔米打败外国干涉军，图为瓦尔米激战情景。

▲玛丽·安托瓦内特，她是法国国王路易十六的王后。据说，当她听说老百姓没有面包吃时，曾经冷冰冰地说："叫他们吃蛋糕。"在法国大革命中，她表现得比她的丈夫要坚强，更有主见，成了众矢之的。1793年10月16日，她继路易十六之后，也被推上了断头台。

的平民革命家要求严惩投机商，全面限定生活必需品价格，以恐怖手段打击敌人。吉伦特派却颁布法令镇压运动。

革命的法国人民把路易十六送上了断头台，这一消息传出，使欧洲各国君主如做了一场噩梦，而法军占领比利时并威胁荷兰，更引起其惴惴不安。原来还在犹豫或保持中立的国家都纷纷参加普奥联盟。1793年2月，以英国为首的欧洲各国结成了第一次反法联盟。3月，反法联盟军再次入侵法国。共和国四面都受到外敌的威胁。国内也发生大规模王党叛乱。4月，前线的主要指挥、吉伦特派将领叛变投敌。在革命处于危急的时刻，巴黎人民于5月31日发动第三次起义，推翻吉伦特派的统治，建立起雅各宾派专政。

雅各宾派专政

新政权面临严峻局面，被推翻的吉伦特派趁机在许多地区煽起武装叛乱。雅各宾派政权联合广大人民群众，采取激烈的革命措

▼1798年，督政府时期的元老院通过决议，将征兵制度确定下来，拿破仑把征兵制度进一步强化，规定20～25岁的男性公民，凡身体健康者一律要服兵役，从而建立了强迫服兵役制度。这一制度得到群众的支持。图为大革命时期奔赴前线的义勇军战士。

施，6 月颁布 3 个土地法令，废除农村中的封建特权，以有利于农民的方式拍卖没收的封建地产，大批农民得到土地。6 月 24 日公布的宪法即 1793 年宪法是法国第一部共和制的民主宪法（由于战争未能实施）。7 月，改组并加强作为临时政府机关的救国委员会。严禁囤积垄断，对投机商人判处死刑；号召人民武装起来保卫祖国。

9 月，国民公会把“恐怖”提上议事日程。革命军下乡征粮打击投机商。国民公会先后颁布嫌疑犯法令和对生活必需品和工资实行限价的法令。10 月底，一批吉伦特派被处决。由于实行这些措施，革命力量加强，形势迅速好转。1793 年年底至 1794 年年初，外国干涉军全部被赶出国土，国内的叛乱基本平息。

随着胜利的取得，“平民方式”的革命完成了使命。以丹东为首的一部分雅各宾派要求停止实行“恐怖”。以巴黎公社副检察长埃贝尔为首的一派则坚持继续加强“恐怖”统治，进一步限制和打击资产阶级。受到两面夹攻的以罗伯斯庇尔为首的执政派，于 1794 年 3 月先后逮捕并处死两派领导人，继续扩大执行“恐怖”政策。

国内反对“恐怖”统治的势力加强，国民公会中占多数的平原派同原丹东派、埃贝尔派以及一切反罗伯斯庇尔的势力联合在一起，于 1794 年 7 月 27 日发动热月政变，推翻雅各宾专政。7 月 28 日，处死罗伯斯庇尔等 90 人。

雾月政变

1799 年 11 月 9 日，拿破仑派军队控制了督政府，接管了革命政府的一切事务。这一天是法国共和历雾月 18 日，所以，历史上称拿破仑在这天发动的政变为“雾月政变”。第二天，拿破仑把法国议会——元老院和 500 人院全部解散，夺取了议会大权，并宣布成立执政府。在执政府中，他自认第一执政，大权独揽，开始了为期 15 年的独裁统治。雾月政变使拿破仑掌握了法国军政大权。

热月党的统治和督政府

热月党人原是反罗伯斯庇尔的各派人物的暂时结合，并无统一纲领。他们代表在革命中形成的资产阶级暴发户的利益，执政后实行的主要是原丹东派的主张。热月党的主要代表人物废除雅各宾派限制和打击资产阶级的政策，封闭雅各宾俱乐部，使资产阶级摆脱恐怖时期的束缚。根据 1795 年制定的宪法，解散国民公会，成立新的政府机构督政府。

督政府由 5 个督政组成，其主要领导人是发动热月政变的巴拉斯。督政府一建立就宣布要稳定秩序，但收效不大。1796 年，督政府派拿破仑 · 波拿巴远征意大利，取得重大胜利，军人势力开始抬头。政府通过发行强制公债、增加税收、举办工业博览会等方式，在经济上取得一些成就。

1797 年立法机构选举时，许多王党分子当选。督政府为打击王党势力，宣布选举无效。1798 年立法机构选举时雅各宾派的残余势力大批当选，督政府再次宣布选举无效，并趁机镇压雅各宾派。这种忽而打击王党，忽而打击民主派的政策，历史上称为秋千政策，反映出政局不稳。

1799 年，英国再次组织第二次反法联盟，向法国新占领的地区发动围攻，法国国内反对势力企图发动政变，拿破仑秘密潜回法国，发动雾月政变，建立临时执政府，法国进入拿破仑时代。

拿破仑战争

拿破仑战争对军事的影响

拿破仑战争对于武装力量建设和军事学术的发展影响深远。随着战争规模扩大，交战双方军队员额猛增，人力和物力消耗空前。拿破仑继承法国革命战争期间所创立的军队和战法，强调以歼灭敌军为作战目标，坚持在决定性时间与地点集中优势兵力，以急行军和快速运动达成突然性，力图通过一两次决战决定胜负。法军摒弃传统的线式战术，创造了纵队与散兵相结合的战斗队形，从而加强了军队的突击力，多次以积极进攻取得以少胜多的战绩。

一个世界性的重要历史人物——拿破仑，从1784年15岁入军校到1799年发动政变，建立以拿破仑为皇帝的法兰西第一帝国，再到他1815年退位，被放逐到圣赫勒拿岛，其整个一生几乎都是在战争中度过的。因打仗有出色的才能而崛起，因打仗失败而跌落。

处于18世纪末和19世纪初一个充满血雨腥风的历史时期，拿破仑似乎命里注定一生要与打仗为伍，他曾率法军先后7次反击以英国、奥地利、普鲁士等国组成的反法联盟，组织指挥过一系列战斗，仅大的战役就达60次左右。拿破仑在上台后同反法联盟进行了一系列战争，称为拿破仑战争。

第二次反法联盟解体

土伦战役后，拿破仑开始崭露头角，这次战役也为其一生军事生涯奠定了重要基础。1798年5月，拿破仑率法军远征埃及。同年12月，英国联合俄、奥、葡萄牙、那不勒斯和土耳其等国，结成第二次反法联盟，企图推翻法国督政府，夺回被法国占去的领土。

1799年11月，拿破仑建立军事独裁以后，法国同第二次反法同盟处于战争状态，处境十分困难：当时，拿破仑·波拿巴将军的法国远征军正在对埃及进行远征，苏沃洛夫对意大利和瑞士的远征结束了法国在意大利的统治，在上莱茵河的奥军大有入侵法国之势；英国对法国各港口实施封锁。

为了扭转局势，拿破仑决定击败在北意大利的15万奥军，迫使奥地利退出战争，从而使英国丧失在大陆上的立足点，并迫使同盟国和谈。秘密集结在瑞士边境上的仓促编成的法国后备军越过阿尔卑斯山进入波河河谷，出现在奥军后方。

1800年6月14日，在拿破仑战争期间的法国同第二次反法联盟国家的战争中，拿破仑·波拿巴指挥的军队与奥地利军队在马伦戈进行了一次交战，交战的结果是奥军战败，被迫退出意大利。

1801年2月，法奥签订和约。同年10月，法国又分别同土耳其和俄国签订了和约。英国因丧失同盟国，被迫同法国签订亚眠和约。第二次反法联盟解体。

粉碎第三次反法联盟

亚眠和约并未消除英法之间的矛盾。1803年5月英国对法宣战，封锁法国海上贸易。1804年12月，拿破仑称帝，称拿破仑一世。拿破仑企图击败英国，便在布伦地区开始集结法国海军和远征军的兵力。为了建立新的反法同盟，英国展开积极的外交活动。

俄国对法国在欧洲的扩张深感不安，尽管同英国存在严重的意见分歧，仍然接受了英国的结盟建议。1805 年 4 月，俄英缔结了彼得堡盟约，从而为第三次反法同盟奠定了基础。参加同盟的有瑞典、丹麦、西西里王国和奥地利。

1805 年 9 月底，拿破仑将法军 22 万人在莱茵河一线展开，法军乘同盟军分散之机，在乌尔姆战役中将其击溃。抵达战区的俄军陷入困境。俄军司令官巧妙地实施机动，才使其军队免遭合围。但是在奥斯特里茨战役中，俄奥联军遭到失败。奥地利遂退出战争，并同法国缔结和约。拿破仑军队的坚决行动导致第三次反法同盟的解体，并使法国在欧洲的地位得到巩固。

▲1804 年 12 月，拿破仑在登基成为法国皇帝的加冕仪式上的装束。

瓦解第四次反法联盟

法奥签订和约后，俄军撤回本国。但俄国拒绝同拿破仑议和，普鲁士也不愿看到拿破仑在德意志扩张。1806 年 9 月，英、俄、普、瑞典等国结成第四次反法联盟，企图将法军赶出其占领区。

普军轻敌自恃，未等与俄军会合就单独进军，最终遭到惨败。法军乘胜追击，几乎占领整个普鲁士，在普属波兰和东普鲁士与俄军相遇。

1807 年 2 月，法俄两军在艾劳之战中未分胜负。6 月，双方进行弗里德兰会战，俄军失败。法军乘胜进军，俄国求和。7 月，法俄、法普分别签订和约，俄国承认法国在欧洲侵占的土地，法国则承认俄国有权入侵芬兰和奥斯曼帝国，并结盟共同反对英国；普鲁士只保留易北河和涅曼河之间的一些土地。和约的签订标志着第四次反法联盟的瓦解。

▼奥地利的指挥官和他们的参谋人员视察阿斯佩恩－艾斯林之战，此次战役在 1809 年 5 月开战，历时 2 天，这是拿破仑首次失利。

战胜第五次反法联盟

1806 年 11 月，拿破仑颁布“大陆封锁令”，封锁英国和欧洲大陆的贸易，但西班牙和葡萄牙拒不执行。1807 年 10 月，法国对葡萄牙宣战，与西班牙签订密约瓜分葡萄牙。11 月，法西联军入侵葡萄牙，随后法军占领了西班牙的战略要地。1808 年 3 月，占领马德里，随后拿破仑封自己的哥哥为西班牙国王。西班牙军民奋起反抗，7 月 22 日，2 万法国占领军投降。

10 月 30 日，拿破仑攻入西班牙，12 月重新占领马德里。西班牙抵抗力量转入游击战，牵制了大量法军。1809 年 1 月，拿破仑把相当庞大的兵力留在西班牙，自己返回法国，因为在中欧正孕育着一场新的战争。英国政府已将奥地利拉入第五次反法同盟。

1809 年 1 月，英奥结成第五次反法联盟。4 月 9 日奥军不宣而战，结果奥军被打败，维也纳被法军占领。奥军撤退到多瑙河以东摧毁了河上桥梁。法军求胜心切，5 月 21 日渡河时遭到奥军袭击，拿破仑首次战败，损失惨重。7 月 6 日，法奥两军在瓦格拉姆决战，法军以巨大的代价击败奥军。10 月 14 日，双方签订申布伦和约，第五次反法联盟瓦解。

远征俄国

拿破仑战胜第五次反法联盟后，法国直接或间接统治了欧洲大陆的大部地区。拿破仑帝国从原来 88 个省扩展到 130 个省，人口达 7 500 万。欧洲大陆主要国家奥地利、普鲁士臣服于法国，俄国也委屈奉迎以求自保。

拿破仑连年征战给人民带来沉重负担，导致国内阶级矛盾激化。同时，拿破仑的侵略扩张激起欧洲各国人民反抗，唤起了民族的觉醒。反法联盟各国乘机发动大规模进攻。

法、俄矛盾由来已久。两国表面上结盟，实际上在奥斯曼、波兰和中欧地区的争夺十分激烈。为称霸欧陆，拿破仑以俄国破坏“大陆封锁”为由，集结大军于 1812 年 6 月 24 日入侵俄国。

战争初期，法军拥有绝对优势，俄军被迫退却。9 月 7 日博罗季诺之战后，法军进入莫斯科。俄军总司令库图佐夫率部转移至莫斯科西南，威胁法军后方交通线。俄国军民坚壁清野，开展游击战。拿破仑的处境每况愈下，被迫向沙皇求和，遭拒绝。10 月，法军冒着严寒撤退，俄军跟踪追击，法军后卫遭俄军袭击，又遭遇暴风雪，法军损失惨重。11 月 9 日，法军在斯摩棱斯克渡河中遭俄军攻击，损失大量人员、火炮和辎重，12 月 12 日，不足 3 万残兵返回法国，拿破仑的军队主力损失殆尽。与此同时，法军在西班牙屡遭失败，被迫撤出马德里。

▲ 1812 年，被截留在别列津河的法军奋力争渡，士兵们慌乱成一团，许多士兵掉进冰冷的河水中溺水而死或冻死。

对抗第六次反法联盟失利

拿破仑军队在俄国的失败，成为欧洲爆发反拿破仑民族起义的信号。1813 年 2 月，俄、普结盟。英、西、葡、瑞、奥相继加入，结成第六次反法联盟。

1813 年 5 月，拿破仑率新军在吕岑打退俄普联军。8 月，双方进行德累斯顿会战，法军击退联军。

▲ 1813 年，英国步兵（穿红色军服者）在维多利亚大捷中向法军发起最后的进攻，威灵顿手持望远镜正在观战。

▲1814 年 4 月 11 日，拿破仑在退位不久后和他的皇帝卫队道别。

10 月，莱比锡会战中，拿破仑被击败。

1814 年 1 月，联军侵入法国本土。虽然拿破仑连续对联军发起攻击，联军损失惨重，但此时拿破仑已无力进行歼灭战。2 月底，联军进攻巴黎。3 月，联军攻陷巴黎，拿破仑同反法联盟签订条约。4 月 20 日，拿破仑被流放，波旁王朝复辟。

折戟滑铁卢

1815 年 3 月，拿破仑由厄尔巴岛逃回法国，迅速聚集旧部，进军巴黎，重新称帝，并立即组建军队，英、俄、普、奥、荷等国立即成立第七次反法联盟。拿破仑先发制人，向比利时的英普联军发动进攻。反法联盟调集大军，分路进攻法国。

6 月 18 日，威灵顿公爵率英、荷、比利时和汉诺威联军在滑铁卢附近占领阵地，阻击法军。拿破仑以优势兵力率先发起进攻。普军赶到战场参战，法军难以抵御，从而全线崩溃，拿破仑逃离战场。法军战败后，“百日”王朝覆灭。拿破仑于 6 月 22 日宣布退位，被流放到大西洋圣赫勒拿岛，直到病逝。

拿破仑战争延续 15 年之久，其直接后果是反法联盟取得了胜利，封建王朝复辟，但它动摇了欧洲封建制度的基础，唤起了欧洲民族觉醒，促进了欧洲资本主义发展，加速了欧洲的历史进程。

▼滑铁卢战役中，法军骑兵试图冲入在高地上的英军步兵方阵。

拉丁美洲独立革命

在北美独立战争与法国资产阶级革命的革命思想强有力的推动下，拉丁美洲殖民地于18世纪末到19世纪初爆发了规模空前的民族独立运动。其中著名的有杜桑·卢维杜尔所领导的法属海地的革命（1791—1803年），米格尔·伊达尔哥领导的西属墨西哥的民族独立战争（1810—1824年），圣马丁领导的阿根廷、智利和秘鲁的独立战争（1810—1826年），西蒙·玻利瓦尔领导的委内瑞拉民族解放战争（1813—1919年），葡属巴西人民争取独立的斗争（1789—1824年）等。

▲玻利维亚的士兵

揭开独立序幕

随着欧洲大国争霸的日趋激烈，西班牙和葡萄牙的国势便江河日下，美洲人民风起云涌的斗争像巨浪一样冲击着腐朽的殖民统治。最早起来反对欧洲殖民统治并取得成功的是海地人民。

1791年10月，在加勒比海的圣多明各岛西部的法属殖民地海地，黑人奴隶首先点燃了拉丁美洲民族独立运动的战斗烈火。海地起义军1 000余人在杜桑等人的带领下，烧毁了殖民者种植园。1795年杜桑实际上已控制了整个海地，经过10年征战，统一了整个圣多明各。

1801年杜桑颁布了海地第一部宪法，并担任终身总统，宣布永远废除奴隶制度，在法律面前人人平等。1803年11月，黑人起义军攻陷法军最后一个堡垒，法国侵略军被迫投降。1803年11月29日杜桑签署了独立宣言，正式宣布国家独立，并用印第安语原名“海地”（意为多山的地方）作为自己的国名。

海地是拉丁美洲第一个摆脱殖民统治获得独立的新国家，揭开了19世纪拉丁美洲殖民地民族独立战争的序幕。

西蒙·玻利瓦尔

西蒙·玻利瓦尔是19世纪初拉美独立运动最杰出的领袖之一。他领导了1810—1826年委内瑞拉、哥伦比亚、厄瓜多尔、秘鲁和玻利维亚等地的独立战争，建立了联合今天委内瑞拉、哥伦比亚和厄瓜多尔的大哥伦比亚共和国及秘鲁、玻利维亚等国家，是南美共和制度的奠基者。委内瑞拉人民尊称他为“解放者”“民族英雄”。

多洛雷斯呼声

1810年北起墨西哥，南到阿根廷，到处竖起独立大旗，拉丁美洲大陆的独立战争如火如荼地开展起来。战争有三个中心，即墨西哥、委内瑞拉和智利。拉美独立运动大致可分为两个阶段。第一阶段中规模最大、影响最深的是伊达尔哥发动的墨西哥独立战争。

在墨西哥，殖民统治力量较强，阶级矛盾尖锐。长期被奴役的印第安人和混血种人对西班牙统治者怀有无比的仇恨。19 世纪初，拿破仑率军侵入西班牙，西属美洲殖民地人民趁机起义。

1810 年 9 月 16 日，在墨西哥北部的一个偏远村落多洛雷斯，几千名印第安人揭竿而起，发出了“独立万岁！美洲万岁！打倒坏政府”的怒吼。这就是历史上著名的“多洛雷斯呼声”，领导这次起义的是 47 岁的教士伊达尔哥。

以“多洛雷斯呼声”为标志的墨西哥独立战争开始了。起义军与西班牙殖民军展开了战斗。1811 年伊达尔哥被敌人俘虏、英勇就义，但他得到了人民对他的尊敬。人民把他发出“多洛雷斯呼声”的日子——9 月 16 日定为墨西哥独立日，并尊他为“墨西哥独立之父”，永远怀念他的伟大功勋。1822 年成立墨西哥联邦共和国。

独立运动的第二阶段

1816 年西属拉美独立战争进入一个新的阶段，南美成为斗争的重心。南美北部的独立运动是以委内瑞拉为中心的。这个地区的革命运动以及整个南美的解放战争都是和玻利瓦尔的名字分不开的。

西蒙·玻利瓦尔出生在加拉加斯一个克利奥尔人大地主家庭，从小就深受启蒙主义的熏陶。后来他又漫游欧洲，足迹遍及西班牙、意大利和法国。百折不挠的玻利瓦尔经辗转来到委内瑞拉，经过他领导的一系列战斗，委内瑞拉第二共和国终于诞生了。在南美大陆的北半部，西蒙·玻利瓦尔领导的独立运动，是 19 世纪初拉丁美洲独立运动中规模最大的。

就在玻利瓦尔连年征战的时候，圣马丁在南美南部接连获胜的捷报也频频传来。对西班牙殖民军实行南北夹攻，最后一击的时刻终于来到了。1818 年智利宣告独立。1821 年 7 月，秘鲁独立，圣马丁被授予共和国“保护者”的称号。

在墨西哥的革命影响下，中美洲其他一些地区纷纷宣布独立，并在 1823 年成立“中美联合省”。1822 年，巴西脱离葡萄牙而独立。

1826 年 1 月 23 日，西班牙国旗在秘鲁的卡亚俄港黯然下降。300 多年的黑暗统治结束了，西属美洲大陆殖民地取得独立，在历史上揭开了新的一页。

▼这是一幅 1825 年的象征画，用以纪念秘鲁独立解放运动领袖玻利瓦尔。他有一句著名的誓言：只要祖国一天不从西班牙统治下获得解放，他就要奋斗一天。由于他在南美独立运动中的巨大作用，人们常常称他为“南美的乔治·华盛顿”。

▼墨西哥独立运动的英雄们

第六章

统一和殖民化时期的战争

1815年拿破仑失败后的整个19世纪里，战争的演变是一场长期的革命，它由政治、经济、社会多种力量所创造和支持，技术进步只是其中的一种力量，但在许多方面它的影响最为深远和引人瞩目。在技术领域里，诸如冶金、化学、弹道学和电子学方面的进步是军事变革的突出因素，但还不是全部因素。

19世纪上半叶，欧洲、北美洲处于资本主义上升时期，逐渐以集中的资本主义工业生产代替分散、落后的小农生产，以雇佣剥削制代替封建剥削制，使社会生产力得到发展，农民摆脱封建桎梏，为资产阶级军队提供了大量的兵员。资产阶级为了对内对外进行战争，比较普遍地实行征兵制和预备兵制度，采用正规的军、师、旅、团、营、连的编制，制定统一的操典、教范和条令，建立庞大的正规的陆军、海军。陆军中有步兵、骑兵、炮兵、工兵和辎重兵等。军队还建立了各级司令部和总参谋部。

19世纪末20世纪初，资本主义进入帝国主义阶段。此时，整个世界已被几个老牌帝国主义国家瓜分完毕，后起的帝国主义国家则要求重新瓜分殖民地和势力范围。战争的规模越来越大，由国家与国家的战争、国家集团与国家集团的战争，发展为世界大战。

随着战争规模的扩大、生产力的迅速发展、科学技术的重大突破，军事技术得到长足进步。第一次世界大战前已经出现了多种新式技术兵器：陆军有自动步枪、机枪、迫击炮、手榴弹等；海军有驱逐舰、战列舰、巡洋舰、潜艇、鱼雷和鱼雷艇等；飞机开始用于军事；交通工具发达，通信器材得到广泛应用；大战中出现了坦克、高射炮、毒气等。

意大利民族独立运动

▲加里波第

根据维也纳会议决议，意大利被肢解。伦巴第－威尼斯地区、帕尔马公国、托斯卡纳公国、摩地那公国、卢加公国都直接或间接处于奥地利哈布斯堡王朝统治之下，西班牙波旁王朝恢复对两西西里王国的统治。教皇则恢复了对罗马及其领地的统治，只有皮蒙特王国（撒丁王国）保持一定的独立性，民族压迫和封建割据严重阻碍了意大利社会的发展，意大利人迫切要求摆脱异族统治，消除封建割据，实现民族独立和国家统一。到19世纪中叶，席卷意大利全境的民族解放战争即将来临。

第一次独立战争

1848年1月，西西里爆发起义，第一次独立战争开始。这次战争是1848年欧洲资产阶级革命的重要组成部分。西西里起义者驱逐了那不勒斯军，成立了临时政府。3月米兰人民起义，击败奥地利占领军，解放了米兰。3月23日，萨丁王国对奥宣战，国王查理·阿尔伯特率军开赴伦巴底。4月意大利各邦相继加入对奥战争。

6月，奥军主力进入意大利，开始反攻，占领威尼斯，7月，奥军在库斯托查击败萨军，8月9日，双方签订停战协定，奥地利恢复对伦巴底和威尼斯的统治。

8月，威尼斯和托斯卡纳建立共和国。11月15日，罗马爆发起义。1849年2月成立共和国，3月萨丁重新对奥宣战。3月23日，拉德斯基率奥军击败并合围萨丁军主力，查理·阿尔伯特退位，萨丁与奥地利议和。

4月，法、奥、那不勒斯联军进攻罗马，加里波第率军英勇抵抗。4—6月连续击败联军进攻，但最终寡不敌众，7月3日，法军占领罗马，教皇复辟。8月22日，奥军攻占威尼斯，第一次独立战争结束。

第二次独立战争

第一次独立战争的失利，资产阶级民主派受到沉重打击。50年代，民主派不断分化、瓦解，资产阶级自由派应运而生。1859年4月初，撒丁军队开始动员，月底，奥军开始出击，战争爆发。

5月底，双方进行首次交战，联

加里波第

意大利独立战争造就了杰出代表人物，其中首推加里波第。加里波第在战前通过一系列军事实践活动，获得了丰富的经验。在三次独立战争中，他指挥若定，多次打败兵力上占优势的敌军，取得辉煌战绩。他善于发扬革命军队的政治优势，深入敌后开展游击战，积小胜为大胜，为意大利统一作出了巨大的贡献，后人称他为“现代游击战之父”是当之无愧的。他在军事实践中创立的一整套战略战术，是意大利乃至全世界人民宝贵的精神财富。

▲1859 年 6 月 24 日，法军与奥军会战，法国皇帝拿破仑三世正在督战。

军获胜，加里波第率志愿军深入敌后，连战连捷，解放大片地区，广大群众揭竿而起，纷纷加入志愿军，加里波第力量不断壮大，有力地牵制奥军作战行动。

6 月，联军损失惨重，其中奥军被逐出伦巴底。对奥战争的胜利，推动意大利民族解放运动的高涨，人民起义席卷意大利北部和中部。7 月，加里波第解放西西里岛全部，为进军意大利本土做了准备。8 月初，加里波第开始进军那不勒斯。9 月，进入那不勒斯城，王国守军不战而降。10 月，加里波第与西西里岛守军展开激战，由于敌军兵力占绝对优势，加里波第付出重大伤亡后重创守军，守军退却，死守阵地。11 月初，南部地区宣布并入撒丁省。战至 1861 年 3 月，意大利基本实现统一。

第三次独立战争

意大利王国成立后，企图通过王朝战争，夺取威尼斯。1866 年 4 月，时值普鲁士和奥地利争夺德意志统一的领导权而发生尖锐矛盾。1866 年 4 月，普意结成反奥军事同盟，6 月，普奥战争爆发，意大利乘机对奥宣战，第三次独立战争爆发。

此时，奥军主力撤回本土，意军免遭打击。加里波第协助政府军作战，深入敌后，连战皆捷。但意大利政府迫于普鲁士首相俾斯麦的压力，强令加里波第撤出奥军战略据点南提罗尔，致使该地重归奥军之手。同时，奥意海军在亚得里亚海附近海域进行一场殊死海战，意军损失惨重，3 艘装甲舰沉没，其余舰只撤出战斗。奥军损失甚微。奥意战争结束后，加里波第为解放罗马奔走呼号。法国拿破仑三世为阻止加里波第进攻罗马，派远征军进驻罗马。加里波第率部进至门塔纳，遭法军和教皇军队阻击。由于法军装备新式步枪，火力密集，加里波第部遭重创，进军罗马行动再次受阻。

1870 年 7 月，普法战争爆发，拿破仑三世被迫撤回驻罗马法军。9 月 2 日，法军在色当之战中大败，拿破仑三世成为阶下囚。意大利王国政府不再担心法国的干涉，遂派军日夜兼程，赶在加里波第部之前夺占罗马。9 月 20 日，政府军和加里波第部同时开进罗马城。至此，意大利统一大业终于完成。1871 年 1 月，意大利王国首都由佛罗伦萨迁至罗马。

▼1870 年 7 月，普法战争爆发，拿破仑三世被迫撤回驻扎在罗马的法军，意大利趁机独立。图为意大利国王维克多·伊曼纽尔二世。

克里木战争

克里木战争是1853—1856年在欧洲爆发的一场战争，作战的一方是俄罗斯，另一方是奥斯曼帝国、法国、英国，后来撒丁王国也加入了这一方。一开始它被称为“第七次俄土战争”，但因为其最长和最重要的战役在克里木半岛上爆发后来被称为“克里木战争”。

战争的军事影响

这次战争对军队武器装备的演变和军事学术的发展，有着重要的影响。战后，以线膛枪炮代替滑膛枪炮，装甲蒸汽舰队取代木制风帆舰队，成了各国军备发展的普遍趋势。由于枪炮性能的改进，拿破仑时期以来欧洲多数国家军队采用的纵队突击战术，为这次战争的实践所逐渐淘汰。

争夺昔日帝国“遗产”

这场战争的表面起因是宗教问题。俄罗斯向土耳其奥斯曼帝国提出为保护奥斯曼帝国境内的东正教徒，在“圣地”建立俄罗斯的保护地的要求。这个要求被君士坦丁堡的苏丹拒绝。法国的天主教徒和英国的新教徒也反对俄罗斯在巴勒斯坦建立据点的企图。俄罗斯在被苏丹拒绝后，决定以此作为采取军事行动的理由。1853年俄罗斯与土耳其奥斯曼帝国断交，并开始占领多瑙河流域的土耳其附属国。

战争的真正原因是土耳其奥斯曼帝国内部的逐渐瓦解，俄罗斯认为这是它在欧洲的势力不断扩大的好机会，尤其是获得一个通向地中海和占领巴尔干半岛的好机会。土耳其奥斯曼帝国在巴尔干半岛上的统治此时显然摇摇欲坠，而俄罗斯则争取获得对博斯普鲁斯和达达尼尔海峡的控制。英国和法国反对俄罗斯的扩张，它们不希望俄罗斯获得这些战略要地，以维持它们自己在东南欧的势力和利益。

对俄国宣战

1853年2月，俄沙皇尼古拉一世派遣他的特使前往伊斯坦布尔，要求土耳其政府承认俄皇对苏丹统治下的东正教臣民有特别保护权。土耳其自恃有同盟国撑腰，拒绝了俄国的最后通牒，并允许英法联合分舰队进入达达尼尔海峡，俄国遂与土耳其断交。1853年7月，俄国派兵进驻摩尔达维亚和瓦拉几亚这两个多瑙河公国。

1853年10月，土耳其苏丹在大不列颠和法国的支持下要求俄国归还这两个公国，并对俄国宣战。揭开战争序幕的是锡诺普海战。

▼英法联军与俄军在克里木激战

锡诺普海战

俄国舰队比土耳其舰队强大得多，不仅可以利用它来对付土耳其的海上力量，而且还可以利用它来协助陆军的行动。

双方陆上作战均无成效，但从战争一开始，俄国黑海舰队就卓有成效地活动在敌海交通线上，将土耳其舰队封锁于各港口之内。1853 年 11 月 30 日，在锡诺普港湾全歼土分舰队和俘虏其指挥官。

▲1854 年 9 月 20 日，英军纵队向俄军逼近。苦战后，俄军被迫撤退。

锡诺普海战的胜利，是俄国在战略上取得的一次重大胜利。俄国的胜利就意味英国和法国在地中海地区利益的损失，因此两国很快参战。1854 年 1 月，英法联合舰队进入黑海，负责护卫土耳其交通线。俄国政府遂于 1854 年 2 月宣布与英国和法国处于战争状态。

塞瓦斯托波尔保卫战

俄国被迫与同盟国进行战争，在军事技术装备方面远远落后于西欧诸国。战斗在几个战区同时展开。

1854 年 9 月，盟国舰队以强大的兵力支援和掩护一支远征部队在克里木半岛实施登陆。俄军与防守的缅施科夫军遭遇，惨遭失败，被迫向塞瓦斯托波尔退却。

联军采取了迂回机动的方法，从南面抵近塞瓦斯托波尔城。1854 年 9 月 25 日，塞瓦斯托波尔城内宣布戒严，由此开始了历时 349 天的塞瓦斯托波尔保卫战。

联军指望以海陆两面的猛烈炮火摧毁要塞的陆上工事，尔后一举攻占塞瓦斯托波尔。但是，俄军海岸炮台的还击使联军围城火炮和舰只受到较大损失，缅施科夫也曾组织兵力进行反击，使战争处于胶着状态。

交战双方在奥地利的调停下开始进行停战谈判。俄国认为同盟国所提条件无法接受，和谈于 1855 年 4 月中断。1855 年，战事在所有战区持续未断，但克里木战区仍然是主要战区。在波罗的海交战的双方舰队均未取得实际成效。

在高加索战区，联军采取一系列积极行动，最后于 9 月 8 日对塞瓦斯托波尔发起总强攻，结果夺取了塞瓦斯托波尔防御配系中的关键阵地马拉霍夫岗。俄军决定放弃城市，撤到塞瓦斯托波尔港湾北岸，将弃置的舰船全部沉没。

▼围困在塞瓦斯托波尔港口的英军炮兵驻扎在一片高地上，高地下方就是塞瓦斯托波尔的城墙。

1855 年年底，双方在维也纳恢复谈判，俄国政府被迫作出让步。1856 年 3 月，战争双方签订《巴黎和约》。和约规定：交战双方交还各自占领的地区；俄国和土耳其均不得在黑海保有舰队和海军基地；俄国须拆除黑海沿岸的要塞，放弃它对奥斯曼帝国境内东正教臣民的“保护权”，承认多瑙河在国际监督下的通航自由，并退出比萨拉比亚南部。

印度民族大起义

1857—1859 年，印度爆发了一场声势浩大的民族大起义。起义席卷了印度中心地区的许多地方，许多封建王公也参加了起义，成为起义军领袖。

▲印度社会各阶层包括不少封建王公对英国的残酷剥削、压榨和凌辱表示强烈不满。

英国在印度的殖民统治

19 世纪上半叶，印度完全沦为英国的殖民地。英国极力把印度变成商品销售市场和原料产地，用各种形式的土地税残酷地剥削农民，用英国工业品摧毁印度手工业，激起农民和手工业者的极大仇恨。英国在印度实行兼并封建主领地的政策，引起许多王公的不满。1849 年英国吞并旁遮普以后，取消 20 万印度雇佣兵的特权，使印度雇佣兵十分气愤。印度雇佣兵是穿上军服的手工业者、农民和被剥夺土地与特权的小地主，他们同印度社会广大阶层反抗殖民统治的要求息息相通。

英印军队中的印度土著雇佣兵是当时印度唯一有组织的力量。这些给英国殖民者当兵的印度士兵，在大起义前已达 25 万人，他们大部分来自破产农民和手工业者，多数是为生活所迫才受雇于英国殖民者的。英国殖民者为加强对士兵的控制，干涉他们的信仰，触犯他们的种姓，削减他们的薪饷，激起了广大士兵的强烈不满，他们多次举行武装反抗，成为印度人民反抗英殖民统治的核心力量。

米鲁特起义

1857 年年初，殖民当局用牛油和猪油做润滑油涂在子弹上，这带有明显的种族、宗教歧视，严重伤害了广大信仰印度教和伊斯兰教士兵的感情，军队哗变事件不断发生。3 月 29 日，第 34 团一名士兵怀着对殖民者的满腔怒火，开枪打死 3 名英国军官，被处以绞刑。这一事件加速了民族起义的爆发。

▼1857 年兵变时英军士兵的彩色军装

5 月 10 日，驻德里附近米鲁特的印度士兵首先起事，点燃了印度民族大起义的烈火。他们放弃宗教偏见，用曾经拒绝使用的涂油子弹打击英国殖民者。起义士兵焚烧军营、袭击教堂、封锁铁路、释放囚犯。当晚，米鲁特起义军乘胜向德里进发。德里城内军民纷纷响应，严惩英国军官，烧毁殖民者住宅，打开城门迎接起义军。起义者很快就占领了古都德里，成立了起义政权，对英国统治者心怀不满的贵族和僧侣也参加起义队伍，初步形成了一个包括各阶级、各种族力量的反英战线。英殖民者急忙从各地调兵围攻德里，4 万起义军英勇战斗，不断出击，连挫英军，使其无法前进一步。

烽火四起

德里起义的重大胜利沉重地打击了英国殖民者，有力地推动了各地反英斗争，起义烽火很快遍及印度的北部、中部和南部。北方奥德省的勒克瑙、坎普尔起义在全境取得胜利，对从东南方向进攻德里的英军造成很大威胁；中印度的詹西起义军由女王率领，攻占了市区，恢复了女王王位；印度南部的海德拉巴和孟买起义也取得了胜利。

在起义迅猛发展的过程中，逐渐形成了以德里、勒克瑙、詹西等大城市为中心的起义据点，德里成为英军进攻的首要目标。德里起义军在挫败英军进攻后，没有乘胜出击，在战略上采取守势。随着斗争的日趋严峻，混进起义队伍的封建王公贵族阴谋叛变，地主富商哄抬物价，他们还私通英军，内外勾结，严重地削弱了起义队伍的力量。9 月 14 日，英军向德里发起总攻，在猛烈炮火的支援下攻进城里。起义军同敌人展开巷战，最后被迫退出了德里。

▲印度步兵

德里陷落后，奥德省的首府勒克瑙成为起义军的中心。1858 年 3 月初，英军进攻勒克瑙。起义军不畏强敌，英勇作战，坚持了两个多星期后，撤离勒克瑙。

此后，詹西又成为起义的中心。双方展开激烈的炮战，詹西女王亲临前线指挥，带领士兵冲锋陷阵。由于内奸出卖，敌人从南门攻进城里，女王带领战士冲向敌人，与敌展开白刃战，詹西城失陷。

詹西女王

詹西女王，是印度北部詹西土邦的女王，名叫拉克希米·巴依，是 1857—1859 年印度人民大起义的领导者之一，拉克希米·巴依生于贝拿勒斯，1842 年，年仅 8 岁的她嫁给了詹西王，成为詹西皇后。1853 年她丈夫去世，没留下儿子，她以詹西女王的身份开始执政，英国殖民当局以詹西女王绝了男嗣为由，兼并了詹西的领土，还抢走了詹西王留下的大部分财产。1857 年，印度人民大起义后詹西女王在詹西发动起义，1858 年，她当上起义军的总指挥，组织反击。詹西城被攻陷后，詹西女王到外地坚持斗争，在瓜廖尔根据地战斗到最后一刻，壮烈牺牲，年仅 23 岁。

起义失败

德里、勒克瑙、詹西等起义中心相继陷落后，各地分散的起义军转入游击战。6 月 1 日，起义军解放瓜廖尔，建立了临时政权。英国对此十分恐慌，从各方调兵遣将进攻瓜廖尔。战斗在城东南郊激烈展开，詹西女王始终和起义士兵一起奋战。起义军作战非常勇敢，由于遭到敌人炮火的猛烈轰击，起义军伤亡越来越大，但詹西女王仍不断地向前线聚集部队，英勇抗击敌人的进攻，坚守最后的防线，最后壮烈牺牲，表现了她非凡的勇气和英雄气概。到 1859 年年底，各地零星的游击战最后都停止了。

美国内战

美国内战是1861年4月至1865年4月美国南方与北方之间进行的战争，又称南北战争。北方领导战争的是资产阶级。在南方，坚持战争的只是种植场奴隶主，他们进行战争的目的是把奴隶制度扩大到全国，而北方资产阶级的目的在于打败南方，以便恢复全国的统一。这场战争具有现代总体战争的许多特点，因此这场战争在军事史上占有显著地位，被称为"第一次现代战争"。

南北战争爆发

19世纪中叶，北部自由劳动制度与南部奴隶制度之间的矛盾发展到不可调和的地步，南部奴隶制度成为美国社会经济发展的主要障碍，南北之间的斗争在西部土地的争夺中表现得最为激烈。

19世纪上半叶在美国领土向西扩张的过程中，在西部接连成立新的州。但是每当新州成立之际，就在该州发生容许或禁止奴隶制存在的斗争。北方资产阶级和农民主张在新州内禁止奴隶制度，要求把新州确定为自由州。南方奴隶主则力图把奴隶制扩大到西部，主张把新州确定为容许奴隶制存在的州，奴隶主利用其在美国国会及政府中的统治地位，连续取得胜利，激起北方广大人民的愤慨。

1854年，在北方成立了美国共和党。同年，南方奴隶主企图用武力把奴隶制扩张到堪萨斯，于是在堪萨斯爆发了西部农民与来自自由州的移民反对南方奴隶主的武装斗争，斗争持续到1856年，揭开内战的序幕。1857年奴隶主又企图把奴隶制扩展到美国全部领土上去，从而导致约翰·布朗起义。

◀林肯

1860年，林肯当选为美国总统之后，对南方种植园主的利益构成严重威胁，他们当然不愿意一个主张废除奴隶制的人当总统。为了重新夺回他们长期控制的国家领导权，他们在林肯就职之前就发动了叛乱。1860年12月，南方的南卡罗来纳州首先宣布脱离联邦而独立，接着密西西比、佛罗里达等蓄奴州也相继脱离联邦。1861年2月，他们宣布成立一个"美利坚邦联"，推举大种植园主杰弗逊·戴维斯为总统，还制定了"宪法"，宣布黑人奴隶制是南方联盟的立国基础："黑人不能和白人平等，黑人奴隶劳动是自然的、正常的状态。"

1861年4月，南方联盟不宣而战，迅速攻占了联邦政府军驻守的萨姆特要塞。林肯不得不宣布对南方作战，南北战争爆发。

第一次马那萨斯会战

当时美国南北双方力量对比悬殊。北方有23个州，人口2 200万，工业生产是南方的10倍。南

▲南军指挥官托马斯·杰克逊

方只有7个州900万人口。南方之所以敢挑起战争，是因为南方早就从军事上做好了准备，南方军队素质高，军火工业发达，并得到英法等国的援助。南方想通过速战速决打败北方。

美国内战大体分为两个阶段和东西两大战场。1861年4月至1862年9月是“有限战争” 阶段。双方都集中兵力于东战场为争夺对方首都而展开激战。南方军队统帅是杰出军事家罗伯特·李，他根据双方力量悬殊的状况，制定了以攻为守的战略，集中兵力寻歼北军主力，迫使北方签订城下之盟。

而北方对战争准备不足，又采取了所谓的“大蛇计划”，把兵力分散在8000英里长的战线上，加上同情奴隶主的指挥官麦克莱兰采取消极战术，使北军连连受挫。

1861年，双方在东战场举行了第一次马那萨斯会战。7月21日，北方发起向南方首都里士满进军的攻势，3.5万北方军队排着整齐队形，在军乐声中向里士满进军。由于北方事先大张声势，认为南军不堪一击，加上这一天是星期六，于是许多华盛顿市民、国会议员、记者等身着盛装，携妻带子，提着装有野餐的篮子，有的坐马车，有的随军队步行，像过节一样，前来战地观光，看热闹。南方军队2.2万在铁路枢纽马那萨斯列阵相迎。北方军队在观众的欢呼声中向南军发起攻击，猛烈的炮火把南军阵地笼罩在烟雾中。北军继而跨过布尔河向对岸发起冲击。谁想南军指挥官是名将托马斯·杰克逊，他沉着指挥，击退了北军5次冲锋，因此获得“石墙”的美称。战斗十分激烈，由于双方军服几乎相同，一时敌我难辨，战场一片混乱。不久，南军9 000援军赶到，发起反攻。缺乏训练的北军一触即溃，丢下大批枪支弹药逃回华盛顿。

兵临华盛顿城

进入1862年，战况更为激烈。林肯下令发起总攻击。北军在西线节节胜利，几乎打通了南北大动脉密西西比河。海军也攻克了南方最大港口新奥尔良。但在东战场，北军又连遭惨败。北军司令麦克莱兰拥有重兵10万，却几个月按兵不动，因为他把敌人的5万人马当成了15万。后在林肯催促下，才发动“半岛战役”，企图攻占里士满。

罗伯特·李急率南军迎击。

▼北方司令格兰特在前线视察战况

▲冒着南方猛烈炮火的攻击，北方军队正在渡河。

罗伯特·李以机动寻找战机，调动北军，然后寻找北军薄弱环节发起进攻，把北军逐出了里士满附近的半岛，使北军损失1.65万人，南军也损失2万人，但在战略上却取得了保卫首都的胜利。

罗伯特·李乘胜北上，8月底，与北军进行第二次马那萨斯会战。南军有5.4万人，北军8万人。罗伯特·李高超的指挥艺术发挥得淋漓尽致。他以小部队把北军主力吸引到阵地上，主力机动，从侧翼和后方发起进攻，然后正面、侧面夹击，一举击溃了北军。

北军伤亡1.4万，被俘7 000人。南军兵临华盛顿城下。北军9月在安提塔姆会战中才顶住了李军攻势。在海战方面，虽然北方海军占压倒优势，但南方的装甲战舰也给北方带来很大麻烦。

这一阶段南方占了明显优势。北方失利原因除了南方军队素质高和罗伯特·李的杰出指挥外，更主要是因为北方资产阶级害怕发生革命，不敢明确宣布废除奴隶制度，解放黑人，而幻想通过妥协来重新实现南北统一。

内战转折点

从1861年起一年半里双方多次交战，北方军屡屡战败，连华盛顿也数次告急。林肯万分焦急。他及时发现了问题的症结：北方军缺乏善于指挥的将领。而且他认为动员广大黑人投入解放自身的战斗中去，才是这场战争取胜的关键。

于是，林肯主持通过了《宅地法》和《解放宣言》。1863年1月1日正式实施的《解放宣言》宣告：南方各州的黑奴，从现在起永远获得人身自由。他们的人身权利将得到政府和军队的保证，条件合适的黑人自由后可以参加北方军。

《解放宣言》一公布，立即有18万黑人拿起武器，参加解

葛底斯堡战役

1863年6月，南军8万攻入宾夕法尼亚州，北方再次告急。林肯急召波托马克军团11万人迎击。

这次罗伯特·李军低估了对手，以为又和以前一样指挥拙劣，自己能轻易取胜，因此没采用惯用的牵制行动。未料北军已任命悍将米德任军团司令。米德率军在交通枢纽葛底斯堡堵住南军。7月1日，南军向北军防守的高地发起猛攻。第一天便突破北军防线，北军死伤惨重，仅被俘就达5 000多人。罗伯特·李得意起来，令部队停下来休息，等待后续部队上来，从而给北军以喘息之机。

7月2日下午，南军以300门大炮猛攻，北军奋勇抗击，顶住了南军的攻击。第三天，南军孤注一掷，发起总攻。几个师长旅长亲自挥刀上阵冲锋。北军炮兵以猛烈火力吞噬了一群群南军士兵。但南军不顾惨重伤亡终于冲上北军主阵地公墓岭顶峰，双方展开白刃战。这时北军全线反攻，终将南军全歼。只见北军阵地上到处堆积双方士兵的尸体，南军2个旅长和15个团长全都阵亡，死伤2.8万。北军伤亡也达2.3万。罗伯特·李率军后撤。这次大战是内战中最激烈的一次，战场上有棵树竟身中250弹。这一仗扭转了东线战局，从此北方完全掌握了主动权。

放自己同胞的战斗。从此南北战争不仅是维护美国统一的战争，更有解放黑奴、维护人权的深远意义。同时，林肯又起用了格兰特将军任北方军总司令，颁布《征兵法》，保证部队士兵的充足来源。北方军逐渐在战争中占了上风。战争从1862年9月进入了“革命战争阶段”。

▲1864年8月31日，北方军队正在向南方军队发起猛攻。

三次大战

北军司令格兰特和名将谢尔曼共同制定了“总体战略”，即不但消灭敌人军队，还要摧毁敌人的经济基础和敌方居民的战斗意志。正如谢尔曼说的：要使敌人今后几代也不敢发动战争，“我们一定要清除和摧毁一切障碍，如有必要，就杀死每一个人，夺走每一寸土地，没收每一件财物。一句话，破坏我们认为应该破坏的一切东西……”北方军队采取了主动进攻的战术，从1863年起，双方进行了三次大战：一是昌西洛维尔战役，这是南方取得的最后一次战役的胜利；二是维克斯堡战役，北军大败南军；三是葛底斯堡战役，这是最有名的一场战役。

三次大战后，南军气数已尽，北军士气越来越高，不断发起强大攻势。1863年11月，又取得查塔努加战役胜利，击溃南军4.6万，向南军后方进攻的大门敞开了。

北方胜利

1864年，北军向南军发起三路攻势。在东战场，格兰特采用消耗战略，使罗伯特·李军团主力消耗殆尽，再无力进攻了。在西线，谢尔曼长途奔袭敌后方，所到之处，实行“三光”政策，烧毁种植园、城镇和村庄，摧毁工厂企业，连铁轨都拆下来弄弯。南方到处火光冲天，一片废墟。完成了摧毁南军后方的任务。与此同时，北方海军也对南军实行“窒息式封锁”，完全切断了南军对外联系。

1865年，南军已到山穷水尽，濒临崩溃的边缘。北军从陆海两个方向发起最后攻势，北军攻克重镇彼得斯堡和南方首都里士满，南军还剩不到3万残兵败将，4月9日被迫向格兰特投降。不久，南军残军17万全部放下武器。在北军取得胜利的时刻，南方奴隶主分子暗杀了林肯总统。但这一垂死挣扎挽救不了南方失败的厄运。

◀1865年4月2日，南方军队正在从里士满弃城逃跑。

德意志内战

德意志内战（又名“七周战争”或“普奥战争”）发生于1866年，由奥地利帝国与普鲁士争夺统一德意志的领导权而引发。普鲁士的胜利令它称霸德意志，最后完成统一大业。在德国和奥地利，此战称为“德意志之战”或“兄弟之战”。在意大利统一运动中，此战是第三次独立战争。

俾斯麦

1815年4月1日出生于普鲁士雪恩豪森一家大容克贵族家庭，他的童年是在他父亲的庄园里度过的。大学期间，他曾与同学决斗27次。1835年于柏林大学毕业后，俾斯麦回到老家管理自己的两处领地。俾斯麦体格强壮，粗野的个性、对待农民的残忍、追求目标的毅力、不择手段以及现实主义的态度构成其鲜明的性格特点。人们称俾斯麦为“铁血宰相”，是因为他当上宰相的第一周，在邦议会上发表首次演说时说道：“当代的重大政治问题不是用说空话和多数派决议所能决定的，而必须用铁和血来解决。”

铁血宰相的策划

几个世纪以来，神圣罗马帝国的皇帝很多都是哈布斯堡家族的成员。他们在名义上统治德意志全境，而且拥有独立统治权，但却受外国势力影响，尤其是法国。随着普鲁士的崛起，在19世纪以前已经是欧洲的强国之一。1815年，拿破仑战争结束，德意志邦国被并入组织松散的德意志邦联，由奥地利领导。这时，法国在德的影响力减弱，民族主义在德兴起，德意志统一运动开始萌芽。运动的支持者提出两种统一方法：把德意志全境统一，建立大德意志，包括奥地利这个多民族帝国；或是在普鲁士领导下，建立排除奥地利，由普鲁士统治的小德意志。

1862年，奥托·冯·俾斯麦被任命为普鲁士的首相。他马上策划统一运动，务求由普鲁士主宰小德意志。俾斯麦竭力推行“铁血政策”。他认为，当前的种种重大问题

▼普鲁士的主要首脑，国王（中）左边的是奥托·冯·俾斯麦首相和毛奇将军

不是演说词与多数决议所能解决的。要解决德意志民族矛盾，只有用铁和血。对此，俾斯麦花费了巨大精力。首先，积极开展外交活动，争取同盟者或中立者支持战争；其次，积极进行财力准备，以筹备足够的军费；再次，大力加强军事工作，积极改善武器装备，改组军队并加强训练，始终不懈地进行战争准备。

普鲁士经过全面战争准备，到1866年上半年，可以说是万事俱备，只欠东风，即寻找战争借口。6月14日，德意志联邦议会以9∶6的票数通过了反对普鲁士的方案。俾斯麦立即授权普鲁士公使声明：联邦议会无权以这种方式对待它的成员，并坚决要求解散联邦议会。同时，向萨克森国王、汉诺威国王提出最后通牒，要求他们接受普鲁士提出的《联邦改革纲要》，并且允许普军自由通过他们的国土。这些，都遭到上述国王的拒绝。至此，任何外交谈判都已无济于事。6月17日，奥地利首先发表宣战书；18日，普鲁士接着对奥宣战。

▼1866年7月20日，新建立的意大利海军被奥军舰队击败

南线与西线战场

宣战后，双方互有盟友。大部分德意志邦国都支持奥地利，把普鲁士当作侵略者。一些北方的邦国支持普鲁士，此外，意大利与普鲁士结盟，希望夺回被奥地利占领的威尼斯，统一意大利。值得注意的是，并没有其他国家介入战争：因为克里木战争之失败，俄国与奥国关系欠佳；法国的拿破仑三世认为奥军会得胜，又想得到莱茵河附近的领土。两国也没有干预。

普奥之战是多年未见的大陆国家战争，动用了不少曾在美国南北战争大派用场的科技，包括以铁路帮助运兵及以电报维持长途通信。普军的后装线膛炮使用方便，士兵可以在找掩护时上膛；奥军用前装线膛炮，上膛时却没有掩护，实力显而易见。

整个战争行动在南、西、北三个战场同时展开。北线以波希米亚为主战场，它决定着整个战争的命运。

南线意大利战场由奥意军队交锋。战事一开始，形势就对奥地利有利。本来，意大利拥有一支人数颇多、装备精良的军队。它由国王维克多·伊曼纽尔二世亲自统率，主动向阿尔布特将军率领的奥地利军队出击。可是，6月24日两军在库斯托查发生的第一次会战中，意军竟被打得惨败，以致达到无力再战的程度。俾斯麦对自己的盟军如此缺乏战斗力感到十分恼火，但却无可奈何。意军的惨败使普军迫使敌军两线作战的战略计划不能实现。奥军在意大利获胜后，并没有继续展开攻势，而是放弃了威尼斯，只留少量兵力驻防，而将大部分兵力迅速调回多瑙河沿线，以支援形势紧迫的北战场作战。

西线德意志战场，由普鲁士军队与奥地利阵营中的一些成员国交战。宣战后，普军迅速开进了奥地利的盟邦汉诺威、萨克森等毗邻国家。这些国家的军队，在普军的强大威势下节节后退。萨克森军队被迫撤至摩拉维亚地区，并与奥地利的军队会合，并入贝奈德克将军指挥的北方军团。6月27日，冯·法尔肯施泰因将军率领普军5万余人，挺进朗根萨尔察附近地区，在那里大败汉诺威军队，进而围困了汉诺威城。6月29日，汉诺威王奥格尔格宣布投降。尔后，在7月初法尔肯施泰因挥师南下，准备先占领法兰克福，随后向巴登和符腾堡进军。

波希米亚战场

北线波希米亚战场主要由普军发起。普军的参谋部总长毛奇精心策划战阵，集中火力攻打奥地利。普军在自己的战略侧翼和后方安全有了保障的情况下，分兵三路向波希米亚发起进攻：王储腓特烈·威廉指挥的第2军团（12.7万人），从东北明兴格雷茨方向前进；腓特烈卡尔亲王的第1军团（9.7万人）从北面向赖兴贝格方向挺进；比滕费尔德将军统率的第3军团——易北河军团（5万人）从西北向明兴格雷茨方向进攻。

6月22日占领德累斯顿后，易北河军团与第1军团合并。随后，普军分两路进攻，其任务是：首先两支军队会合，尔后在

▼1866年7月3日，普军冒着枪林弹雨进攻奥军

▲萨多瓦会战的激烈场景

总决战中歼灭贝内德克的军队，并攻占维也纳。在奥尔米茨附近集结的奥地利北方军团向前开进迎击普军。普军由于敌情不明和缺乏统一指挥，通过山隘时行动缓慢。贝内德克本来有把握各个击破普军，但是奥军的行动比普军还要迟缓，致使普鲁士各军团顺利通过山口。6月27—30日，普奥两军在纳霍德和明兴格雷茨附近发起几次交战，迫使奥军退却。

7月3日，在萨多瓦克尼格雷茨地域双方进行了整个战争中最大的一次交战。贝内德克再次错过了各个歼灭陆续开到并先后投入交战的普军的战机。结果，奥军惨败，约1.8万人战死，2.4万人被俘。只是由于普军指挥失策（7月7日起方着手组织对奥军的追击），奥军才免于全军覆没。奥军利用这一时机来保卫维也纳：收集北方军团残部，另行编组1个多瑙河军团，并将从意大利调回的两个军编入该军团。贝内德克被革职，由在意大利战场上屡建战功的阿尔布雷希特大公接替。

不久，在毛奇和俾斯麦之间产生了分歧。毛奇主张强攻维也纳。俾斯麦则认为，此举会给今后普鲁士的欧洲政策带来困难，他坚持挥师转向匈牙利。结果，照此执行。奥地利面临丧失匈牙利的实际危险，不得不停止军事行动，于7月22日签订停战协定。8月23日，普鲁士和奥地利在布拉格签订和约。

奥普战争证明，毛奇坚持的决战战略在这次战争中未能奏效。战争的持续时间和战争的结局是由交战国的政治、经济、军事水平的高低所决定的。在奥普战争中，普军广泛使用装弹方便、发射速度快的线膛后装炮。这便要求战术和战斗队形作相应的改变。但是，战争期间交战双方均未考虑到这一点。同样，在炮兵的战斗使用上，观点也是陈旧的。炮兵通常尾随纵队，展开较晚，在需要时，尤其在对于奥普战争颇具代表性的遭遇交战中没有给步兵以炮火支援。战争还证明，必须改变部队成行军纵队运动时的组织形式，保证部队临战时能以最快速度展开。奥普战争的经验，后来为普鲁士军事当局在19世纪下半叶计划和进行各次欧洲战争时所采用。

普法战争

1870—1871 年的普法战争是普鲁士为了统一德国并与法国争夺欧洲大陆霸权而爆发的战争。但战争是由法国发动，最后以普鲁士大获全胜，建立德意志帝国而告终。在德法两国，此战役称为"'德法战争"。

"埃姆斯电报"事件

1866 年，北德邦联成立后，法国才惊觉普鲁士再不是以前弱小的邦国，而是北德邦联的统治者。法国不可再坐视不理，令普鲁士统一德意志各邦，成立一个大帝国，并与法国为邻，这会令法国在欧洲大陆上的领导地位消失。如德意志统一，法国所希望得到的莱茵河区，只会成为泡影。拿破仑三世也因国内动荡的情况，希望通过战争来转移人民的视线。

对普鲁士而言，统一必须将南部各邦并入德意志境内，以达成统一的心愿。所以，普法战争对两国而言是不可避免的，只是时间的问题。

▲描绘一个普军长矛轻骑兵与一个法军骑兵在战场上厮杀的油画

按照俾斯麦的一贯作风，与对方开战前，必会先孤立对方。俾斯麦在《布拉格条约》中，宽容对待了奥国，令双方仍保持着良好的关系；英国采取原有的光荣孤立政策，直至 1902 年。俾斯麦亦应允俄国取消黑海中立条款。而法国仍驻守罗马，阻碍意大利统一。

1868 年，西班牙发生革命，女王伊莎贝拉二世被推翻，皇位悬空。西班牙议会决定霍亨索伦家族的利奥波德继位，俾斯麦全力支持这项建议，并得到威廉一世的赞同。法国却表示强烈反对，因为法国认为，如利奥波德亲王继位，便会令法国被霍亨索伦的家族包围。最后，普王及候选的亲王作出让步，承诺撤回候选人。但法国得寸进尺，在 1870 年 7 月 13 日，法使三度走访国王，希望得到普王的书面保证，确保霍亨索伦家族的成员不会登上西班牙王位。但普王对此感到极为不满，认为法国欺人太甚，拒绝再次接见法使。普王将他与法使的对话内容通过电报通知身处柏林的俾斯麦。

俾斯麦发表冗长的电报，电文充满了辱骂法国的语气，并在报刊上刊登，巧妙地制造了有辱于法国的“埃姆斯电报”事件。这既令法国举国愤怒，亦令德国人感到法国欺人太甚。于是，法王在7月14日晚向普宣战。同日，普鲁士政府亦发布战争动员令。

▲1870年8月18日，在格拉沃洛特－圣普里瓦战役中一个法国将领正准备命令部队向普军进攻。

法军溃败

在法国宣战之后，普法双方便投入了紧张的战争动员和军队调动工作。到7月底，法国编成莱茵军团，在法德边境的阿尔萨斯和洛林共集结有8个军，约22万人，由拿破仑三世任总司令，勒布夫为总参谋长。其计划在普鲁士未及动员展开之际，先机制敌，集中兵力越过国界，直取法兰克福，切断南北德意志之联系，迫使南德诸邦保持中立，全力击败普鲁士。与此同时，普军也在莱茵河中游梅斯和斯特拉斯堡之间集结了三个军团，约47万人，由威廉一世为总司令，毛奇（老毛奇）为总参谋长。其计划集中优势兵力，向阿尔萨斯和洛林进攻，力争将法军主力围歼于边境地区或将其驱至法国北方，继而围攻巴黎，迫敌投降。

8月2日，以法军在萨尔布吕肯地区向普军发动进攻而拉开普法战争的序幕。至8月4日，普军在威廉一世和毛奇的指挥下，进行了有准备的抗击，并反攻入法境。8月上旬，法军在沃尔特、斯比克伦、马尔斯拉图尔和格拉沃洛特－圣普里瓦等几次会战中接连失利。

到8月中旬，法军主力部队的部署已被普军割裂。一部由法军巴赞元帅率领的

普法战争对法国的影响

普法战争使法国一蹶不振。19世纪60年代，法国的工业生产总值还据世界第二位。但战后，由于割让阿尔索斯和洛林，法国丧失了重要的自然资源；对德国的巨额赔款加深了政府和人民的负担，经济发展失却了动力；法国的金融业的畸形发展，使法国工业发展受到了阻碍；法国大革命后确立的小农经济政策使法国农业困难重重，落后的农业使法国失去了农村市场和经济发展的动力。到了19世纪后半叶，尽管法国经济也有所发展，但是已经落在美国、德国之后，居世界第四位。在政治上，普法战争以后，法国废除了君主制，法国国内政局动荡，先有巴黎公社的革命，后有保守派、共和派、保皇派等政治派别争权夺利，互相倾轧，国内政局不稳，形势混乱，这对法国经济发展造成了相当影响。而这些现象，与普法战争不无关系。

▲普法激战后的场景

左翼和中路的莱茵军团共17万人，被围困于战略要地麦茨要塞；另一部由拿破仑三世和麦克马法元帅率领的右翼3个军共12万余人，在夏龙编成以麦克马洪为司令的夏龙军团。8月30日，法军在博蒙地区与普军激战后退守色当。随即，毛奇命令普军向夏龙军团两侧运动。8月31日，普军第四军团占领麦茨河右岸至法比边界的整个地区，封锁了法军经蒙梅迪东进驰援麦茨的道路。

色当会战

9月1—2日，普法进行了此次战争中具有决定性意义的一次会战——色当会战。9月1日上午，普军第三军团占领符里济、栋舍里等地，切断了法军由色当经梅济埃尔西撤的铁路，进而插到法军侧后的圣芒若和弗累涅一带，堵住了法军向比利时撤退的通路。当天中午，普军完成了对夏龙军团的合围，并开始进行猛烈的炮击。下午，法军数次突围失败，拿破仑三世自知已无力挽回败局，于下午4时半下令挂起白旗。9月2日，法皇拿破仑三世率8.3万官兵向普军投降。

此会战，法军共损失12.4万人，其中仅3 000余人逃到比利时境内；普军损失近9 000人。色当惨败加速了拿破仑三世帝国的崩溃。9月4日，法国宣布成立共和国，组成了以特罗胥将军为首的资产阶级共和派政府——“国防政府”上台执政。

法国民族解放战争

德国民族统一的障碍业已消除，德国南部诸邦于1870年11月顺利并入北德意志联邦。但普鲁士当局并未因此而终止军事行动。9月中旬，普军向巴黎进军，并包围了巴黎。至此，普鲁士所进行的这场战争已不再具有原先的防御性质，而变成了一场地道的侵略性掠夺战争。这样普法战争进入到第二阶段已转变成为法国进步的民族解放战争。

在这一阶段中，法国除新建的北方军团和卢瓦尔军团等在战场上对普军作战外，还有广大的人民群众（自由射手）展开游击战，这时，法国仍具有约100万人的抵抗力量。但是，由于法国资产阶级政府实行投降政策，企图与敌人勾结，阻止抵抗运动继续发展。9月23日，普军占领图勒，27日斯特拉斯堡守军投降。

10月27日，巴赞元帅率17万法军在麦茨投降。这使普军得以腾出两个集团军压向卢瓦尔和北方军团，使这两个军团在作战中被击败。此间，法国政府曾两次向普军求和；巴黎居民由于饥困交加，反对政府的投降政策，举行了多次起义。

普法停战

1871年1月22日，法国政府镇压巴黎居民起义后，同德军指挥部进行了最后的谈判，于1月26日签订巴黎投降的条约，1月28日在普军大本营凡尔赛签订了停战三周的协定。2月26日，草签《凡尔赛和约》。

和约缔结后，法国资产阶级政府勾结民族敌人向巴黎工人发动进攻，于是爆发了伟大的巴黎公社起义。3月18日，巴黎人民起义成功，巴黎公社宣告成立。1871年5月10日，就在巴黎公社失败前不久，法国外交部长茹尔·法夫尔与德意志帝国首相俾斯麦在德国美因河畔的法兰克福城签订了正式和约。普法战争至此正式结束。

普法战争以法兰西第二帝国的垮台和法国资产阶级政府的投降而告结束。依和约规定，法国割让阿尔萨斯和洛林给德国，并赔款50亿法郎。1871年1月18日，普王威廉一世在凡尔赛宣告德意志帝国成立，并自立为皇帝。至此，德国的统一终告完成。普法战争之后，由于德法两国矛盾进一步加剧，欧洲大陆变得更加动荡不定。两国在这次战争中的结怨，成为后来引发第一次世界大战的主要因素之一。

在这场战争中，普军使用了后装填线膛火炮，法军使用了金属弹壳金属被甲枪弹和机械动力机关枪。军队野战攻防能力进一步增强，普军很好地利用了技术上的进步，改进了战术，迅速打垮了战术保守、指挥混乱的法军。

▼普法战争中的法国骑兵

西方新老列强的重新洗牌

1898 年的美西战争是列强重新瓜分殖民地的第一次帝国主义战争，标志着美国作为一个主要军事力量的崛起。这场历时仅 100 余天、致使 3 000 名美国人丧生的短暂的海上冲突使美国陷入了远东的复杂问题，也使敢于与美国军事力量抗衡的欧洲列强得到了警告。对美国人自己来说，这场战争则标志着它要更多地参与世界事务。

为发动战争制造借口

1898 年 2 月 25 日，美国海军部副部长、后来的美国总统西奥多 · 罗斯福，向美军太平洋舰队指挥官乔治·杜威将军发去了一份不同寻常的电报。两个月后，美西战争爆发。100 年前的这场战争和这份电报，使美国从此走上了向外扩张和争取世界霸权的道路。

罗斯福给杜威的电报内容是："一旦美国对西班牙宣战，你的任务是掌握西班牙舰队在亚洲海域的动向，而后向菲律宾发起军事进攻。"

战争爆发后，杜威将军遵照电报的指示，为美国首先取下菲律宾；随后，罗斯福率美国第一骑兵团登陆古巴。西班牙海军几乎是不堪一击，战争只持续了 10 个星期。

这是一场列强重新瓜分世界的战争。19 世纪末，美国已从南北战争的痛苦阴影中走出，垄断资本已具相当规模，其商品的出口能力完全能同欧洲列强抗衡。傲慢的美国垄断资产阶级正在寻找新的机遇，他们把夺取殖民地视作扩大商品销售、取得廉价原料和新的投资的希望。古巴是他们目标中至关重要的一个。

与美国相比，曾经逞强一时的西班牙日渐衰落。1895 年年初，西班牙殖民地古巴爆发了约 · 马蒂领导的反殖民统治起义，其他反抗斗争也在古巴各地此起彼伏，西班牙殖民当局进行了残酷镇压和迫害。美国的扩张主义者借机对西班牙的暴行大肆攻击，声称其行为侵害了美国侨民的利益。

弗雷德里克 · 雷明顿就是在这种背景下被派往哈瓦那的美国记者之一。到了古巴一段时间后，他觉得那里的气氛并未像美国报纸所描述的那样恐怖而骇人听闻，他在 1897 年曾给报社发回一份电报，表示"战争似乎不太可能，希望能回到国内工作"。而报社负责人伦道夫 · 赫斯特给雷明顿的回电则是："请你继续留在那里。你来提供照片，我来'布置'

殖民地被重新分割

1898 年 10 月 1 日，美国以胜利者的姿态和西班牙政府进行谈判。12 月 10 日，经过一番讨价还价，在古巴人民和菲律宾人民完全被蒙蔽的情况下，美国同西班牙签订了重新分割殖民地的《巴黎和约》。和约规定："第一条：西班牙放弃对古巴主权的一切要求和权利。第二条：西班牙将其管辖的波多黎各岛、西印度群岛中的其他岛屿以及马里亚纳群岛中的关岛让给美国。第三条：西班牙把菲律宾群岛让给美国，……美国付给西班牙二千万美元。"

就这样，帝国主义阵营的"后起之秀"美国，硬是从老牌殖民帝国西班牙口中抠出了如此众多的肥肉，以至于有美国人得意扬扬地说："历史上还没有任何战争能在如此短暂的时间内，以如此小的损失，取得如此辉煌的成果。"

战争。”这则故事从另一方面说明，美国对西班牙作战早已在酝酿之中。

为向西班牙殖民者示威，美军“缅因”号战舰于1898年1月驶入哈瓦那港。三个星期后的2月15日，该舰被炸，这一事件成为美西战争的导火索。关于“缅因”号事件，美方当时的调查结果是弹药爆炸导致战舰的沉没，结论并未推断系何人所为。1976年，美国海军对这一没有弄清的历史事件又做了一次深入调查，其结论可能更接近于事实，认为爆炸可能是由于舰中与弹药舱相邻的煤箱自燃而引起的。但在1898年，西班牙人是“咎由自取”，美国公众及舆论认为此罪非他们莫属。4月25日，美国正式对西班牙宣战。

▲1898年5月1日，在马尼拉湾战役中美军乔治·杜威准将（留白须者）正站在旗舰上向远处眺望。

菲律宾战场

美国宣战后，战争在菲律宾和古巴两个方向展开。战斗首先在菲律宾打响。1898年，菲律宾起义军已解放了全国大部分国土，包围了马尼拉。美国趁此机会，以支援菲律宾人民的名义，出兵参战。

4月27日，杜威率领早已在香港待命两个月的美国亚洲舰队启航驶往菲律宾。5月1日拂晓前到达马尼拉港外。不久，西班牙军舰首先开火，双方展开了激烈的海战，共有6艘新型装甲蒸汽战舰及5艘辅助船只，而西班牙有7艘木壳战舰，均破旧不堪，其中旗舰还漏水。美舰在火力和速度上占绝对优势。美方一次齐射可发射3 700磅炮弹，而西班牙舰一次齐射仅1 273磅。而且西舰甲板上堆满了锅炉用的木柴、煤等易燃物，被炮弹一击中便会燃起熊熊烈火。战至中午，7艘西舰全被击沉，西军伤亡381人，美方仅轻伤8人。马尼拉湾海战决定了西班牙在菲律宾的结局。

杜威在消灭了西班牙舰队后，因无陆军，便封锁马尼拉，等待国内陆军到来。7月底，麦里特率领美远征军第八军1.5万人从美国赶来。此时马尼拉已被2.5万菲律宾起义军所包围。美军为独占马尼拉，便玩弄狡猾伎俩。杜威与起义军首领达成协议，允诺承认菲律

▲美军以强大的海军力量在马尼拉湾重创西班牙舰队

宾的独立。起义军轻信了美国的许诺，答应与美军共同作战。却不知麦金莱总统早已下令美军在任何情况下，都要阻止起义军进占马尼拉。而且美军私下里早与西班牙总督达成了秘密协定，在不许菲军入城的情况下，西班牙把马尼拉“转让”给美国。为照顾西班牙人的面子，由美军发动假进攻。8 月 13 日，美菲军向马尼拉发起总攻。

西军略作抵抗后，便缴械投降。美菲军伤亡仅 119 人，西军伤亡 300 人。美军缴获武器 2.2 万件，子弹 1 000 万发，俘虏 1.3 万。战斗刚一结束，杜威便撕毁协议，以武力逼起义军撤至郊区。美军建立了军政府，独占了马尼拉。马尼拉之战结束了西班牙对菲律宾的殖民统治。

古巴战场

对西班牙宣战后，早有准备的美国立即派北大西洋舰队封锁了古巴北海岸。在攻占菲律宾的同时，1898 年 5 月 14 日，美国内战时期的英雄谢夫特将军指挥的 6 000 名美军登陆部队从美国南端佛罗里达群岛的基韦斯特出发，于 20 日到达古巴圣地亚哥港，并在海军掩护下登陆。仓促作战的西班牙军队根本招架不住谢夫特的进攻，美军在仅仅损失 5 匹战马

▼1898 年 7 月 1 日，美军冒着枪林弹雨攻打圣地亚哥城外的圣胡安山。

▲1898年6月，美军在古巴登陆。

的情况下登陆成功并发起了连续攻击。经过一些小的接触以后，6月24日，西班牙守军放弃了从代基里到圣地亚哥之间的一个重要防御阵地拉斯瓜西马斯。

7月1日，谢夫特率部大举进攻圣地亚哥东北的一个小村子埃尔卡内，不料遇到了顽强抵抗。驻守埃尔卡内的500名西班牙守军与5 000名美军整整纠缠了一天时间，而不是谢夫特预料的两个小时。人数上处于1 ∶ 10绝对劣势的西班牙人顽强顶住了美国陆军最精锐的部队，美军伤亡1 385人。这一仗给美国人以沉重打击。亲自参加此役、后来成为美国总统的罗斯福感叹道:“到目前为止，我们付出了惨重的代价终于赢了，但是西班牙人打得非常顽强，面对现代化的步枪向这些战壕冲锋，真是太可怕了。”

就在美军士气低落的时候，7月3日，强大的美国舰队攻占了圣地亚哥港。西班牙舰队仓皇逃跑，可是，西班牙舰队开进了一条极为狭窄的水道，彻底失去了抵抗能力，被美舰一一击沉。11日，美军终于完成了对圣地亚哥的包围。17日，2.5万走投无路的西班牙军队全部投降。美军顺利进占圣地亚哥，这标志着古巴战事结束。

战争以美国的胜利而告终。1898年12月10日，美西两国签订了《巴黎和约》。西班牙把菲律宾、波多黎各和关岛割让给美国。美国付出2 000万美元给西班牙作为对菲律宾的补偿。美国在1899—1901年又向菲律宾起义军发动进攻，血腥镇压了菲律宾人民的反抗，把菲律宾变成了美国的殖民地。古巴虽然名义上获得了独立，但是美国利用《普拉特修正案》把古巴变成了美国的“保护国”。

一般认为美西战争是世界进入帝国主义时代的标志，此后美国迅速上升为世界主要强国之一。美军很好地学习了西方列强的海权理论，夺取海权，进行驻岛登陆战。此后形成了一套完整的海权理论体系。

▼1898年7月3日，美军在圣地亚哥湾战役中获胜，西班牙的战舰残骸正搁浅在沙滩上。

20 世纪第一场战争

▲布尔人伏击英军火车

1899—1902 年，在非洲大陆的南部，爆发了一场大规模的战争。参战的一方是英国人，另一方是荷兰人的后裔布尔人。这次战争是因英布双方为争夺南非领土和地下资源而进行的一场战争。最后，以布尔人的失败而告终，历史上称之为英布战争，也称南非战争或布尔战争。

英布关系恶化

“布尔”系荷兰语，意为“农民”。布尔人是指到南部非洲殖民的“海上马车夫”荷兰人的后裔。1652 年，第一批荷兰人来到南非的开普，建立了殖民地。经过百余年的殖民活动，布尔人已成为当地的主要民族。

但是，布尔人并没有在南非造成独霸局面。1795 年，英国舰队在南非登陆，开始了和布尔人在南非长达百年的争夺战。经过多年的冲突，在英国的强大实力面前，布尔人被迫向北面迁徙，于 1852 年和 1854 年分别建立了德兰士瓦和奥兰治两个布尔共和国。

1867 年，奥兰治河地区发现钻石。奥兰治政府立即声明，这一地区归自己管辖。英国的殖民者极力反对，并阴谋策划吞并两个布尔共和国的计划。1877 年，英国人出兵武力吞并德兰士瓦共和国，这一行为激起了布尔人的武力反抗。1881 年 2 月，布尔军在马祖巴山附近击败了 1 000 多名英军，迫使英国在保留部分权力的名义下，承认德兰士瓦的独立，并相互签订和约。

1886 年，一位名叫乔治·哈里森的澳大利亚青年在南非的约翰内斯堡地区，偶然发现了世界上最大的黄金矿区。矿区以约翰内斯堡城为中心，向东南和西南两翼扩展，形成了长约 500 公里的金弧带，占世界黄金储藏量的 1/4 左右。这一重大发现鼓动成千上万的欧洲殖民者潮水般地涌来。在接下来的四年中，殖民者组织了 141 家矿业公司，疯狂地开采矿区的钻石和黄金，获得高额利润。见此巨利，英国人和布尔人矛盾进一步尖锐。

1895 年，英国政府秘密指示罗得斯吞并德兰士瓦。于是，罗得斯派遣一支装备精良的 800 人军队，偷袭德兰士瓦首府，同时事先策划城内的英国侨民暴动作为内应。但是，这一机密被想与英国争夺世界霸权的德国政府获悉，并转告德兰士瓦政

◀1881 年第一次英布战争中，布尔农民坚守阵地。

府提前做好准备。1896 年 1 月，英军偷袭失败。布尔人欢呼他们的胜利，他们的自信心也开始不断膨胀。

▲英军骑兵冲出营地迎战布尔人

胜利后的布尔人鼓吹“布尔非洲”计划，计划把整个南非地区联合起来，夺回 100 多年来英国从布尔人手中夺去的土地，并与德国联盟，以此抗衡英国。这显然与英国的计划，即打通非洲南部的开普和非洲北部的开罗，形成贯穿非洲南北的殖民大帝国相矛盾。为此，英国政府一方面用外交手段拆散德国与布尔国家的军事同盟；另一方面加紧运兵到开普，对布尔人施加压力。大战一触即发。

第二次英布战争

1899 年秋，英国开始在两个布尔族共和国边境附近集结军队。为防止英国入侵，布尔人于 1899 年 10 月 11 日对英宣战，并展开军事行动。

布尔军队采用民兵制补充兵员：凡年满 16 ~ 60 岁的男子均需携带马匹、步枪、备用子弹和粮食到集合地点报到；经济困难的，由公家发给武器装备。布尔军队士气高昂，纪律严明。到战争开始时，英军约有 3 万人，它采用募兵制补充兵员，武器陈旧，训练很差，纪律松弛，因此在战争初期多次被布尔军队打败。

布尔军队在进攻时采用了散开队形，射击准确，善于利用地形构筑野战工事。而英国军队则采用密集队形，作战时既不会实施机动，也不进行伪装，以致伤亡惨重。但是，布尔军队由于围攻城堡而占用了基本兵力，大大削弱了进攻能力，使英军得以聚集兵力。

1900 年，英军先后占领奥兰治共和国首都和德兰士瓦尔首都。从此，这两个共和国均沦为英国的殖民地。但战争并未就此结束。

此后，布尔军队化成小股突击队，展开了顽强的游击战争。然而，布尔军队所作的努力，由于他们本身也是以殖民者的态度对待当地黑人而受到削弱。因此，他们的反英斗争没有取得土著居民的同情和支持。英军指挥部为了摧毁游击队的抵抗，采取了“焦土”战术，广泛建立了筑垒发射点（碉堡）配系。1902 年 5 月 31 日，布尔人被迫签订和约，承认德兰士瓦尔、奥兰治两个共和国并入英国。

战争特点

在英布战争中，英国投入的总兵力达 44.8 万余人，用了两年多的时间才打败由民团组成的总兵力仅 8 万人的布尔军队。英布战争是真正意义上的现代战争的起点，是最早运用游击战和阵地防御战的战争；世界上战斗力最强的英军第一次改穿暗色军服、大量构筑铁丝网，都在后来的战争中被广泛采用；为了突破敌人阵地，英军跳出呆头呆脑不知灵活变化的局限，开始试验可以移动的钢铁堡垒，就是后来闻名天下的坦克；战争中英军最先使用了达姆弹；布尔军队的骑兵战术，在战斗中善于利用地形构筑野战工事，使用机枪、火炮组织火力，以及实施游击战等经验，引起西欧国家的广泛注意，也使英国认识到对武装力量进行重大改革的必要。

在中国领土上进行的外国战争

1904—1905 年，日本与沙皇俄国为了侵占中国东北和朝鲜，进而争夺亚洲及整个太平洋地区的霸权，在中国东北的土地上进行了一场帝国主义战争。这是帝国主义为重新瓜分世界、争夺势力范围而在中国东北进行的一场强盗战争。腐败无能的清政府，竟置国家主权和人民生命财产于不顾，听任日俄两国铁蹄践踏我东北锦绣河山。这场争霸战争历时 20 个月，最后以日本取胜而告终。

日俄正式宣战

中日甲午战争之后，日本军国主义的侵略野心更大了，疯狂推行其侵略中国、吞并朝鲜的“大陆政策”。这样，就同沙皇俄国推行的侵略中国、吞并朝鲜、独占亚洲、称霸太平洋的“远东政策”发生了尖锐矛盾。

▲ 1904 年 2 月 8 日，日军战舰炮轰防守旅顺港的俄国部队。

《马关条约》规定割让辽东半岛给日本，引起了沙俄的不满，沙俄为获得不冻港旅顺，控制我国东北地区，联合法、德对日施压，最后中国给日本白银 3 000 万两作为“赎辽费”赎回辽东半岛，史称“三国干涉还辽”。对此，日本怀恨在心，伺机报复。

逼日还辽不久，沙皇俄国便以“还辽有功”为借口，攫取了在中国东北修筑中东铁路及其支线等特权，后来，又强行向中国政府租借旅顺和大连。而日本经过 10 年备战，实力大增，决心在东北地区卷土重来，建立霸权，取代俄国在东北的地位。1904 年 2 月 8 日，日军向旅顺俄国舰队发动突然袭击。10 日，日俄正式宣战。

双方兵力及部署

日本经过 10 年扩军备战，陆军总兵力从 7 万人增至近 20 万人，另有预备役 23.5 万人；海军拥有各种舰艇 152 艘（26 万吨）。其中联合舰队主力由 6 艘现代化的战列舰及 6 艘装甲巡洋舰组成，日军大本营的作战企图是：以海军为主力在战争初期歼灭驻扎在旅顺的俄国太平洋分舰队，夺取制海权；在海军的掩护下使陆军一部在朝鲜登陆，向鸭绿江推进，主力在辽东半岛登陆，占领旅顺、大连后北上，歼灭俄陆军主力于辽阳、奉天（今沈阳）地区。

沙皇俄国陆军约有 113.5 万人，预备役 300 万人，主力部署在欧洲地区，远东地区驻有2个军9.8万人，另有警备部队2.4万人部署在中国东北和俄国滨海地区。与日军比较，沙俄军队士兵素质差，装备水平低，且军队内部高级军官与下级士兵之间矛盾严重。海军编有各种舰艇361艘（80多万吨），主力驻波罗的海和黑海，其太平洋分舰队驻旅顺口和海参崴（今弗拉迪沃斯托克），辖舰艇62艘（19万余吨），主要作战舰艇的装甲厚度、航速以及火炮射程均不如日舰。俄军统帅部的作战企图是：以太平洋分舰队主力阻止日军登陆，待波罗的海舰队援兵到达后实施海上决战；陆军以部分兵力沿鸭绿江和乌苏里江设防，并以部分兵力扼守旅顺口，迟滞日军进攻，主力集结于辽阳、海城地区，待驻欧俄军东调后转入反攻，歼灭日军主力于中国东北和朝鲜，尔后在日本本土登陆。

▲在这幅漫画中，一个俄罗斯"食人妖"正准备吞下一个日本兵。反映了当时内外交困的沙俄对于战争胜利的渴望。

争夺制海权

日本于1904年2月6日向俄国发出最后通牒，并宣布断绝日俄外交关系。与此同时，日本联合舰队在司令官东乡平八郎海军中将的指挥下秘密出发，2月8日夜，日本联合舰队偷袭了停泊在中国旅顺港内毫无准备的俄国太平洋舰队。9日，日巡洋舰队袭击朝鲜仁川，迫使停泊于此处的两艘俄舰自沉，10日，日俄两国政府分别相互宣战，日俄战争正式开始。

旅顺位于我国辽东半岛西南端，四周丘陵环绕，与南面的胶东半岛像两只手臂拱卫着渤海湾，战略地位十分重要。俄国太平洋分舰队主力常驻该地。2月8日午夜，东乡平八郎指挥日本联合舰队突然发起袭击，发射多枚鱼雷，重创俄军三艘战舰。此时，俄军才反应过来，太平洋第一分舰队司令斯塔尔克海军中将命令各舰生火起航，海岸炮台也开始组织向日舰还击。由于旅顺港内水浅，较为狭窄，只有一个宽150米的出海口，日舰难以排开队形组织有效的火力，遂被迫退去。斯塔尔克海军中将担心误中埋伏，下令各舰不得追击，避港不战，固守旅顺要塞。战争一开始，俄军就将制海权拱手让给了日军。

日本取胜的原因

日俄战争是帝国主义初期的一场大战。弹丸岛国日本最终能打败陆上强国俄国，不禁令世人刮目相看。分析日本取胜的原因，大致可归纳为以下几个方面：一是鉴于战争潜力明显弱于俄国，从军事、政治、外交等方面进行充分准备，并以速战速决为战争指导思想；二是重视夺取和掌握制海权，先机制敌，突然袭击，从海陆两个战场封锁和歼灭俄国太平洋舰队；三是正确选择战机、登陆地段和主攻方向，同时灵活机动作战，陆海协同作战；四是士气高涨，作战勇敢，指挥官训练有素，如联合舰队司令东乡平八郎曾在英国学习军事，指挥作战谨慎而诡诈；五是内部团结，指挥统一，离后方近。

日本联合舰队对旅顺的偷袭虽然在战术上取得了成功，但是远没有达到重创俄太平洋舰队的目的。由于日本要在朝鲜和中国东北作战就必须通过海路运兵，对于俄太平洋舰队来说，几乎毫无战斗力的日本运兵船无疑是极好的靶子，为了维系陆上作战的生命线，东乡平八郎决定通过自沉船只堵塞旅顺港的出海口。从 2 月 9 日到 3 月初，联合舰队先后组织了三次沉船作战，但由于俄军海岸炮台的封锁，船只没能自沉在指定海区，对旅顺的封锁作战失败。

3 月上旬，俄国新任太平洋分舰队司令马卡罗夫到旅顺就职。马卡罗夫是俄国著名海军将领，在西方海军界久负盛名，他还是一名水雷战专家，在俄土战争中他指挥的“康斯坦丁”号战舰击沉击伤多艘敌舰。马卡罗夫将军一上任立即采取了一系列防范措施，同时要求舰队主动出击，重新夺取制海权。他在了解海区舰船和要塞情况的基础上，决定在辽东半岛东部沿海水域布设水雷，防止日军从那里登陆并从侧后威胁旅顺基地；加紧抢修受伤舰船，派遣舰队出海活动，加强海陆协同作战训练；要求海参崴舰队出兵南下日本海，积极袭扰日军海上交通线，牵制日本联合舰队行动。

▲反映日俄战争的版画

马卡罗夫的这些措施，改善了俄军的被动处境，使官兵有了战胜日军的信心，但 4 月 13 日，马卡罗夫因所乘坐的战列舰出海返航时触雷爆炸，马卡洛夫和 649 名官兵葬身鱼腹。至于这枚水雷是俄国太平洋分舰队布下的还是日本联合舰队布下的，至今仍是一个谜。总之，水雷战出身的马卡罗夫将军最终还是战死在水雷战中。新任司令威特盖夫特认为太平洋分舰队不足以与日本联合舰队一战，而凭借旅顺要塞可以保障舰队的安全，以等待波罗的海舰队的到来，遂不再采取出击行动，从此，海上作战主动权再度落入日军手中。

进攻旅顺

日本战时大本营鉴于海军迟迟不能歼灭俄国太平洋分舰队，便决定采取陆上进攻行动。3 月 21 日，日军在朝鲜镇南浦登陆，4 月进至鸭绿江，30 日夜突破俄军防线，5 月初日军在辽东半岛登陆，5 月底占领金州和大连，开始攻打旅顺。

俄军用堑壕、地雷、电网加强了旅顺外围防线。8 月 7 日，日军发动攻击，10 日，俄舰队试图突围，很快被日舰队击溃。8 月 19 日，日军发动强攻，至 24 日，仍未突破，开始进行围困。6 月俄军企图增援旅顺被击退，在鞍山、辽阳一线组织防御。

8 月 24 日，日军发起进攻，9 月 3 日俄军撤退。9 月 19 日，日军对旅顺发动第二次进攻，遭俄军顽强阻击损失惨重。10 月 30 日，日军发动第三次进攻，12 月 7 日日军占领城外制高点，用重榴弹炮轰击俄舰队，9日，俄舰队基本被歼。

▲1905年1月，日军占领旅顺港后，日军军官视察旅顺港。

对马海战

1905年1月1日，俄军投降。俄军从辽阳撤退后，在奉天组织防御，2月18日夜日军发起攻击，3月9日，日军突破俄军阵地，3月10日转入追击，奉天会战中俄军损失7万人。

奉天会战后，沙皇政府仍不甘心失败，继续向中国东北增兵，同时希望从欧洲东调的舰队能有所作为，但当这支舰队正经对马海峡准备驶向海参崴基地时，遭到东乡平八郎指挥的日本联合舰队的突然而猛烈的攻击。

于是，双方在对马海峡和日本海展开了一场大规模海战。东乡平八郎指挥有方，首先集中火力猛打俄国舰队的旗舰，使俄舰各自为战，陷入一片混乱。经过2天激战，俄国舰队除三艘舰只逃往海参崴之外，其余全部覆没。

这场胜利是日军有史以来最重大的一次海上胜利，俄国战船有22艘被击沉，6艘被掳获，另有6艘逃离战场。对俄国人来说，这次海战宣告了他们的彻底失败。对马海战的结束，宣告了俄国在历时20个月的日俄战争中的彻底失败。

9月5日，由美国总统西奥多·罗斯福从中调解，双方于新罕布什尔州朴次茅斯签订了和平协约。协约规定，俄国承认朝鲜是日本独占的势力范围，俄国将包括中国旅顺和大连在内的辽东半岛租给权及由长春至旅顺的南满铁路的租让权转交给日本，以北纬50度为界，俄国将萨哈林岛南部和邻近岛屿割让给日本。从此，日本天皇的岛国成为世界舞台上一支巨大的力量。

◀日俄海战的情景

第一次世界大战的序幕

巴尔干地区位于欧亚两洲的接壤处，是欧洲的下腹部，扼黑海、地中海的咽喉，战略位置十分重要。同时，这里民族成分复杂，宗教多样。自古以来，巴尔干地区就是欧洲的火药桶。从1912年10月至1913年8月，在不满一年的时间里，连续爆发了两次巴尔干战争。这两次战争在世界近代史末期占有重要地位，史学家往往称其为第一次世界大战的序幕。

▲这幅画表现了巴尔干青年告别亲人奔赴前线的情景

第一次巴尔干战争

20世纪初，巴尔干半岛成为欧洲列强争夺的焦点，矛盾错综复杂。1912年8月，阿尔巴尼亚和马其顿爆发反抗奥斯曼土耳其帝国统治的起义，得到巴尔干各国人民的同情和支持。至9月，保加利亚、希腊、塞尔维亚和黑山逐步结成巴尔干同盟，企图乘机对土耳其发动战争，瓜分其欧洲地区的领土。10月9日，黑山首先对土耳其采取军事行动。随后，保、塞、希先后对土耳其宣战，战争全面爆发。

战前，土军统帅部麻痹轻敌，战备不足，动员仓促；巴尔干同盟战备充分，军队训练和装备水平较高，且士气高昂。

战争开始后，保军首先进攻色雷斯，然后向土耳其首都伊斯坦布尔（君士坦丁堡）推进，塞、希、黑三国军队分别向马其顿、阿尔巴尼亚发起进攻；希腊舰队控制爱琴海航道，阻止土军由海路增调援军，从而对土军形成包围态势。

土军统帅部认为保加利亚是主要敌人，因而部署重兵集团对付保军。保军于10月击败土军，并向东推进。

在马其顿、阿尔巴尼亚和伊庇鲁斯地区，巴尔干联军占有绝对优势。驻马其顿土军被粉碎，残部撤至约阿尼纳要塞后被希军包围。塞军向亚得里亚海岸推进，先后

战术发展

在巴尔干战争中，作战方法上发生了一些变化。这种变化是由于战斗技术装备的发展而引起的，首先是火炮射击威力、射程和射速的提高；其次是机枪数量增加，以及新式武器与军事技术装备——飞机（除用于空中侦察外，还用于轰炸）、装甲车和无线电的使用。所有这一切促使陆军改用疏开战斗队形，为了隐蔽而利用地褶和壕沟，同时还必须保护部队免遭空袭。军队在前线数百公里地段上展开。但显而易见，交战双方均力图把基本兵力部署在主要方向上。巴尔干战争证明了机动作战和向向心方向实施突击（向心突击），以及进行迂回和包围的优越性。军队射击能力的提高加强了防守，因此，建立对敌巨大火力优势是实施有效冲击的重要条件。同时，防御强度的增加，又使机动作战更为困难。向阵地战作战样式过渡的趋势愈益明显。战争清楚地表明，为了取得联盟战争的胜利，必须组织好盟军的战略。

占领都拉斯、地拉那等地，并在黑山军配合下包围斯库台。11 月 28 日，阿尔巴尼亚宣布独立。

巴尔干同盟的胜利引起欧洲列强的不安。俄国担心保军占领伊斯坦布尔，影响其实现对黑海海峡的控制；德国和奥匈帝国则因利益所在，不愿看到土耳其覆灭。为此，奥匈帝国调动军队，企图阻止塞军向亚得里亚海岸进军。

在大国压力下，土耳其与保加利亚、塞尔维亚于 1912 年 12 月签订停战协定，并在伦敦就媾和条件进行谈判。1913 年 1 月 23 日，土耳其发生政变，新政府拒绝接受停战条件。2 月 3 日，战事再起。3 月 3 日，希军占领约阿尼纳，歼土军 3 万人。26 日，保塞联军突破土军防线，攻占埃迪尔内，歼土军近 7 万人。4 月 22 日，塞黑联军经数月围攻后，迫使斯库台守军投降。土耳其被迫于 1913 年 5 月 30 日与巴尔干同盟签订《伦敦和约》，几乎丧失其欧洲地区全部领土。

▼ 1913 年 2 月，保加利亚的炮兵在探照灯的强光下炮轰土耳其城市。

第二次巴尔干战争

第一次巴尔干战争结束后，巴尔干同盟因战果分配不均，导致矛盾激化。保加利亚企图独占马其顿；塞尔维亚没有得到亚得里亚海出海口，要求在马其顿得到补偿；希腊企图扩大在马其顿的占领区；罗马尼亚要求从保加利亚获得南多布罗加。

欧洲列强利用巴尔干各国矛盾，加紧对该地区的争夺。俄、法支持塞、希，奥匈支持保加利亚。1913 年 6 月 29 日，保加利亚突然向驻马其顿的塞、希军队发起攻击。7 月初，塞、希军队发起反攻，迫使保军撤退。10 日，罗马尼亚对保宣战，占领多布罗加，并向索菲亚进军。21 日，土耳其军队乘机攻占埃迪尔内。保加利亚军队全线溃退，于 7 月 29 日宣布投降。

▼图为一名正在休息的阿尔巴尼亚哨兵，所戴的帽子说明他是一个穆斯林，欧洲的穆斯林与基督教徒的宗教冲突和民族矛盾使巴尔干地区成了名副其实的“火药桶”。

8 月 10 日，双方签订《布加勒斯特和约》。9 月 29 日，保、土签订《君士坦丁堡和约》。根据条约，保加利亚丧失在第一次巴尔干战争中获得的大部土地。

第一次巴尔干战争的结果，使巴尔干各国人民摆脱了土耳其的长期封建统治，具有进步的民族解放的性质。第二次巴尔干战争的结果，使巴尔干各国重新分化，罗马尼亚与英、法、俄协约国靠近，保加利亚则加入德奥同盟。战争中，由于新式武器和军事技术装备（飞机、装甲车、无线电）的使用，作战方法也有新的变化：战斗队形更加疏开；军队行动更注意隐蔽；进攻多采取机动作战和迂回包围；防御多采取阵地作战。巴尔干战争导致欧洲列强之间的矛盾进一步激化，加速了第一次世界大战的爆发。

LUCKY
LEGS II

第七章

第一次世界大战

第一次世界大战时，多数国家已普遍实行征兵制。交战双方军队数量庞大，出现了方面军和集团军群的编制。建立了航空兵、坦克兵、化学兵等新的兵种部队。陆军的摩托化、机械化程度日益加强，炮兵和工程兵的作用进一步提高。第一次世界大战末，英国率先建立了空军。战后，一些国家也加强了航空兵的建设。出现了防空兵、空降兵等兵种。海军中组建了海军航空兵和海军陆战队等。

为适应帝国主义国家推行海外扩张政策的需要，美国的马汉在其著作中提出了海权论。主张建立并运用强大的海军和其他海上力量，去夺取制海权，控制海洋，进而实现国家的战略目标。这种理论对美、英、德、日等国的海军建设和海洋战略具有重大影响。

德国的施里芬继承了克劳塞维茨和毛奇的军事思想，主张速决战，提出要仿效汉尼拔在坎尼之战中的战法，进行大胆的迂回机动，合围歼灭敌人的基本兵力。他根据德国的战略地位，提出了在东、西两面作战的战争计划，成为德国在第一次世界大战中战略指导的基本依据。

法国的福煦预测未来的战争将是短暂的，其进程将是激烈而快速的。他认为只有战斗才能决定战争的结果。在战争中军队行动的快速性、积极性、高度纪律性和节约兵力等都具有重大意义，而指挥是否得当则是决定因素。

第一次世界大战的实践检验了战前的各种军事理论。战前，各参战国都立足于短期战争，企图以一两次总决战取得胜利，没有实行国民经济总动员。至1914年年底，双方已处于僵持局面，不得不作持久的打算而陆续实行国民经济总动员。交战各国在战前确定的战略方针及所作的预测都落了空，战争成为长期的，持久的。为适应指挥大规模的战争，战略指挥体制有新的发展，各国都设立了军政合一的最高战略决策机构，协约国方面还设立了三军总司令。

第一次世界大战后，新式武器的发明、应用和不断完善，大大推动了军事科学的发展。两次大战之间，许多国家对军事理论的研究空前活跃。

第一次世界大战爆发

第一次世界大战，是1914—1918年帝国主义国家两大集团——同盟国与协约国之间为瓜分世界、争夺殖民地和霸权而进行的首次世界规模的战争。第一次世界大战，究其根源首先是帝国主义时期资本主义发展不平衡性的加剧，导致后起的帝国主义国家强烈要求重新瓜分世界。战争爆发前，两大军事集团都加紧扩充军备。

1914年6月28日，奥匈帝国皇储弗兰茨·斐迪南为对塞尔维亚炫耀武力，到波斯尼亚检阅部队，在萨拉热窝遇刺。这一事件成为第一次世界大战的导火线。7月28日，奥匈帝国对塞尔维亚宣战。俄国根据有关条约，为支持塞尔维亚，宣布军事总动员。8月，德国对俄法宣战，英国对德国宣战。大战由此全面展开。

▲1914年6月28日上午9时刚过，一支长长的汽车队向波斯尼亚首府萨拉热窝市区缓缓驶去。在一辆带有保镖的敞篷汽车中，坐着奥地利皇太子弗朗茨·斐迪南大公和他的夫人。斐迪南身穿军装，佩戴勋章，威风十足。这一天正是他和夫人索菲亚结婚14周年的日子。

帝国主义国家之间的矛盾

资本主义进入帝国主义阶段，经济政治发展不平衡性加剧，列强力量对比出现显著的新变化。到19世纪末，新崛起的美国超过了英国，德国超过了法国，接着又超过了英国。帝国主义国家矛盾斗争的实质是争夺殖民地。列宁说：“帝国主义的重要特点，是几个大国争夺霸权，即争夺领土”。后起的帝国主义强国不能容忍实力与所占殖民地不平衡的倒挂状况，新老帝国主义瓜分殖民地和势力范围的斗争尖锐起来。在世界没有被瓜分完毕时，它们之间的矛盾和争夺往往通过宰割和分配新的“自由”土地而暂时得到缓和。但是，当世界已被瓜分完毕时，必然要出现重新瓜分世界领土的斗争，甚至战争。

一战前，欧洲列强之间主要有三对基本矛盾。法德矛盾、俄奥矛盾和英德矛盾。

法德矛盾。法德矛盾源于普法战争。普法战争中，战败的法国割地赔款，失去了原来西欧和中欧的霸主地位。法国力图“复仇”，收回被德国夺取的阿尔萨斯和洛林，进而吞并德国的萨尔矿区。德国要继续削弱和遏制法国，不让它东山再起，为此，除了实行孤立法国的外交政策外，还扩军备战，并制定了在新的战争中打败法国及其盟国的作战计划。普法战争后，法德矛盾一时成为欧洲大陆的主要矛盾。

▲1914 年 8 月，大战刚刚爆发时，德国军队正在向比利时挺进。

俄奥矛盾。主要表现在对巴尔干半岛的争夺上。巴尔干半岛位于欧、亚、非三洲交会之处，战略地位十分重要。该半岛长期处于奥斯曼帝国的统治之下。19 世纪晚期至 20 世纪初，巴尔干半岛的状况是：一方面，罗马尼亚等国相继摆脱了奥斯曼帝国的统治，取得了独立；另一方面，欧洲列强都乘虚而入，在此扩大自己的势力。

19 世纪和 20 世纪之交，俄国和奥匈帝国在巴尔干的争夺尤为激烈。巴尔干半岛的民族关系复杂，其中斯拉夫人居多数。俄国打着大斯拉夫主义（俄罗斯人、乌克兰人、白俄罗斯人属于东部斯拉夫人）的旗号，向该地区扩张。在巴尔干各国反对奥斯曼帝国统治的斗争中，俄国曾以援助斯拉夫人为由对奥斯曼帝国作战，不仅扩张了在巴尔干的势力，而且以南部斯拉夫人的解放者自居，不断插手巴尔干事务。奥匈帝国也在德国的支持下积极向巴尔干扩张，1908 年吞并了波斯尼亚和黑塞哥维那两地。而当地人民想同塞尔维亚结合起来，组成一个大的斯拉夫人的国家。20 世纪初，巴尔干地区不断出现严重的政治危机、军事危机和局部战争，成为帝国主义国家争夺霸权最敏感的地区。

▼一战中协约国的征兵海报

英德矛盾。英国是老牌资本主义国家，19 世纪中期建立了海上霸权、殖民霸权、工业霸权。德国是一个后起的资本主义国家，19 世纪末 20 世纪初经济发展迅速，赶上并超过了英国。德国统治集团因此从争取称霸欧洲的“大陆政策”，转向夺取全球霸权的“世界政策”。德国成为英国的主要竞争对手。德国不仅在欧洲商品市场上同英国竞争，而且主要在殖民地问

▶德军参谋总长施里芬。德国为了进行这场战争，早就做了周详的计划。德国军队是当时世界上组织最完善、装备最好的军队。早在1905年，德军的整个作战计划就已经由当时的德军参谋总长施里芬拟订好了，名为“施里芬计划”。施里芬设想，在未来的战争中，德军将要在西线同英、法军队作战，在东线同俄国作战。为了避免在两条战线上同时作战，施里芬准备先把主力摆在西线，用闪电战的方式，在4～6周内迫使法国投降。然后回师东线，攻打行动迟缓的俄国，在三四个月内征服俄国。为了实现这个计划，德国在国内修建了一个完整的战略铁路网，战时可用于迅速调动军队。

题上同英国的矛盾日益加深。在亚洲，德国修建“三B铁路”的计划，直接威胁到英国以印度为基地的势力范围。在非洲，德国“赤道非洲帝国”的计划与英国的“开罗—开普”计划尖锐对立。在制海权方面，20世纪初德国的海军力量居世界第二位，仅次于英国。英德之间的矛盾逐渐成为帝国主义之间的主要矛盾。

帝国主义两大军事集团的形成

在俄奥争夺巴尔干的斗争中，德国支持奥匈帝国。1879年，在俾斯麦推动下，缔结了旨在共同反对俄国的德奥“同盟条约”。这是两大军事集团形成中最先缔结的条约，是列强对当时最敏感地区争夺的必然结果。后来，俾斯麦拉拢意大利共同对付法国，1882年，德、奥、意三国“同盟条约”签订，侵略性的军事集团三国同盟正式建立。三国同盟的核心是德国，其矛头指向俄国和法国。

三国同盟形成后，法俄都感到不安，为了对付共同的敌人，两国逐渐接近，并于1892年缔结了军事协定。法俄同盟形成，欧洲开始出现两大军事集团对峙的局面，这是向三国协约方向推进的第一步。

三国协约形成的决定性步骤是其核心英国放弃传统的外交政策与法国结盟。随着在殖民地问题上冲突的加剧，20世纪初，英德矛盾成为帝国主义之间的主要矛盾。英国不得不放弃维持欧洲大陆均衡的“光荣孤立”政策，首先与德国的宿敌法国接近；法德矛盾促使法国也向英国靠拢。1904年英法签订协约，调整了两国在瓜分非洲等殖民地问题上的矛盾。从此，英法事实上建立了同盟关系。

为了共同对付德国，英国又主动协调了同俄国的利

战事爆发

1914年7月28日，奥匈帝国向塞尔维亚宣战。7月30日俄国动员，出兵援助塞尔维亚。8月1日，德国向俄国宣战，接着在3日，向法国宣战。8月4日，德国入侵保持中立的比利时；同日，英国考虑到比利时对自己国土安全的重要性，和早前为了确保比利时的中立，而在1839年签署的伦敦条约，于是向德国宣战。8月6日，奥匈帝国向俄国宣战。8月12日，英国向奥匈帝国宣战。

害冲突。1907 年英俄签订协定，调整了双方在亚洲争夺殖民地的矛盾。英法、英俄协定，都是背着有关国家签订的帝国主义的分赃协定。英法、英俄协定的签订，意味着英、法、俄三国协约的建立。这样，为重新瓜分世界，欧洲两大军事集团最终形成了。

大战的导火线——萨拉热窝事件

1914 年，帝国主义国家矛盾空前激化，两大军事集团之间的战争一触即发。萨拉热窝事件成为直接导火线。受俄国支持的塞尔维亚，一直被奥匈认为是在巴尔干扩张的主要障碍。为了对塞尔维亚进行军事恫吓，奥匈选定塞尔维亚被土耳其征服的“国耻日”在波斯尼亚首府萨拉热窝举行军事演习，以示其侵略野心。这一消息，已于当年 4 月传出。塞尔维亚的秘密民族主义组织——民卫社和黑手党，决定派人去暗杀指挥这次演习的好战分子奥匈皇储弗兰茨·斐迪南。塞尔维亚当局曾致函奥匈政府，劝其取消这次演习，但未被接受。

5 月，黑手党 7 名成员分头潜入萨拉热窝，为暗杀活动进行了周密的准备。6 月 28 日上午 10 时，斐迪南夫妇在城郊检阅军事演习之后，乘敞篷汽车，进萨拉热窝市区巡视。埋伏在路旁人群中的黑手党成员查卜林诺维奇突然冲到车前，向斐迪南投掷一枚炸弹。司机见此情景，加足马力，汽车冲向前方，炸弹落到后随汽车上，炸死一名军官和几名群众。查卜林诺维奇被捕。斐迪南故作镇静，挥手示意“继续前进”。到市政厅出席了欢迎仪式，稍作休息之后，又乘车上街，招摇过市。当汽车途经一拐角处时，17 岁的中学生加·普林西波冲上前去用枪打死斐迪南夫妇。

后人为悼念普林西波的爱国行为，在他行刺的十字路口铺上一块石板，上面刻着他的两只脚印，在路旁的墙上用塞尔维亚文写上：“1914 年 6 月 28 日，加·普林西波在这里用他的子弹表达了我们人民对暴虐的反抗与对自由的向往。”

德奥集团在暗杀事件发生后，欣喜若狂地叫嚣道：“这是千载难逢的机会。”由“七月危机”引发的第一次世界大战于 8 月初全面展开。

▶ 1914 年 6 月 28 日，奥匈帝国皇储弗兰茨·斐迪南为对塞尔维亚炫耀武力，到波斯尼亚检阅部队，在萨拉热窝遇刺。这一事件成为第一次世界大战的导火线。

第一次世界大战的第一阶段

▲面对德军的强大火力，法军冒失地冲锋，牺牲非常惨重。

第一次世界大战的主战场在欧洲，西线和东线是主要战线，其中西线的战争具有决定性的作用。1914 年是战争的第一阶段，马恩河战役致使德军速决战的计划破产。

马恩河战役

大战爆发后，奥匈军队向塞尔维亚进攻，德军迅速绕道比利时向法国进攻。主要战场在欧洲，欧洲有西线战场、东线战场以及巴尔干战场、意大利战场。欧洲西线的法国战场是决定全局的主战场。英、德、俄、法、日还进行了多次海战，海上以北海为主战场。空军在大战中第一次用于实战。

战争爆发后，德军总参谋长毛奇（或称小毛奇）于 8 月 4 日命令德军进攻比利时列日要塞，从北部突入法国，企图从背后打击法军主力，以达到用速决战击败法国的战略目标。在激烈的边境之战中，德国与英法双方投入 350 万大军搏斗。英法军一度被迫南撤，德军侵入法国。1914 年 8 月法国边境之战后，法军和英国远征军于 9 月初撤至马恩河以南，在巴黎至凡尔登一线布防。法军总参谋长霞飞将军部署军队，准备实施反攻。

马恩河战役打了近一个星期，由于小毛奇自作聪明地修改了作战计划削弱了右翼力量，使德军与英法联军作战时，因为兵力不足，被打了个措手不及。最后德军不得不全面向北撤退。马恩河战役一结束，小毛奇就向德皇承认：“陛下，我们输掉了战争！”

英法联军在 200 公里的战线上推进 60 公里，伤亡 25 万人，德军损失 30 万人。此役双方均有失误：毛奇远离战场，对前线战况不明、指挥不当，各集团军缺乏协同，导致速胜计划破产；英法联军行动迟缓，坐失战机，使德军保存了实力。

德军包抄法军的计划失败，德国速决战略破产，总参谋长毛奇被德皇威廉二世撤职，改由法金汉担任。马恩河战役后，11 月中旬，双方进入相持状态，开始进行阵地战。

▼1914 年 8 月 20 日，比利时被德军占领，图为比利时的居民眼睁睁地看着德军进入首都布鲁塞尔。

巴尔干战场和东线战场

7 月 28 日奥匈帝国军队炮轰塞尔维亚首都贝尔格莱德，炸死 5 000 多名和平居民。塞尔维亚奋起抵抗，迫使奥匈军队全线退却，俘敌5万余众。奥匈军于9月再次对塞军发动进攻。塞军一度退入中部高原地带。12月中旬，塞军得到协约国提供的武器、弹药和粮食，迅速收复贝尔格莱德并将奥匈军赶出国境。

在东线，从波罗的海沿岸到罗马尼亚边境形成另一个主要战场。德国在东线仅有一个第八集团军放在东普鲁士，加上柯尼斯堡要塞警备部队，共30万兵力。俄军最高统帅部（尼古拉·尼古拉耶维奇大公为最高统帅）决定以其西北方面军进攻东普鲁士德军。1914年8月17日，俄军以优势兵力进攻德军。德军任命兴登堡为第八集团军司令，加强东线兵力，于8月26日对俄军两翼展开攻击。经20多天的激战，俄军惨败，损失兵力25万人。退守涅曼河和鲍勃尔河一带。

施里芬计划

施里芬计划为第一次世界大战时德国参谋总部制定的一套作战方法。其主要目标为应付来自德国东西两面的两个敌盟国—俄国与法国的夹攻。此作战计划利用了两国总动员速度之差异：由于俄国疆域辽阔，士兵众多，但其铁路系统极不完善，故其总动员之速度大约需时一个月；而法国则只需一个星期左右则可完成总动员令。故此德国希望在战争爆发后先以精兵在西线强攻法国，在攻克法国后才将军队调至东线以应付俄国之进犯。

在一次大战发生后，德国总帅小毛奇便立即施行施里芬计划。当德国之精锐部队开始进攻法国时，其参谋部却开始发现此计划有一弊病—完全忽视英国的存在。由于施里芬计划实施时，需要经过比利时去攻击法国，由于比利时的地理位置对于英国的国防来说是非常之重要。英国害怕当德意志帝国把比利时占领后，会很容易渡过英伦海峡攻击英国，加上1907年的三国协约早已签订，故英国派精兵以协助法国。另外，施里芬计划也忽视比利时的抵抗力，使得德国在比利时浪费了一段时间，因而当德国攻占比利时后，法国已经完成总动员令，加上外力的帮助，法国未被迅速击溃，而此时俄国之总动员令亦已完成，故施里芬计划完全失败。然则，施里芬计划失败的另一原因是右翼军力的减少，原先计划中左翼的鲁普里赫特军团应坚守防线，不该出击。

在波兰与奥匈帝国接壤的加里西亚地区，俄军西南方面军同奥匈军发生激战，双方兵力超过100个师。经过卢布林赫尔姆战役、加利奇莱姆堡战役和哥罗多克战役，奥匈军损失40万兵力，退守喀尔巴阡山脉一线。德军为了支援奥匈军，于9月下旬及11月对俄军发动进攻，双方均未突破对方防线。

日本、土耳其参战

1914年8月6日，中国北洋军阀政府宣告中立，并准备收回德国在山东胶州湾和青岛的租借地。日本帝国主义8月23日参加协约国方面对德宣战，趁火打劫，进攻中国青岛，夺取德国在华权益。青岛遂沦于日本之手。与此同时，日本海军先后占领南太平洋德属马绍尔、加罗林和马里亚纳诸群岛。

1914年11月2日，土耳其在德国拉拢下，宣布同英、法、俄断交，12日宣布“圣战”。俄、土军队立即展开作战，土军第九集团军被围歼，损失7万多人。

战前德国在非洲占有西南非洲（纳米比亚）、多哥、喀麦隆、德属东非等地。第一次大战爆发后，德国在非洲的殖民地皆为协约国集团所占有。多哥和喀麦隆为英、法瓜分。德属西南非划为英国势力范围。德属东非大部分划归英国，小部分划给比利时。

第一次世界大战的第二阶段

1915—1916 年为战争的第二阶段，由于交战双方都把 1916 年看作决定性的一年，所以这一年出现了三次大型的陆上战役，即西线的凡尔登战役、索姆河战役和东线俄军的夏季攻势。在海上，日德兰海战后英军仍然牢牢控制着制海权。这一阶段，大战的战略主动权转到了协约国一方。

东线战场

1915 年，德军鉴于马恩河战役失败，遂改变战略计划，将主力调往东线，企图迅速击败俄军，迫使俄国单独媾和，解除东方威胁，腾出力量再与英法交战，东线遂成为主要战场。1915 年 5 月，德奥乘西线战役间隙，集中 18 个师和 2 000 余门大炮，兵分两路向俄军发动大规模进攻，企图将败退的俄军压制在“波兰口袋”内歼灭，然后，腾出东线的 100 个师转用于德法战线。在德军优势火力及兵力攻击下，俄军节节败退，先后退出了加里西亚、波兰、立陶宛、拉脱维亚，兵力装备遭受巨大损失，被俘士兵达 32 万人。德军虽然取得一些胜利，但兵员装备消耗极大，未能实现消灭俄军主力，迫其投降的目的。

意大利、保加利亚参战

1915 年 5 月 23 日，意大利正式向奥匈帝国宣战，开辟了意奥战线。为了配合俄军在东线作战，1915 年 6 月，意军集结 39 个师的兵力向伊松佐河沿岸和特兰提诺一带奥匈军发动进攻。意军多次进攻未获重大战果。到 1915 年年底，意奥战线转入阵地对峙。1915 年 9 月，保加利亚以取得马其顿和塞尔维亚的一部分领土为条件，分别与德、奥、土签订了军事条约，形成德、奥、土、保四国军事同盟。10 月 14 日，保加利亚正式宣战，立即大举进攻塞尔维亚。塞尔维亚仅以 20 万装备不良的军队抵抗德、奥、保三国 60 多万大军的夹击。10 月下旬，塞军被击溃，塞尔维亚全境被保军和德奥军占领。

1915 年 5 月，意大利参加协约国方面作战。意军素质较差，在与奥军初期交战中就损失近 30 万人及大量装备。但意军参战拖住了奥匈 40 个师的兵力，减轻了法、俄压力。1915 年 9 月，保加利亚加入德奥联盟，投入 30 万兵力配合德奥联军进攻塞尔维亚，很快占领塞尔维亚全境，塞尔维亚政府及军队退至希腊科孚岛。

1916 年春，俄军应法方要求，调集 3 个方面军 200 万人向德奥发动进攻。在激烈交战中，双方各损失 100 万兵力，俄军乘胜占领加里西亚东部地区，再度抵达喀尔巴阡山麓。俄军在西南战线的胜利推动了罗马尼亚参战，罗于 8 月向同盟国宣战。德奥军队遂决定进攻罗马尼亚以获取石油和粮食资源。在德奥军队联合进攻下，罗首都布加勒斯特失陷，大部分国土被德奥军队占领。

东线战役的主要特点：在漫长战线上以一点为主，实施多点正面突破。这种突破防线的新样式，在大战后期曾得到广泛运用。

西线战场

1915年德军在西线处于战略防御状态，部署着200万军队。法英联军共有300万人，以法军为主。1915年春，法英联军对德军发动进攻，联军伤亡巨大，收效甚微。

4月下旬，德军反击法英联军，发动第二次伊普尔战役。第二次战役德军的战役目的是试验其秘密武器——氯气，并掩护部队向东线调动。1915年4月22日，德军向伊普尔的英法联军阵地连续施放6 000罐18万公斤氯气。这是战争史上首次大规模使用毒气，造成英法联军1.5万人中毒，其中5 000人死亡，正面10公里、纵深7公里的地带无人防守。

德军冲向缺口，迅速占领了许多地区。但由于没有预备队，未能扩张战果。英法援军迅速堵住缺口，战线趋于稳定。24日，德军实施第二次毒气攻击，未达目的。4月26日至5月12日，德军付出巨大伤亡扩大某些突破口，迫使英军撤至伊普尔城郊，但未取得重大突破。5月25日，战役结束。

9—11月，法英联军在法国将领福煦统一指挥下连续发动进攻，但仅向前推进4 000米，损失巨大，被迫停止攻击，双方凭阵地对峙，再次处于僵持状态。

凡尔登战役

1916年，德意志帝国决定把进攻重点再次转向西线，力图打败法国。德军统帅部选择法国的凡尔登要塞作为进攻目标。凡尔登是协约国军防线的突出部，对德军深入法国、比利时有很大威胁，它又是通往巴黎的强固据点和法军阵线的枢纽。

1916年2月21日，德军集中前线所有大炮对凡尔登附近狭窄的三角地带连续轰击10多个小时，将这一小块地区的森林、山头、战壕夷为平地，随后以6个师兵力向前推进。法军总司令霞飞增派援军，任命贝当为凡尔登地区司令，组织法军拼死抵抗。双方出动飞机进行空战和轰炸对方的机场与补给线。德军首次使用光气窒息弹，杀伤大量法军并造成恐慌，但未能取胜。

▼这是一幅描绘凡尔登惨烈场面的油画

10—12月，法军在凡尔登调集部队，开始反攻，夺回大部分失地。德军战略进攻终于失败。战役结束后，德皇威廉二世撤销法金汉的总参谋长职务，改任兴登堡为总参谋长，鲁登道夫为其副手。

此役是典型的阵地战、消耗战，双方伤亡近100万人。

由于伤亡惨重，凡尔登战场被称为“绞肉机”“屠场”和“地狱”。这场战役是第一次世界大战的转折点，德意志帝国从此逐步走向最后失败。

▲放置在德军战壕下的数吨炸弹引爆后，索姆河战役随之打响

索姆河战役

1916年年初，根据协约国确定的战略方针，英法联军计划在索姆河及其支流昂克尔河地区发动大规模进攻，彻底击溃法国北部德军。

索姆河地区属丘陵地带，地形起伏不平，森林和村庄星罗棋布。德军在该地区构筑有三道阵地，主阵地为阶梯式堑壕和坑道工事，前沿阵地设置多道铁丝网。守军是贝洛将军指挥的德第2集团军13个师。

7月1日晨，经7天炮火准备后，英第4集团军（由罗林森将军指挥）从马里库尔

▼索姆河战役中一群英国士兵和一辆坦克在一起

至埃比泰恩25公里正面向巴波姆方向实施主要突击，由英第3集团军和第7军在其左翼采取保障行动；法第6集团军从罗西耶尔以北索姆河两岸向佩罗讷方向实施辅助突击。当日，法军和英军右翼突破德军第一道阵地，但英军左翼为德军坑道工事所阻。英军采用密集队形冲击，遭敌枪炮火力杀伤，损失近6万人。

随后，英军右翼和法军攻占德军第二道阵地，法军一度占领巴尔勒、比阿什等德军防御要地。因联军为离心方向进攻，且组织协同不力，进展迟缓，使德军得以迅速调集援兵，并于7月19日将第2集团军分编为比洛指挥的第1集团军和加尔维茨指挥的第3集团军，加强了索姆河上游地区的防御。

至7月中旬，联军仅向前推进数公里，未达成战役突破。此后，双方不断增加兵力兵器，作战行动变成了一场消耗战。

9月3日，英法联军以56个师的兵力再次发动大规模进攻，深入德军防御纵深2～4公里。9月15日，英军使用49辆坦克配合步兵进攻，占领德军第三道阵地的若干重要支撑点。这是战争史上第一次使用坦克。9月下旬至11月中旬，联军步坦协同发动两次进攻，均未取得决定性突破。

日德兰海战

大战开始后，掌握着制海权的英国舰队对德国实行了严密的海上封锁。德国舰队不敢进入北海，仅在波罗的海沿岸活动。英国的封锁给德国经济造成了很大困难。德国为了突破封锁，扭转被动局面，决定寻找机会同英国进行海上决战。

1916年5月31日至6月1日，英德两国的主力舰队在日德兰半岛附近的海面上进行了大规模的战斗，英国出动约150艘军舰，德国出动了约100艘军舰。激战的结果：英国损失战舰14艘，官兵伤亡6 000余人；德国损失战舰11艘，官兵伤亡2 500多人。英国损失的吨位几乎是德国的两倍。尽管英国的损失略大，但在战略上仍占优势。英国依然掌握着制海权，而德国舰队从此龟缩在港内，不敢再出来决战了。

日德兰海战是第一次世界大战期间规模最大的海战，也是世界海战史上最后一次战列舰大编队交战。但是，英国和德国的舰队主力并未进行决战，战后双方在北海的力量对比和军事态势未发生重大变化。

▼日德兰海战的情景

第一次世界大战的第三阶段

二月革命

食物短缺，骇人听闻的伤亡人数，加上沙皇顽固地拒绝对他的政府实行自由化，导致1917年头几个月不断增长的示威游行和罢工。俄国首都沸腾了。最后于3月12日杜马不服从沙皇要它解散的命令。一个警卫团杀死了团队的军官。街道发生大火。监狱打开了，紧接着是巷战。叛乱蔓延到莫斯科。3月15日下午3时，沙皇在普斯科夫的陆军总部退位，“愿上帝保佑俄国”是他的祈祷词和墓志铭。一天后，沙皇兄弟大公爵拒绝继承皇位。几天之内，沙皇及其家族成员即被逮捕，罗曼诺夫家族的统治永远结束了。

二月革命很快就变成了杜马执行委员会中比较温和的自由主义者同社会主义者建立的工人和士兵委员会或苏维埃之间争夺权力的斗争。从这场斗争中有一个叫阿列克塞·克伦斯基的人，脱颖而出，成为温和的社会主义者的领袖和临时政府的首脑。但是为时不久。流亡了11年的列宁被德国人允许从瑞士乘坐封闭的火车厢经过德国。他在俄国与约瑟夫·斯大林会合。

战争的第三阶段是1917—1918年。1917年，美国参战；中国等国也投入战争，协约国的成员增加到了27个国家；俄国爆发“二月革命”和“十月革命”，退出帝国主义战争。1918年11月，德国宣布投降，第一次世界大战以同盟国的失败告终。

俄国退出战争

1914年第一次世界大战爆发，战争使俄国经济濒于崩溃，给人民带来深重的灾难，社会各种矛盾空前激化，革命形势日趋成熟，随即发生了推翻统治俄国长达300多年的罗曼诺夫王朝的二月革命。

二月革命后，克伦斯基担任陆海军部部长，随后担任总理，勃鲁希洛夫为最高统帅。他们注意到协约国的压力，因此于7月在加里西亚发动了一场所谓克伦斯基攻势。攻势发动后，取得初步胜利，这是一个短暂的胜利。

同盟国借助从西线调来的几个师于7月19日发动了一场反攻，俄国战线瓦解。整个部队大逃亡，在最初的几天很少有激烈的战斗，德军和奥匈军如入无人之境。在1917年结束前，德奥军已经从加里西亚清除了俄国这部庞大的“蒸汽压路机”的残余。在三年前，它还满怀希望地以压倒之势投入战争。

在北线，为了引诱克伦斯基和谈，德国第8集团军渡过德维纳河，于9月3日占领里加，只遇到零星的抵抗。德军派遣了一支两栖远征队去占领里加沿海诸岛屿，构成对彼得格勒的威胁。末日已为期不远了。

在十月革命中，旧俄国残存部分不是以轰然巨响而是以呜咽啜泣宣告破灭。以列宁和托洛茨基为首的布尔什维克夺取了政权；合法政府所在地彼得格勒的冬宫只有一队女兵和几名军官保卫。克伦斯基逃跑了，曾经支持自由主义而不支持暴君的温和社会主义者们退出政府，托洛茨基大声对他们喊道：“你们的戏演完了。从现在起，到属于你们的地方——历史的垃圾桶里去吧！”

革命迅速蔓延，俄国陷入混乱之中，内战开始了。布尔什维克很快就开始讨论俄国退出战争的问题，从而使德国得以自1914年以来首次将大批军队腾出来用于西线。接着罗马尼亚也退出战争。12月15日签订了规定停火1个月的休战协定，同时俄国、德国、奥匈、保加利亚和土耳其的代表团于12月22日会聚在布列斯特－立托夫斯克，安排长期性和平条款。

▲美国士兵正在登上卡车，奔赴前线

美国参战

自1915年以来，美国缓慢的参战趋势已经明显，见之于华盛顿和柏林之间外交函件日益尖锐的措辞。德国人的愚蠢毁坏了他们自己的事业。他们在美国进行宣传的拙劣作法适得其反。最尖端的愚蠢行为要算1917年2月所谓的齐麦曼备忘录。这份由德国外交大臣给德国驻墨西哥公使的外交函件被英国截获和破译，英国人立即通知了美国。齐麦曼建议如果美国参加对德战争，则墨西哥应对美开战，报偿是墨西哥收复“得克萨斯、新墨西哥和亚利桑那失地”。

▼安装在一辆装甲车上的美国大炮正在向德军阵地开火

就这样，渐进地但肯定地伤害了美国人的感情，加剧了思想对立，如同水滴石穿一样，中立主义不知不觉地被抛弃了。

德国无限制的潜艇战，无疑是这个过程中最大的因素。柏林制定的1917年战略规定，德国在西线进行防御，但是在英伦三岛和欧陆协约国周围特定海域对各国航运开展无限制潜艇战，此时已成破釜沉舟之势。无限制的潜艇战始于1917年2月1日，不久就有更多美国平民葬身公海。

长期以来，海上自由就是美国人最基本的自由之一，德国的挑战直接导致了战争。

这样，在1917年年初，美国越来越接近战争的边缘。伍德罗·威尔逊断绝了与德国的外交关系，把商船武装起来，最后经过一场可怕的自我斗争，这位总统要求国会于4月初对德宣战。4月6日，美国参战了。然而德国的实际行动比华盛顿的要多。当柏林决心开展无限制的潜艇战日子起，它有意地接受了各种风险，认为美国的武装力量将为数很少，而且会姗姗来迟。

柏林有充分的理由这样想。美国的正规陆军加上已在墨西哥边境动员起来的联邦国民警卫队，总共只有20万左右人，另有10万左右的国民警卫队员们仍在各州服役。没有一个齐装满员的师。战备情况好得多的海军，勉强在1916年开始执行一项庞大的造舰计划，某些美国工厂已装备起来为协约国生产军火。

西点军校和安纳波利斯海校培训了一批能干的专业军官骨干，在美国参战之前作为准备措施而启用的普拉茨堡训练营还培训了一些"公民军官"，全国有一种十字军精神。不久"美国佬来了"的歌声响彻48个州的每一个城镇。

几乎从战争一开始，美国就第一次实行征兵制或者义务兵制。为了响应盟国关于在欧洲尽快出现一支即使是微不足道的美国部队也会有助于鼓舞士气的建议，抽调分散的正规陆军部队拼凑成第1师，该师主力加上海军陆战队的一个团于1917年6月抵达法国。从6月份开始，精锐的美国部队源源不断地开向欧洲。

潘兴在肖蒙建立总部，美国军需品临时堆积场和补给基地遍布法国各地。到10月底，第1师各部开进南锡附近的法国战线上一个平静的地段。10月23日上午6时5分，美军在该地愤怒地打响了参战后的头几枪。11月初，3名美国士兵在一次堑壕袭击战中被德军打死；他们是成千上万死者中的第一批。2 500名美军医疗队参加了对康布雷战役中英军的支援。到1917年年底，大约每月有5万人从4个加拿大港口、6个美国港口转到6个法国港口和许多英国港口。"美国佬"真的来了，而且来得很及时。

▼1918年3月，在德军发动最后攻势的初始阶段，英国和法国军队在撤退后立即部署了一条新的临时防线。

而此时在美国国内，全国正在动员，包括人员、工厂和资源。美国还从来不曾试图干这么多、这样快：训练营在全国各地的农场和林区办起来了；工厂三班倒；造船厂欣欣向荣。曾几何时还是内向的这个国家，如今

▲图中大量的德军俘虏反映了1918年夏季德军战败的狼狈

已是面向世界了。它第一次显示出的这种年轻的活力，是地球上最强大的国家的活力。

大战结束

1918年苏维埃俄国退出战争后，德国将兵力集中于西线。1918年3—7月，德军发动5次大规模进攻，均未取得重要的进展。此时几十万美军抵达欧洲参战，德军已再无力组织进攻。从7月下旬至8月底，协约国联军对德军连续发动进攻，德军退守兴登堡防线，处于被动局面。

1918年9月26日协约国联军对德军发动总攻。德军无力抵抗，兴登堡防线全面崩溃。9月29日，德皇威廉二世召开御前会议，德军统帅兴登堡和总参谋长鲁登道夫承认已无力继续战争。德皇改组内阁，任命巴登亲王马克西米利安为总理，向协约国提出停战谈判要求。

与此同时，从9月底至11月初，保加利亚、土耳其和奥匈帝国在协约国军队的攻击下先后投降。奥匈帝国境内被压迫民族要求摆脱哈布斯堡王朝的统治，实现民族独立。1918年10月11日，波兰国会宣布波兰属地脱离奥匈帝国，10月28日，捷克和斯洛伐克合并成立独立的共和国。11月2日匈牙利宣布成立民主共和国。10月28日，维也纳爆发工人总罢工和士兵游行示威，迫使奥皇退位。11月12日成立奥地利共和国。

德国已处于完全孤立的境地。11月初，德国十一月革命爆发，9月德皇威廉二世退位，社会民主党组成临时政府，宣布成立共和国。

11月11日清晨，德国政府代表埃尔茨贝格尔同协约国联军总司令福煦在法国东北部贡比涅森林的雷道车站签署停战协定，德国投降。

根据协定，德国必须在15天内从法国、比利时、卢森堡、阿尔萨斯、洛林及莱茵河左岸地区全部撤出其军队。同时须从土耳其、罗马尼亚、奥匈帝国及非洲撤出军队。《贡比涅森林停战协定》的签订宣告了德、奥、土、保同盟国集团彻底战败，第一次世界大战结束。

▶1919年，来自参战国的主要代表正在准备签订《凡尔赛和约》。

第八章

第二次世界大战

第二次世界大战是在社会生产力和科学技术高度发展的条件下进行的，参加战争的不仅有现代化的陆军、海军，而且有空军。战争中不但使用了大量的火炮、坦克、飞机和导弹等现代化武器，第二次世界大战末期，美国还使用了原子弹。战争的破坏性、残酷性空前增大。随着现代化武器的出现，资产阶级军事理论家曾提出了“总体战”理论，主张军事斗争与政治、思想上的奴役、欺骗和经济上的掠夺等手段相结合，要求社会物质生活和精神生活的一切方面，在和平时期就要服从战争的需要。

第二次世界大战，是从德、日、意三国发动的局部性侵略战争开始的，后来发展为中、苏、美、英等反法西斯同盟国家与法西斯轴心国家之间的世界范围的战争。战争中，近代的军事科学再一次经受实践检验并得到新的发展。

当时，法国的军事思想保守落后，拘泥于第一次世界大战的经验，迷信马其顿防线，实行消极防御战略，结果在德国的进攻下很快失败。德国和日本采取进攻、速决的战略和突然袭击的手段，虽在初期取得一系列胜利，但在苏联、中国及其他同盟国军民的坚决抵抗面前，终遭彻底失败。

同盟国进行了多次大规模的地面、海上、空中作战和登陆作战、空降作战、防空作战，取得了成功的经验。在战争中，大兵团作战的组织指挥和军种、兵种战术进一步完善，战役理论和合同战术得到较全面的发展。

由于战争规模大，持续时间长，技术兵器数量多，物资消耗成倍增长，军事对经济的依赖更大，军事经济理论进一步发展。电子计算机的发明和应用，促进了军事运筹学的产生。导弹、原子弹等的研制成功和使用，标志着一个新的军事技术时代的开始，军事理论亦将有新的发展。

战争的前奏与爆发

▲在1938年的一次政治集会上，希特勒接受他的纳粹拥护者的敬礼。

1931年，日本首先在亚洲燃起战火，揭开世界战争的序幕。1939年9月1日凌晨，德国突然向波兰发起“闪电”式进攻。9月3日，英、法两国被迫对德宣战，第二次世界大战全面爆发。

法西斯政权建立

第二次世界大战是德、日、意法西斯国家实行侵略扩张，争夺世界霸权所挑起的，经过多次局部战争逐渐演变而导致全面战争。德、日、意等后起的帝国主义国家所确立的法西斯政权及其侵略扩张，是这次世界大战的根源。

第一次世界大战后，按照英、法、美等主要战胜国的意志确立了凡尔赛—华盛顿国际关系体系。战败的德国不甘心于《凡尔赛和约》给予的严厉惩罚和约束。战胜国意大利因未能获得英、法许诺的领土而不满，另一个战胜国日本扩张要求日益强烈。由于德、日、意等国的实力很快得到恢复和加强，要求重新瓜分世界，成为英、法、美等国的对手。随着1929—1933年世界资本主义经济危机的爆发，帝国主义制度的各种基本矛盾重新尖锐化并愈演愈烈，以致发展到诉诸战争。

20世纪二三十年代，在意大利、德国和日本相继兴起以极端民族主义和极权主义为核心内容的法西斯主义势力和运动。1922年10月，墨索里尼在意大利掌握政权。1933年1月，希特勒在德国执政。1936年3月，日本军部实现对内阁的全面控制，开始确立法西斯专政。它们同英、法、美等国争夺势力范围和世界霸权，不惜通过战争手段改变由凡尔赛—华盛顿体系所确立的国际秩序，从而形成对世界和平的严重威胁。

战争策源地形成

德国从1933年起加速扩展军事工业。1934年秘密突破《凡尔赛和约》对其军队的限额。1935年正式重建空军，实施义务兵役制，秘密颁布《国家防御法》。1936年3月7日，德国宣布废除《洛迦诺公约》和《凡尔赛和约》的有关规定，派兵进入莱茵非军事区。早在1935年秋，德国国防军即已开始制订对法作战计划、入侵奥地利的奥托方案和进占捷克斯洛伐克的绿色方案。纳粹德国成为主要的和最危险的欧洲战争策源地。1936年10月，德、意签订柏林协定，形成柏林—罗马轴心。意大利成为欧洲战争策源地的组成部分。

1927年，日本首相田中义一召开东方会议，确定武力侵占中国，进而征服印度、南洋群岛、中亚细亚和小亚细亚以至欧洲的侵略扩张总纲领。从1931年起，日本对中国发动并逐步扩大局部性侵略战争。1936年制订向太平洋地区及西伯利亚的扩张目标和对美、苏、中、英等国作战的具体方针。日本成为挑起世界战争的远东战争策源地。

三个法西斯国家在对外扩张和发动侵略战争的过程中结成侵略集团。1936 年 11 月 25 日，德、日两国签订《反共产国际协定》。次年 11 月 6 日意大利参加该协定。

▲纳粹拥护者正在散发传单，呼吁德国人抵制犹太人的商店和公司。

世界大战序幕

20 世纪 30 年代，法西斯国家多次发动局部战争。日本首先在亚洲燃起战火，揭开世界战争的序幕。

日本对中国的侵略战争：1931 年日本制造九一八事变，侵占中国东北三省。翌年 3 月建立“满洲国”傀儡政权。接着入侵中国上海、热河省、察哈尔省北部和河北省东部等地区。美、英、法等国对日本的侵略行径姑息纵容。1937 年 7 月 7 日，日本发动全面侵华战争。中国人民在中国共产党领导下结成抗日民族统一战线，以国民党、共产党两党合作为核心，举国一致，英勇进行反法西斯的抗日民族解放战争。中日战争在 1938 年 10 月日军占领武汉、广州以后，开始转入战略相持阶段。

除了侵略中国外，日本还对苏联的进行挑衅。日本于 1938 年 7 月在邻近朝鲜的中苏边境挑起张鼓峰事件（哈桑湖事件）。1939 年 5 月，日军在中国黑龙江省西部与蒙古接壤地区再次挑起诺蒙坎事件（哈勒欣河事件）。日本的两次战争挑衅均遭失败。

世界大战的序幕不仅在东方战场拉开，在欧洲战场上，战争的帷幕也徐徐拉开了。1935 年 10 月，意大利 30 万军队侵入埃塞俄比亚。埃塞俄比亚第二次抗意战争爆发。尽管国际联盟通过决议宣布意大利为侵略者，并表示要对它实行有限的经济制裁，意大利仍能从西方民主制国家，尤其是从美国获得源源不断的石油供应。

1936 年 7 月西班牙内战爆发。截至 1939 年 4 月，德国派往西班牙作战人员超过 5 万人，意大利进入西班牙的军队约 15 万人。德、意向叛军提供的军火价值 10 亿美元。英、法、美等国则宣布“中立”，实行“不干涉”政策，禁止西班牙政府购买的武器过境。1939 年 2 月 27 日，英、法与西班牙共和国断交，公开承认佛朗哥政府。

▼西班牙内战结束后，外国志愿者逃离边境时被法国军队缴械。

因为英、法、美等国的姑息纵容，德国加快了侵略的步伐，接着吞并奥地利和肢解捷克斯洛伐克。

战争危机

1939 年春、夏两季，欧洲再次出现紧张局势，经过波兰危机和错综复杂的外交斗争，终于爆发全面战争。

1939 年 3 月 15 日，德国出兵占领捷克斯洛伐克全境。21日又制造但泽危机，向波兰提出领土要求。次日出动海军占领立陶宛的默美尔。4月1日在德、意武装支援下，佛朗哥军队控制西班牙全境。4月7日，意大利军队入侵阿尔巴尼亚。5月22日，德、意正式签署军事同盟条约，即钢铁同盟。德军统帅部在4月3日即已下达代号为“白色方案”的对波兰作战计划。

▲1938年，欧洲首脑参加慕尼黑会谈。由左至右依次为墨索里尼、希特勒、希特勒的翻译和英国首相张伯伦。

面对德国的战争威胁，波兰向英、法求助。英国张伯伦政府认为德国如果占领波兰将危及英、法安全及其在欧洲的根本利益，鉴于绥靖政策遭到世界和国内舆论的谴责，被迫开始对政策作出某些调整。1939年3月22日，英、法互换照会，承担遭到侵略时相互援助的义务，把实际存在的同盟关系固定下来。3月31日，张伯伦代表英法两国政府宣布，一旦发生威胁波兰独立的行动，英、法立即给予波兰全力支持。4月6日，英、波缔结临时互助条约。4月13日，法国重申忠于法波同盟义务。5月19日，法、波正式签署军事协定。

三角谈判和斗争

1939年春、夏两季，围绕欧洲的战争与和平形成英、法、苏三角谈判和斗争相互交错的局面。4月15日开始举行英、法、苏莫斯科谈判，就采取共同行动制止法西斯扩大侵略进行磋商。由于英、法两国缺乏诚意，先后举行的政治和军事谈判均未取得任何积极成果。与此同时，英德秘密谈判也在进行。

▼坦克手的这张照片出现在一张德国宣传杂志上。这张照片发出的信号是：如有必要，德国人有足够的军事力量和信心占领整个欧洲。

德国的战略方针首先以英、法为主要对手，集中力量与西方国家作战，需要缓和德苏关系，以避免在向西方进攻时腹背受敌。苏联同样面对严峻的国际形势：在亚洲，正与日本军队在诺蒙坎地区进行战斗；在欧洲，世界大战一触即发；英、法、苏三国谈判因英、法蓄意让德国侵苏，毫无诚意，致使谈判旷日持久，濒于破裂。1939年8月23日，《苏德互不侵犯条约》在莫斯科签订。

闪击波兰

作为第一次世界大战的战胜国之一，波兰曾经从战败的德国手中夺取了但泽地区。希特勒对此一直怀恨在心，在《我的奋斗》中他曾恶狠狠地写道：一个竟然敢于割去并吞并了德国领土的波兰是不可饶恕地冒犯了德意志民族。因此，早在1939年4月，他就下定决心要粉碎波兰。而《苏德互不侵犯条约》的签署等于是对波兰下达的死刑判决书。为了制造进攻波兰的借口，希特勒煞费苦心地导演了“波兰人”袭击德国电台的丑剧。

▲1939年9月的短暂战斗中，波兰一骑兵旅的士兵试图阻挡德国坦克的进程。

1939年9月1日上午4时45分，德国160万大军以迅雷不及掩耳之势从东北和西南两个方向实施向心突破，“闪击”波兰，标志着第二次世界大战开始发动。

德军入侵波兰，运用了“闪击战”思想。“闪击战”是当时最先进的机械化作战理论。德军的“闪击战”，关键是进行突然袭击，并且以实施强大的首次突击为基本方式。在作战中，为保证首次突击成功，将预备队留得较少，并尽量把其他战略方向上的掩护兵力减至最低限度，力图在战争一开始就以绝对优势兵力彻底粉碎对方的抵抗。

在德军的强大攻击下，波兰军队迅速溃败。9月28日，波兰首都华沙守军12万人投降。10月6日，波军全军覆没，德波战争结束。一个拥有3 400万人口、100多万军队的国家，就这样在短短的一个多月时间里沦丧了。

闪电战

闪电战的起源可以追溯到英国人富勒在第二次世界大战之间提出的关于机械化战争的理论。装甲车辆的出现，以及内燃机广泛运用于战争，导致陆战产生根本性变革。军队的运输能力，行军速度，防护能力，突击能力达到前所未有的水平。所以军事指挥、战略战术也必然将随之发生变化。富勒提出组建以坦克为核心的，由职业人员组成的小型精干的机械化装甲部队，集中灵活机动、防护力强、火力猛烈的特点；强调发挥装甲快速机动能力，像火灾初起时就扑灭火灾一样，在敌人尚未准备好的时候就通过迅速坚决的行动，攻占战略要地或切割敌人的防御；以瓦解敌人的士气，迫使敌人屈从于己方的意志为目的，而不是像克劳塞维茨的《战争论》那样强调从肉体上消灭敌人。富勒的机械化战争理论可视为闪电战战术的理论雏形。

1939年德国入侵波兰，揭开了第二次世界大战欧洲战争的序幕，德国充分运用其在航空兵、装甲部队上的优势，快速突破波兰部队的防御后纵深迂回到波兰防线的后方，分割包围了大批波兰部队。合围中的波兰军队不仅丧失了补给和通信交通，而且由于战线后方被占领，失去了退却到国土纵深休整补充的能力，因而大批被德军俘虏。仅仅28天后，波兰首都华沙被攻克，36天后，波兰有组织的抵抗被完全粉碎。

波兰战役被视为闪电战的开山之作，其后德国入侵挪威和比利时、荷兰、法国都采用了类似的战术，即大规模集中运用坦克和机械化部队、与航空兵和伞兵高度协同、实施突然攻击、快速突破、纵深迂回包抄。从而在精神上瓦解对方的战斗意志，这种作战形式被称为“闪电战”。1941年德国入侵苏联时也采用这种战术，在初期取得很大战果。

战争的全面爆发与扩大

德、意、日法西斯国家从1939年9月到1942年下半年在欧洲、非洲、亚洲、大洋洲和太平洋、大西洋展开全面的战略进攻。

军事侵略同盟成立

1940年7月21日，希特勒下令德国陆军总司令布劳希奇着手准备对苏作战，12月18日，希特勒签署代号为“巴巴罗萨”的对苏作战计划，训令德军在1941年5月15日以前完成入侵苏联的各项准备。

1940年9月，德、日、意在柏林签订了《柏林协定》，规定“日本承认并尊重德意志和意大利在欧洲建立新秩序的领导权”，德、意“承认并尊重日本在大东亚建立新秩序的领导权”。三国还进一步约定，三国在战争中，“应以一切政治、经济和军事手段相援助。”三国正式结成轴心军事同盟，妄图以此瓜分世界。

德、意两国加紧扩大对巴尔干的侵略，作为争夺东地中海、北非、中东的跳板和进攻苏联的战略前进基地。罗马尼亚、匈牙利及保加利亚相继加入轴心国同盟。1940年10月28日，意大利侵入希腊，遭反击，被迫停止进攻。

1941年3月27日，南斯拉夫新政府拒绝加入轴心国同盟，并与苏联签订友好条约。4月6日黎明，德、意同时进攻南斯拉夫和希腊。德军于13日占领贝尔格莱德。4月9日占领希腊萨洛尼卡，21日希军投降。英国5.8万名远征军在希腊作战，伤亡1.2万，其余从海上撤退。4月27日，德军进入雅典。5月30日，德空降部队占领克里特岛。希腊国王流亡伦敦。

绥靖政策破产

德波战争结束后，德国一面作出和平姿态，一面扩充军备，将主力调往西线，伺机进攻西欧国家。英、法两国实行消极防御战略，静守马其诺防线。1940年2月，美国试图进行和平斡旋，为德国所拒绝。1939年9月至1940年4月，英、法与德国之间没有发生过真正的战事，史称奇怪战争。

1940年春，希特勒担心英法联军进入挪威，从北面威胁德国，切断瑞典对德铁矿砂供应，遂先发制人于4月9日侵占丹麦，丹麦投降。同日，德军入侵挪威，空降部队占领奥斯陆。7月，挪威国王和政府成员流亡英国。德军的闪电战在北欧取胜。

1940年5月10日凌晨，德军向西欧国家发动进攻。德军进攻西欧宣告绥靖政策的彻底破产，英国张伯伦政府立即垮台，由丘吉尔出任首相，组成保守党、工党、自由党联合政府。

敦刻尔克大撤退

德军突然同时向荷兰、比利时、卢森堡和法国发起“闪电式”攻击后，盟军猝不及防，处处失利。1940年5月20日，德军的先头部队已经进抵英吉利海峡，切断了在法国和比利时境内作战的英法军队同索姆河以南的法军主力之间的联系。英法军队处在将被各个歼灭的危险之中，虽然进行了多次反突击，但均未成功。英法军队和一小部分比利时军队步步后退，逐渐被压到了敦刻尔克附近的一块狭长地带，形势十分危急。

但是，就在这时，24日，希特勒也许是由于判断失误的原因，突然命令他的先头部队停止追击，给了处于绝境之中的英法军队一个喘息之机。26日，英国政府下令执行代号为“发电机”的撤退计划。

▼查尔斯·坎德尔用油画生动再现了盟军在敦刻尔克撤退的一幕

当时，英国集中了所能搜集到的各种船只准备把被德军包围的英法军队撤往英国。撤退开始后，可能是希特勒醒悟过来，下令德军加紧了对英法军队的进攻，并派飞机对敦刻尔克和英吉利海峡进行了猛烈轰炸，还派出鱼雷艇和潜艇攻击英法的运输船只。

英法军队奋力抵抗，在空军的掩护下，经过9天9夜的战斗，终于把近34万人运到了英国本土，虽然丢掉了大部分重武器，但毕竟保留了未来反击的有生力量，为日后对德军的反攻创造了有利条件。

法国的沦陷

5月14日，德军以重兵突破法比边界的色当要塞，绕过马其诺防线进入法国。又突破法军总司令魏刚在索姆河和埃纳河一线仓促建立的魏刚防线。

1940年6月，德军向法国发动了总攻势，由北向南，向法国腹地急速推进；意大利趁火打劫，对法宣战，出兵进攻法国南部。

不久，法国宣布投降，德国占领法国大部分地区，西南部分地区由贝当建立傀儡政权，政府设在维希。以戴高乐将军为首的一批爱国者，流亡英国，组织“自由法国”运动，坚持抗德斗争。

▼1940年8月，不列颠空战中，由于大雾弥漫，英国皇家空军与入侵的德国飞机展开近距离的激战，图为双方飞机的尾气。

英伦空战

法国沦亡后，英国陷于孤军作战困境。希特勒声称，英国把殖民地归还给德国，承认德国在欧洲的霸主地位，即可避免英德战争，遭英国政府拒绝。

1940年7月，德军就制定了从海上入侵英国的“海狮”作战计划，企图通过轰炸夺取制空权，以保障顺利登陆。为此，德国空军准备了大约2 400架作战飞机，用于进攻英国。

8月12日，德军飞机开始对英国进行空袭。此后，空袭规模一天天增大，重点轰炸英国沿海空军基地、海军舰艇和飞机工厂。

▲入侵苏联的巴巴罗萨计划始于1941年6月，图为最初的几星期里，德军在捷克制的坦克后面躲避炮火。

英国应战的战斗机只有700架左右，但是，英国拥有刚刚发明不久的雷达，利用雷达，英国建立起由战斗机、高射炮、雷达、探照灯和拦阻气球组成的严密的防空体系；适时组织截击，运用正确的战术，以少量兵力抗击大机群的入侵。

10月中旬，德军决定放弃“海狮”计划。后来，德军为进攻苏联将空军东调，才最后停止了对英国的轰炸。

突袭苏联

1940年7月，希特勒下令着手准备对苏作战，12月，希特勒签署代号为“巴巴罗萨”的对苏作战计划，训令德军在1941年5月15日以前完成入侵苏联的各项准备。

6月22日凌晨，德国进攻苏联的闪电战开始。德军采用闪电战的方式，突然袭击苏联。从北起摩尔曼斯克，南至克里米亚，全线进攻。规模之大，空前未有。妄想用闪电战在6个星期至两个月内击败苏联。

在此之前，德国在英吉利海峡集中了大量器材，佯装将大举进攻英国。开战第一天，苏联大批机场遭狂轰滥炸，德国空军掌握了制空权。经三个星期的残酷战斗，苏军放弃了拉脱维亚和立陶宛、白俄罗斯和乌克兰的大部分地区。

卫国战争开始以后，苏联成立了斯大林为首的国防委员会，集中了国家的全部权力，按战时体制改组党政工作，迅速把国民经济转上战时经济的轨道。7月中旬以后，德军攻势便受到阻滞。北路列宁格勒始终未被攻陷，中路德军为打开进攻莫斯科通道的斯摩棱斯克战役进行了将近30天，南路敖德萨两个月始终未被攻下。这就推迟了德军进攻莫斯科的时间，为莫斯科保卫战的胜利创造了条件。

1941年9月底，德军在苏德战场北翼封锁了列宁格勒，在南翼占领基辅，在中央攻占斯摩棱斯克，打开了通向莫斯科的门户。9月底，德军开始实施代号为“台风”的作战计划，进攻莫斯科，企图在冬季到来之前攻占莫斯科。

在德军兵临城下的严重时刻，莫斯科人民于11月6日，在地下铁道马雅可夫斯基车站举行纪念伟大的十月社会主义革命24周年庆祝大会，第二天，在红场举行传统的阅兵式。随即直接开赴前线。在这生死存亡的危急关头，在战火硝烟中举行纪念十月革命的庆祝活动，在国内国际产生

▼1941年的最后几场战斗中，红军战士向德军前哨发起进攻。与德军不同的是，大多数红军都有保暖的冬衣。

了重大影响，它鼓舞了苏联人民和全世界人民，使一切正义的人们坚信法西斯一定会失败。

在全国人民支援下，再加上莫斯科民兵和市民的英勇参战，德军一直被阻止在莫斯科城外，在那硝烟弥漫的日日夜夜，莫斯科人民度过了许多浸满血泪的艰辛、难忘的岁月。终于，举世瞩目的莫斯科保卫战取得了彻底的胜利。这一胜利使德军“不可战胜”的神话破灭了。莫斯科人民在历史上留下了光辉的一页。

偷袭珍珠港

日本为实施“大东亚共荣圈”计划，1941 年 9 月即开始入侵印度支那。美国认为这无异于日本的公开宣战，于是加强了对日本的经济压力。

罗斯福总统宣布“冻结”所有日本在美资产，接着英荷两国政府也迅速采取了相同的行动。这样，三国就同日本停止了贸易，特别是石油贸易。日本消费的石油 88% 是进口的。在禁运的情况下，日本政府或是放弃扩张野心，或是夺取荷属东印度群岛（即今天的印度尼西亚）的油田，同美、英、荷等国开战。

▲在这张海报中，一个巨人般的日本武士正在挥剑劈砍一艘英美战船，生动地反映了日本法西斯的侵略野心。

日美之间的谈判开始进行，双方都想以强硬态度压服对方。日本要求美国取消禁运，并停止向菲律宾输送部队。美国断然拒绝，并警告日本不得再行侵略。双方经过多次谈判，仍然达不成协议。12 月 1 日，日本御前会议最后决定于 12 月 8 日开始对美、英、荷宣战。

日本偷袭美国太平洋海军基地珍珠港，是太平洋战争的序幕。

为了造成突然袭击，日本仍坚持与美国谈判到偷袭开始时刻。日本海军司令山本大将企图一举击溃美国太平洋舰队，对美国在太平洋最大的海军基地夏威夷瓦胡岛的珍珠港发动了突然袭击。使毫无准备的珍珠港海军基地遭受重创。

这次突然袭击是二次大战中继德军突然进攻苏联之后又一次举世震惊的进攻，它之所以成功，在很大程度上是由于美国政府的麻痹大意。

世界反法西斯同盟的形成

法西斯侵略逐渐加深。欧洲战场上，苏德战争爆发，法国灭亡，英国遭空袭；亚洲大面积地区遭日本侵略；德意侵入北非；日本偷袭珍珠港，太平洋战争爆发。世界大战达到最大规模。

由于法西斯势力扩大，美国改变“中立”态度，加强对英国等国家援助。1941 年 8 月，罗斯福和丘吉尔在大西洋一艘军舰上会晤，并发表《大西洋宪章》，它提出尊重各国的领土和主权完整，也开始对苏联提供援助。1942 年年初，世界大战已达最大规模，中、美、英、苏等 26 个国家的代表齐集华盛顿，共同签署了《联合国家宣言》，至此，世界反法西斯同盟正式形成。

世界反法西斯战争的转折

美军 1942 年 6 月中途岛海战的胜利，英军 1942 年 11 月阿拉曼战役的胜利，以及作为主要标志的苏军 1943 年 2 月斯大林格勒战役的胜利，表明反法西斯盟国开始从防御转向进攻的战略转折。

斯大林格勒战役

莫斯科战役失败以后，德军被迫放弃全面进攻，决定在 1942 年夏在苏德战场南翼实施重点进攻，企图攻占高加索地区和斯大林格勒，夺取苏联南方重要的粮食和石油产区，切断苏军的战略补给线。苏军最高统帅部识破了德军的企图，誓死保卫斯大林格勒。

战斗从 7 月中旬开始，由于苏军作好了应战准备，例如，在斯大林格勒远郊构筑了两道防线，在近郊构筑了四道城市防线，使得德军进展缓慢，每前进一步都要付出重大代价，德军的突击军团被大量消耗。9 月 13 日，德军终于攻入市区，并在次日一度攻占市中心，苏联守军的情况十分危急，但仍拼死抵抗。

在这紧急时刻，苏军一个精锐师进入斯大林格勒，守军的力量得到加强，迅速夺回市中心区。在城市的巷战中，双方对每一个建筑物，每一条街道都反复争夺，例如对火车站的争夺反复达 13 次之多。在巷战中，双方的伤亡都很大，但德军始终未能占领整座城市。然而，在此期间，双方的力量对比却发生了很大变化，一方面，德军的力量被大量消耗，得不到补充；另一方面，苏军从其他地方调来大量援军，准备反攻。

▼德军在斯大林格勒北部的一个拖拉机场的废墟中

11月中旬，苏军以强大的兵力对德军发动了反击，并迅速合围了包括精锐的德军第6集团军全部在内的大约33万德军，此后，苏军又成功地击退了德军的救援部队。

▲库尔斯克战役前夕,德军坦克正在开往库尔斯克附近的红军阵地。

希特勒授予保卢斯元帅军衔，企图使保卢斯能拼死突围，创造奇迹，至少也能杀身成仁。然而，1943年2月初，保卢斯和被围德军突围无望，只得向苏军投降。

在斯大林格勒战役期间，德军及其仆从国意、罗、匈等国军队约150万人被消灭，有生力量遭到大大削弱。斯大林格勒战役标志着苏德战争达到一个转折点，苏军开始从战略防御转入战略进攻，从此夺得战略主动权。

库尔斯克战役

斯大林格勒战役以后，苏军将战线向西推进了600多千米，战场形势发生了有利于苏军的变化，轴心国集团内部的士气受到了很大影响。为了夺回战略主动权，改变日益不利的局面，希特勒决定在库尔斯克地区发动一次大规模的进攻，挫败苏军的进攻锐气。苏军最高统帅部获悉后，决定趁势暂时转入战略防御，集中优势兵力，消灭德军的有生力量，为进一步的反攻创造条件。

为了进行库尔斯克战役，双方都把自己所能集中的最大兵力投入战场，双方参战兵力达400万之多，火炮多达6.9万门，坦克数量更是高达1.3万辆，作战飞机也有1.2万架，库尔斯克战役成为第二次世界大战中最大的会战之一。

1943年7月5日，德军集中两个集团军群，从南北两个方向向苏军发起进攻。苏军统帅部派出朱可夫和华西列夫斯基为大本营代表，指挥两个方面军抵抗德军。

7月12日，双方在库尔斯克附近的普罗霍夫卡地区进行了第二次世界大战中最大的一次坦克会战，双方共有1 200辆坦克参战。此后，苏军集中了6个方面军的强大兵力，对德军实施进攻。8月下旬，战役结束。

在这次战役中，虽然苏军的损失也很大，但挫败了德军扭转战局的企图。通过这次战役，苏军的战略战术得到了考验，完全掌握了战略主动权。德军从此彻底丧失了战略进攻能力，不得不转入全线防御。所以，也有学者认为库尔斯克战役是苏德战场的转折点。

阿拉曼战役

在北非战场，1940年年底，英军击溃了意大利军队。为了改变北非战场的局面，1941年2月，希特勒派隆美尔率德国非洲军团前去增援意军，击败英军。英军节节败退，到1942年6月，英军已经退到离埃及亚历山大港不远的阿拉曼一带。英军不敢再退，否则，

▲盟军成功登陆后，一个法国士兵站在阿尔及利亚首都阿尔及尔的一家旅馆外给美国和英国士兵指路。

埃及就有失守的危险。而埃及一旦失守，德军就可能夺取苏伊士运河，占领中东，这样，英国和它的海外领地，如与印度的联系就容易被切断。

英军加强了防御，在7—8月挡住了德军的进攻，在阿拉曼地区与德军形成对峙。8月中旬，蒙哥马利接任英军第8集团军司令。他积极着手补充兵员和装备，加强部队训练，准备进行大规模进攻，希望以进攻把德意军队驱逐出北非。

到进攻前，英军在阿拉曼一带的兵力已经增至11个师、5个旅，共计约23万人，经过动员，英军士气高涨，补给充足。相反，德军主力却陷于苏德战场，在北非的德意军队只有12个师，总兵力仅有9万余人，而且补给十分困难。

10月23日夜，英军集中1 000多门大炮，猛轰德意军队阵地，接着，英军向德意军队发起冲击。但是，德军防守严密，英军的两次进攻均被击退。11月2日，英军凭借优势兵力和制空权再次发起攻击，这一次终于在德意军队的接合部打开了一个缺口。英军坦克部队乘势突入纵深，对德军形成围歼之势。4日，德军看大事不妙，急速西撤。英军没有及时追击，使德意军队得以免遭全歼的命运。

在这次战役中，德意军队伤亡约2万人、被俘3万多人，英军也伤亡了1.35万人。阿拉曼战役是第二次世界大战北非战场的转折点，从此，战场的主动权完全转到英军手里。丘吉尔事后曾经这样评价阿拉曼战役："阿拉曼战役以前，我们是战无不败；阿拉曼战役以后，我们是战无不胜。"

中途岛海战

1942年，日本企图夺取太平洋中的中途岛作为前进基地，将海上防线推进到太平洋中部，迫使美军退守夏威夷及美国西海岸，以保障日本本土和日军南进侧翼的安全，并诱歼美军太平洋舰队。

1942年5月下旬，日本联合舰队总司令山本五十六指挥一支由8艘航空母舰和其他战列舰、巡洋舰、驱逐舰、潜艇共120多艘舰艇的庞大舰队，进攻中途岛。山本五十六派出一支由4艘航空母舰组成的第1机动舰队袭击中途岛，支援登岛部队登陆；山本五十六本人

▼中途岛海战的场景

朱可夫

朱可夫是20世纪杰出的军事家之一，他的军事才能影响了第二次世界大战的进程和结局。1941年6月22日，苏德战争爆发。次日，苏联成立最高统帅部大本营，朱可夫成为7名成员之一。7月29日，朱可夫建议斯大林放弃基辅，全力保卫莫斯科。斯大林答道："真是胡说八道，基辅怎能放弃给敌人？"朱可夫忍不住反驳："如果你认为我这个总参谋长只会胡说八道，这里也就用不着我了，我请求解除我的职务把我派往前线。"一阵争执之后，斯大林决定解除朱可夫的总参谋长职务，派他到前线担任预备队方面军司令员。以后的战争进程显示了朱可夫的洞见，如果当时斯大林采纳他的建议，就不会造成基辅战役中66万苏军被围歼的悲剧。几小时后朱可夫就动身去前线担任预备队方面军司令员。他率领该方面军在叶尼亚地区成功地实施了卫国战争中的首次进攻战，粉碎了德军的先头部队。此后在列宁格勒和斯大林格勒战役中，他展现了自己杰出的军事才能。1943年1月18日，斯大林格勒会战后，朱可夫被授予元帅军衔。紧接着他又指挥了列宁格勒破围战和库尔斯克会战，取得了极大成功。

则在南云的舰队之后约600海里处跟进；同时，用一部分兵力进攻阿留申群岛以牵制美军。美军破译了日本海军的无线电密码，掌握了日本军队的动向。

太平洋美军总司令海军上将尼米兹迅速调集了3艘航空母舰和其他战舰40多艘，准备迎敌。美军一方面加强中途岛的防御力量，另一方面把舰队布置在中途岛东北的附近海域，隐蔽待机。

当地时间6月4日凌晨，日军第1机动舰队进至中途岛西北240海里时，派出100多架飞机攻击中途岛；美国舰队立即向日第1机动舰队接近，7时左右，200多架美国飞机飞到日本舰队上空，当时，日本第一次攻击中途岛的飞机刚刚返舰，准备第二次攻击中途岛的飞机已经挂上了炸弹，得悉美舰接近，忙卸下炸弹，装挂鱼雷，一片混乱，美机乘机对日本航空母舰发动攻击，虽然有一些日军飞机临空迎战，但寡不敌众，无济于事，日本海军大败。结果，日军第一机动舰队的4艘航空母舰全部被击沉，美军也损失了1艘航空母舰。

意大利投降

北非战役结束后，1943年7月，美英盟军占领西西里岛，把战火烧到意大利门口，意大利法西斯政权面临覆亡的危险。意大利在北非、地中海战场屡战屡败，加剧了国内局势的紧张，加速了墨索里尼政权的垮台。

连续4年的战争及其失利，使意大利经济濒于崩溃，国内的反法西斯和反战活动频繁发生。意大利国内出现政治、经济危机，也进一步恶化意德关系。在意大利处于内外交困的情况下，意大利发生政变，墨索里尼政府垮台。

9月，意大利新政府同英美签署了投降的停战协定。意大利投降，是法西斯轴心国集团瓦解的开始。从此，在欧洲大陆的战争则由德国法西斯单独进行，从而加速了德国法西斯的灭亡。

世界反法西斯战争的胜利

1944 年，美、英等国盟军在西欧登陆作战，与东线苏军强大攻势相呼应，形成对德东西夹攻的战略态势。太平洋盟军的战略反攻，主要通过岛屿登陆战和海空作战加以实施，进展较为缓慢，欧亚各国被占领区的抵抗运动和游击战争，在反法西斯战争中占有主要战略地位。

开罗会议和德黑兰会议

苏德战场、太平洋战场、北非战场的胜利以及法西斯轴心集团的瓦解，表明世界反法西斯战争形势已发生根本转变。为了商讨进一步配合对日作战问题，1943 年 11 月 22—26 日，中、美、英三国政府首脑在埃及开罗举行了会议（苏联政府由于尚未在远东参加对日作战，故未参加会议），签署了《开罗宣言》，声明盟国将坚持对日作战，直到日本无条件投降为止，明确规定日本侵占的中国领土，如东三省、台湾、澎湖群岛等归还中国，允许朝鲜自由独立。

开罗会议一结束，11 月 28 日至 12 月 1 日，苏、美、英三国首脑在伊朗首都德黑兰举行会议。这是苏、美、英三国政府首脑自第二次世界大战爆发以来第一次举行的国际会议。会议通过了三国在对德作战中一致行动和战后合作的宣言。会议决定在欧洲开辟第二战场，以便尽快打败法西斯德国。德黑兰会议使苏、美、英三国之间在重大问题上长期存在的基本矛盾和分歧初步得到了解决，进一步加强和巩固了反法西斯联盟各国在经济、政治、军事上的团结和合作，对第二次世界大战的进程和结局产生了重大的作用和影响。

▼一美国工厂的妇女正在检查生产的炮弹壳的质量

诺曼底登陆

为了减轻正面德军造成的压力，加快战争的胜利进程，1941 年 9 月，苏联就正式要求英国在西欧开辟第二战场，也就是要求英国军队在欧洲登陆，同德军作战。

斯大林格勒战役以后，苏军在苏德战场转入进攻，美英盟军也在北非和西西里岛相继取得登陆成功，意大利宣布退出战争；美军在中途岛海战中获胜，改变了太平洋战场的形势。

1943 年年初，美英在卡萨布兰卡会议上决定在西欧登陆，随后开始着手准备。年底，在德黑兰会议上，罗斯福、丘吉尔和斯大林正式商定，1944 年 5 月，美英军队在法国北部地区登陆，开辟第二战场，同时在法国南部进行牵制性登陆。美英任命美国的艾森豪威尔将军为

▲1944年6月6日，诺曼底登陆日，美国部队和车辆在奥马哈海滩。

同盟国远征军最高司令。由于登陆舰艇的数量不足和其他准备工作不能按时完成，登陆时间推迟为6月初，同时原定在法国南部的牵制性登陆亦暂取消。

希特勒虽然早就估计到美英盟军可能要渡过英吉利海峡，在法国北部和比利时及荷兰一带登陆，为此，曾下令在从挪威到西班牙的漫长的大西洋沿岸，构筑一道由坚固支撑点和野战工事构成的、设有地雷和水中障碍配置的永久性抗登陆防线，当时，德军的兵力大多在东线与苏军作战，西线兵力空虚，德军只能重点设防。而盟军在大西洋沿岸有可能登陆的地方主要有两个，一个是加莱，这里海面较窄，距英国海岸只有20海里；另一个是诺曼底，距英国海岸约65海里，而且缺少良好港口，不易部队行动。希特勒认为盟军在加莱地区登陆的可能性较大，因此把重点布置在加莱一带；负责西线防御的德军高级将领在如何进行防御的问题上存在着严重分歧，一方认为应歼敌于登陆海滩，另一方则认为要在盟军登陆后用大部队实施反突击。这些分歧对德军指挥战斗将带来不利影响。

在登陆前，盟军作了大量准备工作，侦察了德军的防御设施，并猛烈轰炸了德军的交通线和机场，还作了许多要在加莱登陆的假象，使德军对盟军将在加莱登陆深信不疑。

6月6日凌晨，盟军首先在驻诺曼底德军防线背后着陆，夺取海滩堤道和主要桥梁，占领主要登陆地段的侧翼，阻止德军增援。同时，100多艘舰只上的火炮对登陆地点的德军阵地进行轰击。6时30分以后，登陆部队开始突击上陆。9时，已经基本突破德军阵地，站稳脚跟。

到7月初，盟军已有100万部队登陆，并且还有源源不断的后续部队赶来。7月下旬，盟军已占据了比较广阔的登陆场，完成了地面总攻的全部准备工作，诺曼底战役结束。

波茨坦会议

作为主要法西斯国家之一的日本，在太平洋战场上，正面临着美军直接攻入本土的严重威胁，在中国战场上也在全线败退。随着欧洲战争的结束，世界人民反法西斯战争的重心，开始向东转移，数百万美英盟军正在源源东调，苏联红军开始向亚洲东部集结。日本法西斯的最后崩溃和世界反法西斯战争的全面结束，已经指日可待了。

为了分享战争的胜利果实，维护战后世界和平问题，1945年7月17日至8月2日，苏、美、英三国首脑斯大林、杜鲁门和丘吉尔（7月28日后为新任首相艾德礼）在德国的波茨坦举行会议。

会议的主要内容是重申了雅尔塔会议关于处理德国问题的精神。会议期间，以中、美、英三国的名义发表了敦促日本无条件投降的《波茨坦公告》。波茨坦会议对维护战后欧洲和世界和平起了积极作用。但苏、美、英三国对战后欧洲和平的安排问题达成的妥协和存在的分歧，在战后较长时间内对欧洲政局以及美苏两国关系的格局，都有着极其重要的影响。

苏军对柏林的进攻

1945 年 3 月底 4 月初，德国法西斯已处在灭亡前夕。德国经济完全破产，人民厌战反战情绪高涨，内部分崩离析。西方盟军已渡过莱茵河，向易北河挺进。苏军已进抵奥德—尼斯河一线，准备进攻柏林。

希特勒垂死挣扎，强征居民在柏林以东建成三道防御阵地，又环绕柏林筑成三层防卫圈，叫嚣死守柏林到最后一人，还妄想美英和苏联发生冲突，以便从中渔利。

30 日下午，苏联红军战士把胜利的旗帜插在柏林帝国大厦的圆顶上。同日，恶贯满盈的希特勒与他多年的情妇刚举行婚礼的爱娃·勃劳恩在总理府地下室自杀，并令他的手下将其焚尸灭迹。希特勒的宣传部部长戈培尔毒死了自己的 6 个孩子后命令手下开枪把他们夫妇击毙，做了可耻的殉葬品。

5 月 2 日晨，柏林城防司令维德林命令德军停止抵抗。5 日，纳粹“政府”首脑海军元帅邓尼茨派约德尔上将到艾森豪威尔司令部洽降。8 日，由苏联元帅朱可夫（攻克柏林的总指挥）主持，在柏林正式举行了德国无条件投降仪式。至此，横行一时的纳粹德国彻底失败。欧洲战场的战争结束。

攻占冲绳岛

冲绳岛位于日本和中国台湾之间，是琉球群岛的第一大岛，距日本的九州大约有 630 公里。冲绳岛北部多山，南部主要是些丘陵地带。作为日本本土的南部屏障，日军非常重视冲绳岛的防务，在这里建有机场和港口，派重兵驻防。

1945 年年初，美军在占领吕宋等岛屿后，决定攻占冲绳岛，以此作为进攻日本本土的基地。日军也志在必守，派重兵把守，并构筑了牢固的防御工事。

3 月 18 日，美国空军开始对日本的九州、四国和日本统治下的中国台湾等地进行空袭。23 日起，又对冲绳及其附近岛屿进行轰击，摧毁了部分机场和防御设施，消灭日军近海攻击艇。

4 月 1 日晨，美军开始进攻冲绳岛，并于当天建立了一个正面 14 公里，纵深 5 公里包括两个机场的登陆场。3 天后，美军将岛拦腰切断，开始分割包围日军。直到 6 月

▲美军装备从大型海陆作战船上运输到冲绳岛岸边

23日，美军在付出重大伤亡后，才最终占领冲绳岛。

冲绳岛之战是美日军队在太平洋岛屿作战中规模最大、时间最长、损失最重也是最后一次战役，从此美军打开了通往日本本土的门户，为进攻日本本土创造了有利条件。

日本无条件投降

自1944年年中起，美国飞机连续大规模空袭日本，严重打击了日本军事工业，也导致日本居民大量死伤，近千万人流离失所。1945年8月6日和9日美军分别在广岛和长崎投下原子弹。

1945年8月8日，苏联对日宣战。次日，百余万苏军分别从西、东、北三个方向在中国东北、内蒙古和朝鲜北部4 000余公里战线上对日军发起进攻。

1945年8月9日，日本最高战争指导会议、内阁会议就是否接受《波茨坦公告》争论不休，最后经天皇裕仁裁决，10日，日本正式接受该公告。8月15日天皇广播投降诏书，17日向国内外日军发布和平投降命令。散布在远东、南亚、东南亚各国和太平洋岛屿的330万日军陆续向盟军投降。8月30日美军在东京及附近地区登陆，实现对日本的占领。9月2日，日本正式签署投降书。至此，反法西斯的第二次世界大战结束。

▼1945年9月2日，在东京湾美国“密苏里”号旗舰上，麦克阿瑟将军在日本投降书上签字。

第九章

现代战争

当今人类正处于新的技术革命的时代。科学技术的飞跃发展，全球社会交往的不断加深和扩大，对战争的发生、发展都具有重大影响作用。不仅使战争由传统的冷兵器战争过渡到热兵器战争，也使战争的影响范围由局部扩展到全球。与此相对应，制止战争的和平力量和技术手段也在不断发展，战争也由纯军事性向政治性、经济性、技术性发展。

战后几十年间，人类社会经历着一场新的技术革命，核能技术、计算机技术、航天技术、微电子技术、激光技术等一系列新技术迅速发展起来，并首先应用于军事领域，引起了作战手段和作战样式的巨大变化。

核武器的迅速发展，使核战争成为军事科学研究的重点问题。“核武器制胜论”和“核威慑战略”曾在相当长的一段时间内成为美苏两国军事思想和军事战略的基础。争夺核优势和进行核讹诈，成为他们进行政治、军事角逐和对外扩张的重要手段。

20世纪70年代以来，随着美、苏之间核僵局的出现，研究以核武器为后盾的常规战争，特别是使用新的高技术常规武器的局部战争，又成为美、苏等一些国家军事科学研究的重点课题。战略战术上也有所发展。美军提出了空地一体作战的理论。苏军则强调高速度、大纵深和立体作战的理论。

与此同时，美、苏之间还展开了一场以发展空间武器为重点的军备竞赛。美国提出“星球大战”计划，以期打破核僵局，夺取对苏联的战略优势。苏联也加紧发展自己的空间武器，力图保持与美国的均势。西欧国家也联合成立了欧洲航天局，企图在20世纪内成为世界第三个“空间大国”。有的国家还提出了在西欧建立防御导弹的新防御系统的“欧洲防御倡议”。

中东战争

▲巴勒斯坦战争中一辆以色列的吉普车穿过内盖夫沙漠

20世纪40年代末迄今，阿拉伯国家和以色列之间的冲突和战争绵延不息，中小规模的兵戎相见不计其数，单是大规模的战争即有5次，分别是1948年的巴勒斯坦战争、1956年的苏伊士运河战争、1967年的六五战争、1973年的赎罪日战争和1982年的黎巴嫩战争。

巴勒斯坦战争

巴勒斯坦战争，又称以色列“独立战争”，也是第一次中东战争。

1948年5月14日，以色列临时政府总理本·古里安在特拉维夫正式宣布以色列国成立。美国立即宣布承认，苏联也在17日宣布承认。以色列国家就此建立起来。但是，巴勒斯坦地区的阿拉伯人却没有建立起自己的国家。5月15日，阿拉伯国家联盟，包括埃及、伊拉克、黎巴嫩和约旦的军队相继出兵巴勒斯坦地区，宣布对以色列处于战争状态。以色列和阿拉伯国家之间的第一次中东战争爆发。

战争初期，阿军连战告捷，以军极为被动。为此，美国操纵安理会安排了为期4周的停火，以色列乘机加紧扩充实力和调整部署。停火期限一到，以军首先在中部沿海平原，接着又在北部，向阿军发动反攻。阿拉伯国家缺乏统一的作战指挥，仅10天，阿方就丧失了1 000多平方公里的土地。此时，

战争缘起

以色列是犹太人建立的国家。阿拉伯世界和以色列的争端由来已久。历史上，阿拉伯民族和犹太民族都曾在巴勒斯坦地区（位于地中海、死海、约旦河之间）建立过国家。公元前30世纪，原在阿拉伯半岛的迦南人迁至巴勒斯坦沿海和平原地区定居。公元前13世纪，犹太人的祖先希伯来人征服迦南人，在巴勒斯坦建立希伯来王国。此后，巴勒斯坦先后被波斯帝国、希腊、罗马和土耳其等外来民族征服，犹太人被迫流落到世界各地。

19世纪末，犹太复国主义运动兴起，主张分散在世界各地的犹太人重返巴勒斯坦，建立犹太人为主的国家。1917年，英国占领巴勒斯坦，当时这个地区阿拉伯人66万人，犹太人仅9万人，但英美为控制巴勒斯坦地区和苏伊士河，竭力支持犹太复国主义运动。在他们的策划下已经在世界各地定居的犹太人大批移居巴勒斯坦，从此，阿、以两个民族间的矛盾日益加深，不断发生流血事件。

1947年11月29日，在美英操纵下的联合国大会通过决议，决定在巴勒斯坦分别建立阿拉伯国和犹太国，耶路撒冷由两国分治，阿拉伯世界广泛反对这个决议，没有建立阿拉伯国家，也坚决反对犹太人建国。于是，阿拉伯人和犹太人的矛盾日益尖锐，最后导致战争的爆发。

以色列急需补充兵力和物资，于是，美国又操纵安理会，在7月15日通过了无限期停火方案。10月15日，以色列又大举进攻阿方，战争直到1949年3月，阿拉伯国家先后同以色列签订停战协定为止。

以色列通过这次战争占有了巴勒斯坦4/5的土地，100万阿拉伯人被迫流落到约旦、加沙、叙利亚和黎巴嫩等阿拉伯国家，出现了严重的巴勒斯坦难民问题。从此，巴以双方矛盾不断，争斗不绝。

苏伊士运河战争

苏伊士运河战争，以色列称“西奈战役”，又称第二次中东战争。

1956年7月26日，埃及政府宣布将苏伊士运河从英、法殖民主义者手中收归国有。同年11月29日，以色列在英、法唆使下，侵入埃及西奈半岛。31日，英法以“保卫运河通航自由和安全”为借口，向埃及发动进攻。在世界人民的声援和支持下，埃及军民进行了顽强的抵抗。

▼1956年11月，入侵埃及一开始，英国战舰、登陆艇和运送军队的直升机就驶向赛得港。

1956年10月29日下午，以色列战机在西奈上空与埃及开战。11月30日，英法轰炸埃及空军基地，炸毁埃及飞机260架，埃及从西乃撤军。以色列得回加沙地带和西奈一些要地。

以色列用100多个小时横扫西奈半岛直到运河。后来由苏联作调解，否则就要打到埃及的首都开罗去了。之后，埃及与苏联订了15年条约。

对于这场战争，美国同英国、法国之间存在着矛盾。英、法军队于12月22日撤出埃及领土，以色列军队于1957年3月才全部撤离埃及。这场战争以侵略者的失败而告终。

“六五战争”

“六五战争”，是1967年6月5日发动的战争，阿拉伯国家称“六月战争”，以色列称“六天战争”，这是第三次中东战争。

1967年5月，为了将埃及拖入战争，以色列故意泄漏了关于以色列已经在叙、以边境集结兵力并准备在5月17日这一天向叙利亚发动进攻的情报。苏联得到此消息后，未加分析就传达给了埃及，埃及信以为真，派出两个师的兵力进驻西奈半岛，并发布了动员令。5月19日，以色列下达局部总动员令，向西奈半岛集结兵力。第二天，埃及封锁了亚喀巴湾，美国和以色列于是指责埃及的行动是对以色列的侵略行为，声称要采取军事行动。苏联一方利用埃及抗击美国和以色列，一面又基于自身利益的考虑与美国秘密接触。

5月26日，以色列故意通报美国，说埃及准备袭击以色列。美国立即将这一消息转告了苏联，苏联立即要求埃及不要主动开火，要保持克制。埃及于是保证，决不开第一枪。

▲1967年，一些在西奈半岛上遭到以色列攻击后留下的飞机残骸。

1967年6月5日凌晨，以色列空军对埃及、叙利亚和约旦等阿拉伯国家发动了大规模的突然袭击。这就是被后人称为的“六五战争”。到傍晚时，以色列共对阿拉伯国家发动了4次空袭，在开始实施空袭后的半小时，以色列地面部队也开始向阿拉伯国家大举进攻。不久，以军占领了加沙地带，并进入了西奈半岛的阿里什、阿布奥格拉等地。6月8日，以军全歼了在西奈半岛上的埃及军队。又将军队推进到苏伊士运河东岸，西奈半岛被以军全部占领。

在对埃及开展袭击不久，以军又向约旦发动了进攻。截至6月7日，以军占领了杰宁、纳布卢斯、耶路撒冷东区和约旦河西岸约旦管辖的全部地区。6月9日，以色列又向叙利亚发动大规模进攻，6月10日，以军占领了戈兰高地的大部分和通往大马士革的几条主要公路，并夺取了通往黎巴嫩的输油管道。6月11日，叙利亚和以色列签署停火协议。至此，第三次中东战争宣告结束。

赎罪日战争

1973年10月6日，埃及、叙利亚为收复失地，经过周密准备之后，向以色列发动突然袭击，开始了赎罪日战争，又称“十月战争”“斋月战争”，也就是第四次中东战争。

埃及、叙利亚集中地面部队和海、空军主力分别向以色列军队占领的西奈半岛（西线）、戈兰高地（北线）发动突然进攻。埃军当天渡过苏伊士运河，摧毁以军“巴列夫”防线，收复部队失地。叙军也一度打到太巴列湖。

面对战争初期不利形势，以色列迅速动员预备役部队，使总兵力增至40万人。决心先以北线为重点，集中使用空军主力对叙军阵地进行空袭，以3个师转入反攻。经激战，迅速击溃叙军。尔后于16日，集中兵力转移西线，以军侦察突击队乔装埃军深入埃军后方，

▼1973年10月，埃及军队的苏式坦克穿过苏伊士运河后向西奈沙漠进军。

大肆破坏埃军萨姆—6防空导弹阵地，为以空军开辟空中走廊，以军后续部队乘隙渡过运河，在西岸建立桥头堡，并攻入埃及腹地，对埃军第3集团军形成合围态势，战局顿时逆转。

10月22日，联合国安理会通过决议，要求双方就地停火。埃及、以色列于22日，叙利亚于24日同意停火。此后，先后签署了两个在西奈脱离接触的协议。

黎巴嫩战争

黎巴嫩战争，也即第五次中东战争。

经过四次中东战争，以色列占领了巴勒斯坦全部领土。1964年，召开了第一届巴勒斯坦人国民大会，成立了巴勒斯坦解放组织，该组织所领导的游击队指挥部主要分布在叙利亚和黎巴嫩等国家内。1970年，巴勒斯坦解放组织的总部迁入了黎巴嫩境内。1973年第四次中东战争以来，巴勒斯坦解放组织经常在以色列后方、戈兰高地和加沙地带等地区展开游击战，袭击以色列军营，摧毁以军的雷达设施和军火库，以色列对其恨之入骨，希望发动一场战争消灭在黎巴嫩境内活动的巴勒斯坦解放组织的武装力量。

▲1982年6月，在加利利和平行动一开始，以色列的武装部队就在美式车辆装备下行军穿过南黎巴嫩。

1976年10月，叙利亚派出3万人的部队进驻黎巴嫩，和巴勒斯坦解放组织一样，支持穆斯林势力。1981年4月，叙利亚驻黎巴嫩的军队联合巴勒斯坦解放组织驻黎巴嫩武装，与基督教势力发生了武装冲突。以色列出动大批飞机轰炸了叙利亚军队和巴勒斯坦解放组织的阵地。叙利亚随即将防空导弹部署在黎巴嫩境内，准备对付以色列。以色列下决心要用武力摧毁这些导弹，从而出现了叙以导弹危机。

1982年，根据1973年联合国通过的《关于中东战争就地停火》的协议，以军完成了从西奈半岛的撤军，开始全力准备对黎巴嫩采取行动。1982年4月，马岛战争爆发，世界的注意力都被吸引了过去。而两伊战争正在进行中，整个阿拉伯世界也正陷于四分五裂，加上黎巴嫩国内存在派系之争，埃及于1979年3月同以色列签订了《埃以和平条约》，双方达成和解，也很有可能不参加对以色列的战争。这都为以色列发动对黎巴嫩战争创造了客观条件。1982年6月初，巴勒斯坦解放组织的激进派成员在伦敦将以色列驻英国的大使刺成了重伤。以此为借口，以色列向黎巴嫩发动了大规模入侵，第五次中东战争爆发。

这次战争在美国的调停之下，经过5个月的谈判，黎、以双方就以军撤出黎巴嫩的问题达成了《黎以撤军协议》，以色列基本上达到了入侵黎巴嫩的目的。

朝鲜战争

朝鲜战争是第二次世界大战后规模最大的局部战争之一。这场战争起初是一场内战，由于以美国为首的10多个国家的军事干预而演变成一场侵略与反侵略的国际战争。为了支持朝鲜人民的反侵略斗争，保卫祖国的安全，中国政府和人民派出志愿军进入朝鲜，同朝鲜人民军并肩作战，最终赢得了朝鲜战争的伟大胜利。

▲战争中流离失所的朝鲜人民

朝鲜内战爆发

第二次世界大战结束后，原本是日本殖民地的朝鲜被以北纬38度线为界划分为两个部分，由苏联、美国分别驻军，以解除朝鲜半岛上的日本军队武装与日本的政治经济殖民统治。美苏双方首先是将朝鲜问题提交联合国，联合国决定在美苏管辖区同时举行选举，然后美苏军队撤出朝鲜半岛，由朝鲜人民自己管理自己的国家。由于金日成作为抗日英雄而获得绝大多数选民的支持，使该决议被美国否决。

1948年5月，南朝鲜举行了总统大选，亲美的李承晚当选总统。1948年8月大韩民国宣布建国。1948年9月，北朝鲜建立了信仰共产主义的“朝鲜民主主义人民共和国”，金日成为领导人。朝鲜半岛形成了两个意识形态上敌对的政权。但根据历次大韩民国宪法以及历次朝鲜民主主义人民共和国宪法，南北朝鲜双方都认为朝鲜半岛上只存在一个国家，国家处于分裂状态之中，国家统一是双方努力追求的目标。

南北朝鲜分别成立政府后，双方斗争日益尖锐，仅1949年，“三八线”上的武装冲突就超过千次。

▼1950年9月15日，美军在仁川登陆。

1950年5月，大韩民国进行了新一轮大选。李承晚的政党只保住了210个席位中的22席。

1950年6月7日，朝鲜民主主义人民共和国领导人向南北朝鲜人民发出呼吁，要求在8月5—8日在全朝鲜举行大选的基础上实现国家的和平统一，并且号召为此目的于6月15—17日在海州召开协商会议。6月11日朝鲜三名代表越过三八线，打算向大韩民国各政党领导人递交和平统一国家的呼吁书，被大韩民国政府逮捕。

1950年，朝鲜战争爆发。6月25日凌晨，在得到斯大林的同意之后，朝鲜民主主义人民共和国首相兼朝鲜人民军司令官金日成下令军队越过三八线，发动了对大韩民国的突然进攻。当时大韩民国国防军三分之二的军队尚未进入战备状态，根本没有招架之力，3天之后汉城（首尔）就失守了。

仁川登陆

朝鲜内战爆发后，朝鲜人民军用两个多月时间连续进行了5次进攻战役，即汉城战役、水原战役、大田战役、洛东江战役、釜山战役，逐步将战线推向朝鲜南部。美国总统杜鲁门在朝鲜内战爆发第三天即决定公开插手战争，命令麦克阿瑟使用海、空军全力支持南朝鲜军队作战。

在战争初期，朝鲜人民军节节胜利，6月28日夺取汉城，7月20日占领大田，7月24日占领木浦，7月31日则占领了晋州，韩国国防军被一直逼退到釜山的洛东江一带。此时美军第25师收到死守南方防线的命令，不得再后退。8月6日麦克阿瑟将军在东京与其他高级军官会面，并说服他人实施风险很大的仁川登陆计划。

9月15日，在美英两国300多艘军舰和500多架飞机掩护下，美军成功登陆仁川，从北朝鲜军队后方突袭，迅速夺回了仁川港和附近岛屿。9月22日，撤退到釜山环形防御圈的美英为主的联合国军乘势反击，9月27日仁川登陆部队与釜山部队在水原附近会合，一日之后重夺汉城。

中国军队跨过鸭绿江

北朝鲜军队退回三八线以北后，麦克阿瑟将军要求乘势追击，声称将共产主义逐出整个朝鲜半岛。9月27日，美国参谋长联席会议与总统杜鲁门都同意了麦克阿瑟的建议，但是杜鲁门总统要求麦克阿瑟只有在中国和苏联都不会参战的情况下才可攻击北朝鲜。次日美军部队就进逼三八线，10月1日南朝鲜第一批部队终于进入北朝鲜作战。

▼中国军队跨过鸭绿江

10月1日，麦克阿瑟下令美军和南朝鲜军越过“三八线”向北进攻，并企图于感恩节（11月23日）前占领北朝鲜全境，全歼朝鲜人民军。至此，朝鲜民主主义人民共和国已处于万分危急之中。

早在1950年7月6日，

麦克阿瑟

出生于阿肯色州小岩城的陆军军营，他的父亲因参加南北战争曾获国会勋章。1903 年，自西点军校以第一名的成绩毕业，成绩是西点军校创办一百年来最好的，总平均成绩超过 98 分。后被任命为少尉军官。第一次世界大战时任美军第 42 师师长，1919 年被任命为美国西点军校校长，是美国陆军史上最年轻的西点军校校长。1937 年，从军中退役。1941 年，第二次世界大战爆发时被征召回到军中，担任美国远东军总司令，指挥在西南太平洋进行“跳岛战术”，有选择地攻占对美军推进有重要意义的岛屿。1944 年，因为战功卓著，晋升为五星上将。

1950 年 6 月，朝鲜战争爆发之后，美国操纵联合国进行干涉。麦克阿瑟出任远东美军总司令和“联合国军”总司令，指挥侵朝战争。在美国第 24 步兵师被歼之后，麦克阿瑟组织指挥仁川登陆获得成功，进而指挥“联合国军”越过三八线，疯狂地向鸭绿江推进。1951 年 4 月，麦克阿瑟因战争失利和所谓“未能全力支持美国和联合国的政策”而被解除一切职务。

中华人民共和国政务院总理兼外交部部长周恩来就代表中国政府声明，联合国安理会于 6 月 27 日在美国政府指使和操纵下通过的关于要求联合国会员国协助南朝鲜当局的决议，违反了联合国宪章的原则，是非法的。

9 月 30 日，针对美国进一步扩大侵略战争的企图，中国政府又发出严重警告：“中国人民决不能容忍外国的侵略，也不能听任帝国主义者对自己的邻国人民肆行侵略而置之不理。”10 月上旬，中国政府根据朝鲜民主主义人民共和国的请求和朝鲜局势的发展，作出了抗美援朝的战略决策。

10 月 8 日，毛泽东命令将东北边防军改组为中国人民志愿军，任命彭德怀为司令员兼政治委员。10 月 19 日晚，中国人民志愿军跨过鸭绿江，开赴朝鲜，揭开了中国人民抗美援朝的序幕。

战争的扩大

中国人民军志愿军入朝后的第一次战役在 1950 年 10 月 25 日打响。当天中国人民志愿军第 40 军第 118 师在北镇突然对敌军发起攻击，用了一个多小时便占领了温井，歼灭所有敌军。该次战役也标志着中华人民共和国的“抗美援朝战争”正式开始。中华人民共和国政府将这场战争定义为“为援助危难的友好邻邦和保家卫国而战”。

▼麦克阿瑟将军（坐在前排者）在南朝鲜视察一支“联合国军”前线部队

虽然第一次战役惨败，麦克阿瑟依然坚持中国出兵只是象征性的，但同时他也承认“联合国军有全部

被歼的危险”，因此建议应该大规模轰炸中国东北地区，但是美国杜鲁门政府显然意识到在二战刚刚结束后就立即与中国作战将有可能触发第三次世界大战，因此认为应该将战争限制在朝鲜半岛。而中国的参战，令杜鲁门政府再度改变政策，称朝鲜半岛的统一可以“日后再谈判”，显然抛弃了之前要一鼓作气统一朝鲜的策略。

11 月 24 日，麦克阿瑟发动了对清川江以北中朝军队的进攻，并宣称要让美军士兵“回家过圣诞节”。中国人民志愿军先示形于敌，诱敌军进入战役发起线后，于 11 月 25 日发动第二次战役，在西线战场使用志愿军第 38 军、42 军从左翼突击美军第 8 集团军纵深。美韩军被迫全线突围南撤至三八线，12 月 5 日弃守平壤。1950 年 12 月 31 日中朝军队发起第三次战役，推进至三八线以南 50 英里处，汉城被中国人民志愿军第 50 军与朝鲜人民军第一军团占领。

此时的美国已经发现自己陷入朝鲜的泥潭而无法自拔，自己被迫在一个陌生的战场打一场前途未卜的战争。因此美国在 1951 年 1 月 13 日提出停战建议。

经过第四次战役和第五次战役后，于 7 月 10 日双方同意停火，坐到了谈判桌前。

停战谈判

▼ 1953 年 7 月 27 日，《朝鲜停战协定》在板门店正式签字。

1951 年 6 月由苏联驻联合国代表提出，经美国和朝中双方协商，于 7 月 10 日开始在开城举行停战谈判。

谈判经历了 3 个阶段。7 月 10 日至 8 月 23 日为第一阶段，双方就议程问题达成如下五项协议：一、通过议程；二、确定双方军事分界线以建立非军事区；三、在朝鲜境内实现停火与休战的具体安排；四、关于战俘的安排问题；五、向双方有关各国政府建议事项。第五项是根据朝中方面建议增补的，从而使这次谈判兼具军事和政治的两重性质。

1951 年 10 月 25 日至 1952 年 10 月 8 日在板门店举行第二阶段的谈判。双方就第二、三、五 3 项议程，先后达成协议。但是在讨论第四项议程时，美方坚持“自愿遣返”的主张，谈判中断。10 ~ 11 月，美军在上甘岭地区发动大规模攻势失败，双方再次进行谈判。

1953 年 4 月 26 日至 7 月 27 日进行第三阶段的谈判。双方就战俘问题达成协议。在谈判期间，美方不断发动军事攻势，公然使用细菌武器。朝中两国军队依托以坑道同野战工事相结合的防御阵地，粉碎了对方多次局部进攻，并进行了多次反击战役。

1953 年 7 月 27 日，朝鲜人民军最高司令官金日成和中国人民志愿军司令员彭德怀为一方、联合国军总司令克拉克为另一方，在《朝鲜停战协定》和《临时补充协定》上签字，朝鲜战争结束。

越南战争

越南战争（1961—1975 年），简称越战，又称第二次印度支那战争和抗美救国战争，是越南共和国（南越）与美国同越南民主共和国（北越）及“越南南方民族解放阵线”之间的战争。越战是二战以后美国参战人数最多、影响最重大的战争。

越南分裂

越南在二战前是法国的殖民地，二战中则被日本占领。1945 年二战结束前后，胡志明领导的越盟在越南北方的河内建立越南民主共和国（称“北越”）。法国则扶持保大皇帝在南方的西贡立国。为争夺对越南全境的控制权，北越和法国进行了长达 9 年的法越战争。1954 年，在中华人民共和国的军事援助下，北越在奠边府战役中赢得对法军的决定性胜利，法国撤出越南北部。根据日内瓦会议（1954 年）的决议，南北越暂时以北纬 17 度线分治，北越由胡志明领导，南越在保大皇帝的控制之下。1955 年，吴庭艳在西贡发动政变，建立越南共和国（称“南越”）。

日内瓦会议规定，统一国家的选举定于 1956 年 7 月举行，但是这场选举从来没有举行。在冷战的环境中，美国总统艾森豪威尔开始将东南亚看成冷战中潜在的关键战场，美国的政策制定者害怕民主选举将使共产主义的影响进入南越政府，因此吴庭艳得到美国的支持，在南越实行个人独断独行的统治，这也使北越赢得公共关系战的胜利。北越实现了大规模的农业改革，将土地分发给农民，引起了南方人民的向往。有人认为，正是因为这个原因，艾森豪威尔才在其备忘录中写道“如果全国选举举行，共产主义将会获胜。”最后，美国和两越都没有签署协议中的选举条款。分裂的越南似乎将成为常态，就像分裂的朝鲜一样。

▼在美国重点活力点建设过程中，一架直升机正在运送供给品。

步入战争

1959 年，越共中央委员会决定武装统一越南，并派遣大量军事人员前往南越组织武装斗争。1960 年，越南南方民族解放阵线成立，它由反吴庭艳政府的各派组成，事实上由越共中央委员会领导。同年，“中苏论战”爆发，中华人民共和国和苏联都需要在“国际共运”中树立自己的形象，因而都积极支持北越对南方进攻。

▼北越防空队员在扫射美国飞机

印度支那半岛的冲突是当时冷战中唯一的热战。肯尼迪和他的顾问很快决定，要在越南问题上显示出美国的力量和对抗共产主义的决心。同时认为，冲突最好遵循朝鲜模式，只局限使用常规武器，减轻苏美两超级强权间直接核战争的威胁。

此时，民族解放阵线已经控制了越南南方的大部分乡村，虽然有美国的军事援助，但政治上的腐败导致吴庭艳政府民心丧尽，无力阻止民族解放战线扩大势力。1961 年 5 月，为了进一步帮助吴庭艳政府，肯尼迪派遣一支特种部队进驻南越，开启了美军战斗部队进入越南的先河。这一事件也常被认为是越战开始的标志。

美国军事介入越南

1961 年 5 月，为防止吴庭艳政权垮台，美国派遣 100 名代号为“绿色贝雷帽”的所谓“特种部队”进入南越。

1962 年 2 月 8 日，美国在西贡设立了由保罗 · 哈金斯将军指挥的军事司令部，标志着美国开始直接介入越南战争。4 月 30 日，美国副国务卿乔治·鲍尔宣布了一个名叫“战略村”的计划，把越南南方游击队渗入比较严重的地区再划分为较小地区。主要村庄要用带刺的铁丝和望塔围起来，进村的人将受到仔细盘查，其中的居民将被迁入集中营。随后，美伪军对各“战略村”进行疯狂的扫荡和围剿。

越南南方游击队进行了反“战略村”、反扫荡的战斗，美国军事介入严重受挫。

战争逐步升级

美军在南越的军事受挫激怒了美国统治集团。1963 年年底，美国总统约翰逊在一次会议上说，吴庭艳政权没能阻止“红色浪潮”的蔓延，越南的形势完全有可能掌控在胡志明手上，这种状况“极不令人满意”，“必须有所改观”。

1963 年 11 月 1 日，美国在南越策动军事政变，杀了吴庭艳，换上了新的傀儡杨文明，并积极寻找扩大战争的借口。

南越政府军面对被俗称为“越共游击队”的民族解放阵线而节节败退。为了阻止北

东京湾事件

1964年7月31日，一艘在靠近北越领海的中立海域进行此种支援任务的美国驱逐舰马多克斯号遭到北越鱼雷艇袭击，并在附近的航母支援下击沉其中一艘。8月4日，马多克斯号与滕纳·乔埃号往北航行时，后者被雷达讯号追踪并宣称受到攻击，两艘船随即采取应对措施。美国以轰炸北越海军基地作为报复。这就是著名的“东京湾事件”（“北部湾事件”）。

越对越共游击队的物资和人员支持，南越海军对北越沿岸海军基地进行袭击。美国海军也派出舰艇协助，进行电子战支持，即靠近北越军事基地，引起沿岸设施使用雷达从而暴露位置，再由南越海军炮火予以摧毁。

1964年7月，发生了著名的“东京湾事件”，这次事件是越战的重大分水岭。北越和美国双方都把它看作对方的蓄意攻击，并做出了强硬反应。北越越共游击队对多处美军基地进行了报复性攻击。

美国国会于8月7日通过“东京湾决议案”，授权总统以他的判断动用包含武力在内的一切行为来应付此事件。这事实上给予了总统约翰逊在不经宣战的情况下发动战争的权力，而他个人虽然一开始并不愿意派兵参战，但之后美国在越战中的参与程度不断攀升。

1965年2月，美军基地遭到攻击，美国空军随即发动第一次报复性打击。接着，美军开始推行“饱和轰炸”和“焦土政策”，大规模轰炸越南北方。与此同时，美国还不断增兵。

越南游击战

美军和南越军队对革命的绞杀激起了更多的反抗。在南越许多作战区，每家每户都组成一个战斗单位。屋内挖有防炮洞，野外挖有防空洞、藏粮洞和藏牛洞。每村每乡都是一个战斗堡垒，村有民兵、乡有游击队。大部分村、乡，尤其是那些靠近敌占区边缘地带的村乡，成了布防森严的战斗村和战斗乡。战斗村组织严密，村民有各自的战斗岗位。游击队和民兵站岗放哨，一有情况立即投入战斗。1965年以后，随着战争的扩大，大量游击队员开始转变为正规军，投入前线与美军作战。

1968年1月底，北越发动了规模空前的春节攻势。在春节攻势中，美伪军队遭受沉重打击，北越部队也有约3万人阵亡、4万人负伤；但到了5月，北越部

▼战争间隙，美国大兵们正在“忏悔”，请求上帝减轻自己的罪孽。

队就恢复了进攻能力。春节攻势的惨烈状况在美国公众中造成了震惊，约翰逊总统一直宣称北越军事力量在节节削弱，并承诺战争会在短期内结束。但春节攻势表明北越依然具有巨大的军事力量，战争的结束依然遥遥无期。

北越军事上的失利，却同时是精神上以及宣传上的大捷，使春节攻势成为越战中的转折点。美国政府高层内部因为春节攻势而失去战意。当美军计划动用 20.6 万的增兵以完全消灭北越军的要求被泄漏出去时，美国国人内大众更是普遍认为这是驻越军队的濒死挣扎，最后迫使原本同意增援的约翰逊放弃增援。

1968 年 3 月 31 日，约翰逊发表演讲，终止“轰雷行动”，表示美军将逐步撤出越南，并宣布放弃竞选下任总统。

从越南脱身

由于南方人民武装的坚决抵抗和越南军民团结一致，美国在越南耗费了巨大人力物力却没有取得预想效果，招致国内外一致反对。美国国内的反战运动一浪高过一浪。1969 年 1 月，在尼克松就任总统时，华盛顿上万名群众，高举着“尼克松是头号战犯”“尼克松是亿万富翁的工具”等标语牌走上街头举行大示威，吓得尼克松只好躲在防弹的“玻璃罩”里发表“就职演说”。

▲ 1975 年在进攻后期，北越军定期冲过西贡的主要空军基地。

迫于国内外的强大压力，尼克松找到总统国家安全事务助理基辛格，希望他能帮助美国走出越战泥潭。于是基辛格开始积极奔走斡旋。

基辛格首次提出美国从越南脱身的计划，随后，与越南政府及苏联进行了接洽。1969 年 6 月 8 日，尼克松总统在中途岛宣布：在当年 8 月底以前，从越南撤出美军 2.5 万人。这是尼克松政府从越南的第一次撤军。

但美国仍希望奇迹能够出现。1969 年 11 月 3 日，尼克松在白宫向全国发表了一场电视演说，他主张的“边战、边谈、边化（越南化）、边撤”的方针，遭到群众反对。不得已，美国在加强南越政权力量的同时，加快撤军步伐，驻越美军逐步减少。

经过长期谈判，1973 年 1 月 27 日，美国与越南民主共和国在关于越南问题的《巴黎协定》上签字，宣告美国在越南军事行动的失败。

海湾战争

海湾，即波斯湾简称，位于西亚中部。海湾周边国家是世界石油主产区，战略地位突出。1990年8月，这一地区爆发了战后世界最大的一场局部战争——海湾战争。这场战争对冷战后国际新秩序的建立产生了深刻影响，同时，它所展示的是现代高技术条件下作战的新情况和新特点，对军事战略、战役战术和军队建设等问题带来了众多启示。

▲萨达姆

战争起因

第一次世界大战前，科威特是隶属于奥斯曼帝国的伊拉克的一部分。在战争期间，科威特被英国占领，后来成为一个独立的王国。但伊拉克官方始终没有承认科威特的独立。早在20世纪60年代，英国就曾经在科威特驻兵以防止伊拉克入侵科威特。

在1980年的两伊战争中，伊拉克欠了一些阿拉伯国家的高债，其中包括欠科威特140亿美元。伊拉克希望石油输出国组织减少石油产量，提高石油价格，这样它可以偿还这批债，相反地科威特提高了其产量，造成油价下降。科威特希望以此来迫使伊拉克解决它们之间的边境争执。此外伊拉克指责科威特借两伊战争的机会在伊拉克境内建立军事基地。伊拉克声明，该国作为其他阿拉伯国家与伊朗之间的缓冲地，在两伊战争中为所有阿拉伯国家做了一个贡献，因此科威特和沙特阿拉伯应该免除伊拉克的战争贷款。

两伊战争几乎破坏了伊拉克在波斯湾的所有港口设施，摧毁了它的外输能力。许多伊拉克人认为，两伊战争再次爆发是必然的，因此以伊拉克的安全起见，伊拉克需要占据更多的海湾地区，尤其是在离战场较远的比较安全的地区占据海港。因此科威特就成了一个目标。

战争经过

1990年8月2日伊拉克派坦克和步兵进入科威特，伊侵科行径遭到世界上绝大多数国家的反对，同时也冲击了美国的霸权主义政策，为美出兵海湾提供了借口。1990年11月29日，联合国安理会通过第678号决议，限定伊拉克在1991年1月15日前撤出科威特，并授权联合国成员国在1月16日后可使用武力将伊拉克逐出科威特。

1991年1月17日当地时间凌晨2时，在伊拉克拒不执行安理会第678号决议情况下，多国部队航空兵空袭伊拉克，发起“沙漠风暴”行动。海湾战争由此爆发。

▼F–15战斗轰炸机

战争分为两个阶段。第一个阶段是空中战役阶段。空中战役包括战略性空袭、夺取科威特战区制空权和为地面进攻做好战场准备。11 天后，多国部队已完全掌握制空权。

在此期间，伊军实施消极防御，以藏于地下、隐真示假、疏散国外等措施躲避空袭，保存实力；同时不断以飞毛腿导弹袭击以色列、沙特、巴林境内的目标，迫使多国部队延长空中战役时间并出动大量飞机寻歼伊军飞毛腿导弹。伊海空军则对多国部队实施有限反击，多次以飞机和导弹艇出击，但均告失败，发射的飞毛腿导弹多数偏离预定目标或被美爱国者防空导弹击落。

战争特点

海湾战争是世界两极体系瓦解、冷战结束后的第一场大规模局部战争。它深刻地反映了世界在向新格局过渡时各种矛盾的变化，是这些矛盾局部激化的结果。它体现了人类社会生产力特别是科学技术的发展所引起的战争特征的革命性变化，主要是：武器装备建立在高度密集的技术基础之上；打击方式已不再以大规模毁伤为主，而是在破坏力相对降低的基础上突出打击的精确性；整个战争的范围与过程被视为一个完整的系统，战争的协同性和时间性空前突出。它也展示了新的作战手段和作战思想运用于战争而产生的作战样式的诸多新特点，主要包括：空中作战已成为一种独立作战样式；机动作战是进攻作战的基本方式；远程火力战是主要的交战手段；电子战是伴随“硬杀伤”所不可缺少的作战方式；夜战是一种富有新内涵的战斗方式。

第二个阶段是地面战役阶段。地面战役首先由美第一陆战远征部队发起进攻，尔后阿拉伯国家东线联合部队在波斯湾多国部队海军和两栖部队配合下发起进攻，吸引伊国注意力，为西部主攻部队发展进攻创造条件。美第 7 军于 24 日午后发起攻击。美第 7 军和美第 18 空降军利用空中机动和装甲突击力强等优势，在海空军支援下实施“左勾拳”计划，将伊拉克共和国卫队合围于巴士拉以南地区。

伊军遭受 38 天空袭后，损失惨重，指挥中断，补给告罄，战场情况不明，对多国部队主攻方向判断失误，防御体系迅速瓦解。在此期间，伊军继续向沙特、以色列和巴林发射导弹，使美军伤亡百余人；在海湾布设水雷 1 167 枚，炸伤美海军两艘军舰，但未能扭转败局。1991 年 2 月 26 日，萨达姆宣布接受停火，伊军迅即崩溃。28 日晨 8 时，多国部队宣布停止进攻，历时 100 小时的地面战役至此结束。

▼英国第一装甲师的一辆坦克穿越沙漠驶向科威特西部

伊拉克战争

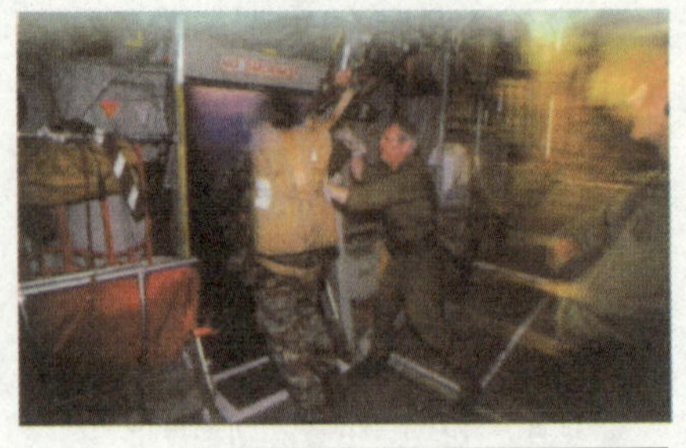
▲伞兵执行夜间跳伞任务

伊拉克战争又称美伊战争，是人类社会进入21世纪以来离我们最近的一场战争。伊拉克战争是一场引发争议，遭到大多数国家和民众质疑和反对的战争。这场战争在整个世界引起了强烈的震动，产生了广泛而深远的影响，也带给我们以多方面的启示和思考，包括政治、军事、经济、外交和文化等许多方面。研究这场战争，不仅可以增大我们看待当今世界的视角，而且，也会使我们更深刻地领悟现实的人类社会，这对于我们解决纷繁复杂的各种问题和谋求发展不无意义。

战争的深层原因

2003年3月20日，美英等国以伊拉克隐藏有大规模杀伤性武器并暗中支持恐怖主义为借口，绕开联合国安理会，公然单方面决定对伊拉克实施大规模军事打击。那么，是什么原因促使美国敢冒天下之大不韪，在国际社会多数国家的反对下去发动一场违背民意的侵略战争？

冷战结束后，国际力量对比严重失衡，美国在军事、科技和经济等诸多领域拥有超群优势，成为唯一的超级大国，确立了以维护美国霸权为总目标的国家安全战略，即霸权战略。同时制定了三大具体目标，即维护美国及盟国的安全；扩展美国经济；在世界推进美式民主。冷战后，美国的对外政策就是围绕这“一个中心，三个基本点”展开的。

“9·11”事件后，美以反恐怖为名，通过阿富汗战争实现了首次进驻中亚，增加了对南亚局势的影响力。这次对伊拉克战争，是美推行全球战略扩张的又一重要步骤，在布什的心目中，发动这场战争关系到美国的眼前和长远安全，关系到美国的世界霸权或准霸权地位。通过战争，不仅可以拔掉美国恨之入骨的伊拉克这个钉子，在伊斯兰世界建立维护自身利益的战略走廊；还可以通过控制欧亚大陆的核心地带，实现对俄、欧、中、印等大国的战略牵制，可称一箭双雕。

▼一名美国大兵坐在缴获的伊拉克坦克的塔楼里

战争爆发

2003年3月20日，以美国和英国为主的联合部队正式宣布对伊拉克开战。澳大利亚和波兰等国家的军队也参与了此次联合军事行动。军事行动是在美国总统乔治·布什对伊拉克总统萨达姆·侯赛因所发出的要求他和他的儿子在48小时内离开伊拉克的最后通牒到期后开始的。

美国第三步兵师从科威特西北方向的沙漠向巴格达挺进，伴随他们作战的还有美国第101空中突击师和第82空降师的若干部队。在另一个方向，伊拉克东南部方向，美国海军陆战队第一远征部队和英国远征军（包含第4和第7装甲旅组成的第一装甲师以及若干海军陆战队）则发动了钳形攻势以打开伊拉克的海运通道。

战争的结果

联军占领伊拉克初期，由于结束萨达姆的独裁统治，受到伊拉克民众的广泛欢迎。美军进入巴格达时也曾被当地市民夹道欢迎。战后，在美国及各国的帮助下，伊拉克经济得到了恢复，但发展缓慢。失业人口庞大，居民生命安全和日常生活得不到有效保障。目前针对美英的军事占领而进行的伊拉克游击战正风起云涌，美国16万占领军介入伊拉克内战，深陷比越战更难以自拔的泥淖，兵力紧绷，使美国无余力对付其他挑战。美军阵亡人数于2008年突破4 000人大关，超过了9·11恐怖袭击的死亡人数，三万多人受伤，许多人留下残疾，导致家庭破裂等悲剧。直接军费支出五千亿美元，这个数值正在直追美国在越南战争的总战争费用6 630亿美元。

战争进程

回顾伊拉克战争一个多月的全过程，大致可分为4个阶段：

战争开始阶段。美英联军从3月20日（伊拉克时间）起向伊拉克发动代号为“斩首行动”和“震慑”行动的大规模空袭和地面攻势。布什在战争打响后向全国发表电视讲话，宣布推翻萨达姆政权的战争开始，强调战争将“速战速决”。在这一阶段，美英联军先后向十余座城市和港口投掷了各类精确制导炸弹2 000多枚，其中战斧巡航导弹500枚。与此同时，萨达姆也向全国发表讲话，号召伊人民抗击美国侵略，击败美英联军。

战争僵持阶段。由于供给线太长和伊拉克方面的抵抗，美英联军“速战速决”的目标未能实现，地面进攻曾一度受阻。伊军在伊中部地区与美英联军展开激战。与此同时，每天都有数百名伊拉克人从约旦等国家返回伊拉克，加入与美英联军作战的行列。

▼伊拉克战争的一个场面

▼伊拉克军队

战争转折阶段。美英联军凭借空中优势和机械化部队，兵分几路发起强大攻势，先后攻陷伊南部巴士拉等重要城市和战略要地，并对巴格达形成合围，从而使战事呈现一边倒的态势。4月8日，美军从北部和南部两个方向推进到巴格达，并夺取了巴格达东南的拉希德军用机场。美国坦克开进巴格达，占领了萨达姆城。面对美军长驱直入巴格达和提克里特，伊拉克领导人号召军队和人民对美英联军采取“同归于尽”式的袭击行动。

战争收尾阶段。美军4月15日宣布，伊拉克战争的主要军事行动已结束，联军“已控制了伊拉克全境”。伊拉克战争从开始到推翻萨达姆政权进行了40多天，美国达到了用武力推翻萨达姆政权的目的。战争迄今已消耗美国5 000多亿美元。但战争远没有结束，美国仍被拖在战争泥潭中，至自未能自拔。

外国战争大事年表

公元前

公元前1595年：赫梯灭古巴比伦

1296年或1280年：埃及与赫梯缔结和约

722年：亚述灭以色列王国

671年：亚述征服埃及

655年：卡赫美士战役亚述帝国亡

538年：波斯灭新巴比伦

525年：波斯征服埃及

500—449年：希波战争

490年：马拉松战役

480年：德摩比利（温泉关）战役，萨拉米海战

431—404年：伯罗奔尼撒战争

421年：古雅典与斯巴达签订《尼西亚斯和约》，伯罗奔尼撒战争暂停

399年：斯巴达基那敦起义

395—387年：科林斯战争

390年：高卢人进攻罗马

371年：留克特拉战役，底比斯击败斯巴达

362年：曼提尼亚战役，底比斯再败斯巴达

334年：亚历山大入侵东方

333年：伊苏战役，亚历山大打败波斯王大流士

332年：马其顿进占埃及，亚历山大里亚始建

327年或326年：马其顿侵入印度

264—241年：布匿战争（第一次）

216年：坎尼战役

215—205年：马其顿战争（第一次）

202年：扎马战役，罗马统帅大西庇阿胜汉尼拔

200—197年：马其顿战争（第二次），罗马侵入希腊

171—168年：马其顿战争（第三次），马其顿归属罗马

149—146年：布匿战争（第三次）

91—88年：意大利同盟者战争

73—71年：古罗马斯巴达克起义

58—51年：高卢战争，罗马合并高卢

48年：法萨罗战役，恺撒击败庞培

公元开始

9年：条托堡森林战役，日耳曼人击败罗马军队

43年：古罗马征服不列颠

66—70年：犹太战争（第一次）

132—135年：犹太战争（第二次）

378年：亚得里亚堡战役，西哥特人大败罗马人

410年：西哥特人攻陷罗马城

451年：匈奴人侵入高卢

476年：西罗马帝国亡

676年：新罗统一朝鲜

1066年：法国诺曼底公爵征服英国

1248—1254年：路易九世进行第一次十字军讨伐

1337年：英法百年战争开始

1346年：克莱西战役

1358年：法国农民起义

外国战争大事年表

1381 年：英国泰勒起义
1453 年：东罗马帝国灭亡
1475 年：皮克奎尼撤军，百年战争结束
1480 年：俄罗斯摆脱蒙古控制
1524—1525 年：德意志农民起义
1566—1581 年：尼德兰革命
17 世纪初期：荷兰侵入印度尼西亚，法、英、荷开始在北美掠夺殖民地
1640 年：英国资产阶级革命开始
1775—1783 年：北美独立战争
1789 年 7 月：法国资产阶级革命开始
1799 年：拿破仑发动“雾月政变”
1804 年：海地宣布独立
1830 年：法国七月革命
1831 年：法国里昂工人起义
1844 年：德意志西西里工人起义
1848—1849 年：欧洲革命
1853—1856 年：克里米亚战争
1857—1859 年：印度民族大起义
1861—1865 年：美国内战
1870—1871 年：普法战争
19 世纪 70 年代初：意大利统一最终完成
1871 年：德意志统一最终完成
1881—1899 年：苏丹马赫迪反英大起义
1882 年：德意奥三国同盟形成
1905—1908 年：印度民族解放运动的高涨
1907 年：英法俄协约的最后形成
1910 年：日本正式吞并朝鲜
1910—1917 年：墨西哥资产阶级革命
1914—1918 年：第一次世界大战
1917 年 11 月：俄国十月社会主义革命
1918 年 11 月：德国十一月革命爆发
1931 年 9 月：日本帝国主义侵华的九一八事变
1935—1936 年：埃塞俄比亚抗击意大利侵略的民族解放运动
1936—1939 年：西班牙反对法西斯的民族革命战争
1939 年 9 月：第二次世界大战全面爆发
1940 年秋：不列颠之战
1941 年 6 月：苏德战争爆发
1941 年 12 月：太平洋战争爆发
1942 年：莫斯科保卫战
1942 年 6 月：中途岛战役
1942 年 7 月：斯大林格勒战役
1944 年 6 月：美英军队在诺曼底登陆，欧洲第二战场开辟
1948 年：以色列建立，第一次中东战争爆发
1950—1953 年：美国侵略朝鲜战争
20 世纪 60 年代初：美国侵略越南的战争
1973 年：第四次中东战争
1990 年 8 月：爆发了二战后世界最大的一场局部战争——海湾战争
2003 年 3 月：以美国和英国为主的联合部队正式宣布对伊拉克开战